建築のデザイン科学

日本建築学会 編

DESIGN
SCIENCE
OF ARCHI
TECTURE

京都大学学術出版会

目　次

はじめに　*1*

第 1 章　デザイン科学について ―――――― *3*

1　デザイン科学とは　*3*
　1-1　デザインについて　*3*
　1-2　科学について　*12*
　1-3　デザイン科学と教育について　*16*

2　デザイン科学の切り口　*18*
　2-1　デザイン対象のモデル化　*18*
　2-2　デザインの記号表現　*20*
　2-3　部分と全体　*23*
　2-4　デザインプロセスの形式化　*26*
　2-5　デザインの評価　*29*

3　デザイン科学と情報処理　*32*
　3-1　言語表現　*32*
　3-2　アルゴリズムとデータ　*33*
　3-3　関数と再帰　*36*
　3-4　オブジェクトとプロトコル　*38*
　3-5　プログラミング言語のパラダイム　*40*
　3-6　設計言語（デザイン言語）を学ぶ　*42*

第 2 章　デザインと図式 ―――――――――― *45*

1　図式の思考　*45*
　1-1　図式とは　*45*
　1-2　幾何学と図式　*48*
　1-3　トポロジーと図式　*52*

1-4　視覚心理と図式　*57*
　　　1-5　図式の操作　*60*
　　　1-6　プロトタイプを用いたデザイン　*64*
　2　図式の計算幾何学　*66*
　　　2-1　空間の情報モデル　*66*
　　　2-2　幾何オブジェクトの構造　*69*
　　　2-3　デザインの要素分解　*71*
　　　2-4　デザインの視覚的表現　*73*
　3　形態の探求　*76*
　　　3-1　ボトムアップによる生成　*76*
　　　3-2　トップダウンによる生成　*78*
　　　3-3　パラメータによる生成　*80*
　　　3-4　アルゴリズムによる生成　*83*

　Column 1　アルゴリズムによる空間分割　*89*

第3章　デザインと数理 ———————————— *91*
　1　数理的デザインとは　*91*
　2　確定的な意思決定の数理　*92*
　　　2-1　システム工学　*92*
　　　2-2　最適化　*96*
　　　2-3　設計における最適化の例　*101*
　　　2-4　多目的最適化　*104*
　3　曖昧な意思決定の数理　*108*
　　　3-1　ファジィ理論の概要　*108*
　　　3-2　ファジィ意思決定　*110*
　4　探索の数理　*113*
　　　4-1　列挙問題の解法　*114*
　　　4-2　室配置の列挙問題　*121*
　　　4-3　発見的手法による構造最適化　*122*

5 データマイニングによる探索　*127*
    5-1　データマイニングの概要　*127*
    5-2　データマイニング手法　*129*
    5-3　相関ルール　*130*
    5-4　顕在パタン　*133*
    5-5　クラス判別　*134*
    5-6　決定木　*137*
    5-7　データマイニング手法の適用例　*139*
    5-8　データマイニング手法を用いた構造最適化　*145*

Column 2　最適化による合理性を持つ複雑な形態の生成　*151*

第4章　デザインと論理 — *153*

1　デザインについて論理的に語ること　*153*
    1-1　デザインされる物事の表現　*154*
    1-2　デザインすることの表現　*170*

2　デザインされる物事の構造　*176*
    2-1　数学的構造主義　*177*
    2-2　順序構造　*178*
    2-3　位相構造　*179*

3　問題解決としてのデザイン　*181*
    3-1　基本モデル　*181*
    3-2　設計変数　*184*

4　デザインプロセスのモデル　*186*
    4-1　一般設計におけるデザインプロセスのモデル　*186*
    4-2　デザインの生成アルゴリズム　*194*
    4-3　デザインの認知プロセス　*205*

Column 3　パタン・ランゲージにより生成された Linz Café　*214*

第5章　デザイン科学の修習 ―――――――― 217
1. 教育におけるデザイン科学の役割　*217*
2. 発想的デザイン思考を学ぶ　*220*
   - 2-1　発想／企画技法の必要性　*220*
   - 2-2　デザイン企画からデジタルプレゼンテーションまで　*224*
3. 統合的デザイン思考を学ぶ　*248*
   - 3-1　事例1：構法，環境，構造の分析による建築の工学的特徴の統合理解　*248*
   - 3-2　事例2：著名建築の室内自然光解析による建築デザインの理解　*257*
   - 3-3　新しい設計ツールによって変化する設計教育　*262*
4. 論理的デザイン思考を学ぶ　*262*
   - 4-1　デザインプロセスの自覚　*262*
   - 4-2　デザインプロセスを踏まえた課題の事例　*265*

索引　*275*

はじめに

　建築とは，創造的なデザイン思考から生み出される，工学的実在であり，社会的存在であり，芸術的作品である．しかし，建築におけるデザイン思考がいかなるものなのかを理論的・客観的に改めて考えようとすると，自身の理解が極めて薄いことに気づかされるであろう．

　本書は，日本建築学会のデザイン科学小委員会・デザイン科学応用研究小委員会が，大学等で建築学を学ぶそのような学生に対して，デザインに対する科学的知見を紹介することを意図して刊行したものである．

　その内容は，これまでの建築書籍に多く見られるような意匠・計画・構造・環境といった分野ごとの縦割り的な章立て，あるいはそれぞれの分野で用いられる個別的な分析手法による章立てを避け，分野を超えた領域としての「デザイン科学」という立場から，建築をデザインするという行為の本質に迫ろうとする点が特徴である．すなわち，まずデザインを科学として見ていく上での基礎的な解説である「デザイン科学について」(第1章)から始まり，建築に携わる者には馴染み深い思考形式である「デザインと図式」(第2章)について述べ，形状決定と最適化の実践や解の探索手法の応用に相当する「デザインと数理」(第3章)，そしてデザイン科学を思考していく上での基礎となる「デザインと論理」(第4章)に関する解説，

はじめに

最後にこれからのデザイン科学の発展に向けた教育的試みとして「デザイン科学の修習」(第5章)について紹介する。

本書は「デザイン科学」の入門書であり，理解を深めるにはさらに専門的な研究論文等を参照する必要がある。慣れない考え方に違和感を覚える部分もあるかもしれないが，本書を通じてデザインに対する新たな見識が広がることを期待する。

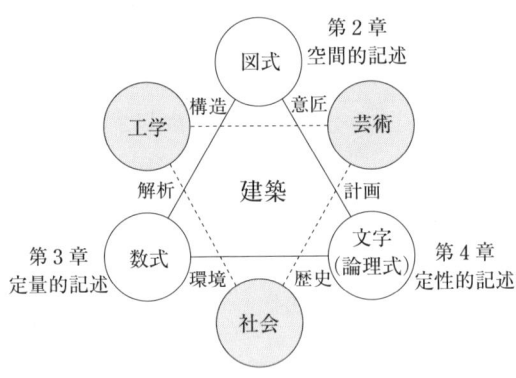

日本建築学会

第1章 デザイン科学について

1 デザイン科学とは

1-1 デザインについて

「デザイン」という言葉は，狭い意味ではアートとしてのデザインと捉えられることが多い。しかし，デザイン（design）の語源はデッサン（dessin）と同じく「計画を記号に表す」という意味のラテン語 designare である。すなわち，与えられた条件下で，あるデザイン対象の完成形を（あるいは作成過程も含めて）提示することと考えられる。

それではまず，あることを記号に表す，つまり**記述**するということについて見てみよう。図1は，風力発電施設の景観検討に用いたコンピュータグラフィックス（CG）画像の例である。これは，景観予測のために作成された画像であり，風車を設置する前のまだ何もない状態での計画地の写真に，設計図に基づいて作成した風車のCG画像を合成することで，どのような景観が現出するのかを事前に知ろうとするものである。こうした画像を作成するためには，国

第1章 デザイン科学について

図1 風力発電施設の景観予測画像（風車のCGと実画像の合成画像）

土数値情報などによる標高のメッシュデータを用いた広い範囲の地形モデルと，計画地と周辺の測量図に基づく詳細な地形モデル，風車の設計図と配置図などの情報が必要である。さらに，地形モデルや風車のモデルを作成するアプリケーション，CG画像を作成するレンダリングソフトが必要であり，それを動作させるコンピュータも必要である。こうして作成された画像は，人々の印象評価に用いられたり，特定の視点からの見え方の検討，あるいはそれらに基づく計画案の変更のための検討などに用いられる。このような景観記述の方法を，工学的に**操作**可能な記述方式と呼んでいる。例えば，任意の視点からの画像を作成したり，風車の配置や色彩を変更する

という操作を加えたり，ということで，そこに出現するであろう景観がどのように変化するかを，計画案の作成段階で知ることができる記述方式である。

これに対し，我々がよく知っているもう一つの景観記述方式として，文学的記述がある。その一例として，
　　　　　　　ふるいけや　かわずとびこむ　みずのおと
という俳句は日本人なら誰でも知っており，またそこから抱くイメージには多くの人に共通のものがあるといわれている。この，わずか17文字から成る簡易な記述方式は，これほど明快で共有性の高いイメージを喚起する表現力を有しているのである。上記の風力発電施設に適用した景観記述方式と比較してみると，用いられた情報量の違いは数百万分の1であり，歴然としている。

しかしながら，景観を科学的に扱いたい，すなわち，複数の計画案についてその特性の良否を比較検討したいといった場合には，文学的記述は適用できない。前述の工学的記述方式に従えば，風車を含めた任意の景観要素を変更して異なる画像を作成することができるが，俳句の記述方法では，記述の対象である景観要素の変更に対応させながら，その構成要素である文字を変更することはできない。あるいは，1文字でも変更してしまうと，もはや景観記述の用をなさなくなってしまうのである。すなわち，目的に応じた操作性を有することと，それに対応した表示能力を有していることが，工学的な記述方式に求められる条件である。

一方，K.リンチ[1]によって提案された都市の構成要素であるノードやエッジのように，目に見えないものを手がかりとして記述が行われることがある。ここでノードとは都市の内部にある主要な地点としての場所であり，行動の起点や終点，あるいは都市的活動の焦

点となる場所のことである。また，エッジとは都市の中に存在する境界としての線的要素であり，ある地域を他の地域と分けるなど連続した領域を中断する役割を果たすが，他の要素である都市内の連続した移動の道筋となるパスとは異なるものとされている。この他にもディストリクトやランドマークを含めて，彼は5つの都市構成要素を定義している。実際の都市にその構造としてのノードやエッジというものが明示的に存在しているわけではないが，あるモデルを仮定した認識の枠組みに基づく記述方式は，都市の構造や成り立ちというものを理解し，それに基づいて分析や計画を進める上で有効な概念である。そこでは，捉えられた構造に従って都市の施設配置や形態を操作することで，都市のあり方に対するより分かりやすい提案が行われている。

　本書では，このようなデザイン対象の認識や記述，操作の問題について，図形やプログラミング言語を含めて本章2節，3節と4章で詳しく扱っている。

　こうした科学的方法の考え方の基礎となるものに，古代ギリシャ時代に提案されたアトミズムという概念がある。すなわち，すべての物質は分割可能であり，それらの最小要素はアトム（原子）であるという考え方である。こうして分割可能な物質は，目的に応じて分解して分析することができるとする方法論である。この考え方が，2章や5章で述べる近代における還元論（還元主義）へと繋がっている。そして，こうした考え方に基づいて，対象を物質から事象にまで拡大し，分割された要素とそれらの相互関係から全体としての物事を見ていこうとする，現代科学の方法の一つに**システム論**[2-5]がある。システム論では，対象となる全体をシステムとして捉え，それを分割して得られる部分を構成要素とし，各要素と要素

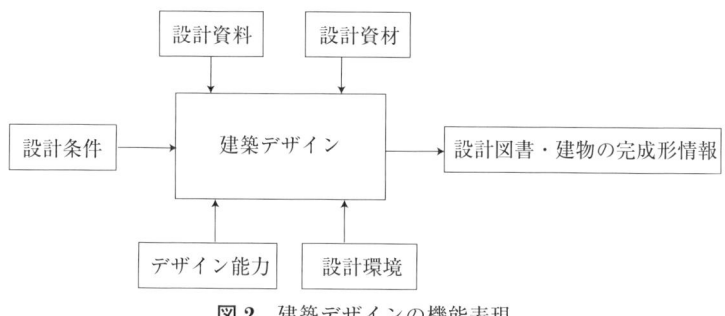

図2　建築デザインの機能表現

相互の関係を含めた構成を機能構造と呼んで，システム特性の分析や機能の合成について検討する。この際，要素は何から成っているかという実体概念ではなく，どのような働きを有するかという機能概念で捉えられる。例えば，個人商店をみる時に，社長，専務，社員という関係で商店を運営している家族が，家庭に帰れば父，母，息子という家族関係になるように，何を目的とするかによって実体は同じでも機能（役割）は異なっている，という認識である。本書では，こうした科学的な対象の認識方法について本章2節，3章2節，4章3節で扱っている。

　ここで，「建築デザイン」という行為をシステム論から定義してみよう。図2は一般にシステム論で考えられている形式に準拠して，建築デザインを設計条件というインプット（入力）から設計図書というアウトプット（出力）への変換機能の図式に当てはめて表現したものである。四角で囲われた建築デザインという変換機能に直接関わる要素は水平の流れであり，設計条件というインプットと設計図書・建物の完成形情報というアウトプットに対応している。また，垂直に配置されている枠内の要素はその変換に必要な消費要

素や環境要素である。

　　インプット　　：設計条件（用途，場所，期日，予算，施主の要望…）
　　環境条件　　　：設計環境（場所，道具，…）
　　能力　　　　　：デザイン能力（知識，経験，…）
　　資源　　　　　：設計資料（カタログ，市況，…），設計資材（用紙，インク，…）
　　アウトプット：設計図書・建物の完成形情報（形状，素材，仕上，位置，相互関係が指定された部材（群）の情報，…）

　こうして建築デザイン行為を捉えると，デザイン科学はこれらの営みすべてを対象とするが，その中心となるものは図2の左下にある「デザイン能力」という，人間に付随した能力要素である。デザイン能力は，その他の要素を利用あるいは消費しながら，創造行為であるデザインを進めるという働きをする。そこでは，その他の条件をすべて同じにしておいても，この「デザイン能力」の差によって出力される設計図書は異なる。例えば，コンピュータを活用した数値解析やパラメトリックデザインのツールといった手段が与えられたとしても，それを駆使する建築家によってデザインは異なるであろう。こうした道具を使いながら創造することがデザイン能力の機能であり，その方法や過程を科学しようとするのがデザイン科学の考え方である。ただし，デザイン科学はツールや方式，モデルの開発や利用方法を考えようとするものではない。新たなツールを導入する際には，当然，そこで用いられる能力も対応して変化しなくてはならない。こうしたデザイン行為のあり方を検討していこうというのが，デザイン科学の目標である。

　デザイン能力が発揮されて行われるデザイン行為は，意思決定のプロセスとして捉えられる。一般のデザイン行為と同様に，建築の

デザインはヒューリスティックな（経験則などを適用した試行錯誤を通じて問題解決を行うことで近似解を求める）行為であり，多くの試行錯誤を繰り返しながら建築物の形態や部材の性状，空間の機能などを決定していく意思決定のプロセスとして定義できる。その過程では，さまざまなデザイン案が作り出され，評価され，改変されながら最終案へと収束していくわけである。ただし，いくら試行錯誤といっても闇雲に案をいじっていくわけではなく，与えられた施主からの要望，敷地や予算などの制約条件の中で，デザイナーの目標とする機能，性能の実現を求めて次々に変更を加えていくことが行われる。一般にこのような過程は**最適化**と呼ばれる。しかし，ここで「建築デザインは最適化を目指しているのか？」あるいは「建築デザインは何を最適化しようとしているのか？」という疑問が現れる。そもそも，「最適化」という目標をどの程度まで達成しているかを測るためには，物差しとしての**評価関数**の存在が前提とされていなくてはならない。そして，ある評価関数に従えば当該デザイン案はどの程度の性能を有しているかが判断できるわけである。

では，建築のデザインを進めていく上でどのようにして評価関数が定められているのだろうか。例えば，図3は建築家 F. L. ライト晩年の傑作である落水荘であるが，この作品は計画案の最適化についての興味深い事例でもある。落水荘は滝の上に建設された別荘であるが，当初の施主の要求は滝を眺めながら週末を過ごしたいというものであった。すなわち，滝の対岸を別荘の建設位置として想定していたわけである。ここで，ライトは現地を散策し，施主の話を聞き，そして施主の要求を最も良く満たすものとして滝を眺める場ではなく，滝と一体となって自然の一部となってしまうような建物とその配置を提案したのである。彼の提案は，滝の上に別荘を建設

図3　落水荘（Fallingwater）

することであった。すなわち，施主の提示した目標は十分なものではなく，彼が新たに定義した目標値が施主にとってもより良い価値を生み出していくことを示したのである。こうして，良い建築に対する新たな評価関数が定義されることとなる。言い換えれば，解の存在範囲を変更することで，それまでとは異なる評価関数の設定とそれに基づく計画案の最適化が行われることになる。

　このように，建築のデザインという行為は試行錯誤を通してデザインの最適化を図る行為ではあるが，その際に用いられる評価関数をも同時に作り出しながら最適化を行っているといえる。問題の定義の明確でない事象について，問題自体の定義とともに解決案を求め，最適化を図っていこうとする考え方を含めて，本書においては本章2節で具体的な評価関数の例が，3章2節，4節でさまざまな最適化の考え方が紹介され，その過程が論じられている。

一方，建築のデザインを進める組織という面からも，デザイン科学の考え方を導入することが求められている。現代の建築デザインにおいては，1人の建築家が意匠から構造，設備までのすべてを決定することは稀であり，ほとんどの場合それぞれの専門家がチームを組んで進めることになる。また，複合施設のように多くの機能を複雑な制約条件に基づいて統合していかなければならないような場合には，建築業の枠を超えたメンバーによるチームデザインが求められる。そこでは，個人の能力や技に頼った意思決定から，問題の複雑さに対応できる組織的な意思決定への移行が求められている。こうしたデザインの進め方では，組織内での情報の共有と，意思決定や評価の合理性，その透明性が不可欠である。こうした条件が充足された上で，迅速かつ効率的な**合意形成**に基づいたデザインを進めることが可能になる。また，建築の設計は総合のプロセスであり，多くの条件が複雑に絡み合うため，あるかたちを1つの解として提案しても，その評価基準は多岐に渡り，また相互矛盾を含む場合もある。これは，異なる評価基準を有する専門家の集団であるチームでデザインを進める上で，合意形成に困難が伴う要因の一つである。このため，建築のデザイン科学はデザイン案の検討，評価決定といったデザイン行為だけでなく，デザインの進め方というプロセスのあり方についてもその検討範囲を広げていかなくてはならない。そこで，求められる意思決定過程の透明性や合意形成の支援，代替案相互間のトレードオフなどの特性を十分理解した上で，デザインプロセスを科学的に考えていくことが求められている。こうした問題については，3章4節，4章4節で検討されている。

1-2 科学について

　ここでは，前項で見たようにデザイン行為を意思決定のプロセスであると定義するとして，それを検討するための視点として選定した科学について見ていく。そこには2種類の科学的視点が求められている。第1はデザインプロセスを構造化し，分析的に見ていく視点を与えるものとしての科学であり，第2はその構造化の考え方に基づき，アイディアを発展させたり代替案を評価したりするプロセスを進める上で利用可能な，ツールとしての科学である。

　第1の視点として，科学とは，対象とする世界に関する新たな知を獲得し，これまでに得られた知を拡張しようとする営為であると捉えられる。まず，哲学者の中村雄二郎が近代科学について述べた中で，科学の知は普遍主義，論理主義，客観主義という3つの特性ないしは原理を有するとされている[6]。そして，これらの原理は以下のように捉えられている。

- 普遍主義
  事物や自然を基本的に等質的なものとみなす立場である。事物や自然は量的なものに還元され，地域的，文化的，歴史的特性が乗り越えられる。
- 論理主義
  事物や自然のうちに生じる出来事を，すべて論理的な一義的因果関係によって成り立っている（一義的因果関係によって認識できる）とする立場である。事物や自然のメカニズムが明らかになれば，その技術的な再現や制作が可能になる。

- 客観主義

  事物や自然を扱う際に，扱うものの主観性を全く排除して，それらを対象化して捉える立場である．客観的なメカニズムは，他の何者にも依存することなく，自立的に存在し得る．

このような原理は近代科学に大きな成果をもたらしたが，一方ではこうした考え方にうまく合致しない領域や，性質上曖昧さを残さざるを得ない領域を正当に扱えなくなるという弊害も存在する．これらの原理が有する長所・短所が，デザインを科学的に捉えることに対する違和感に繋がると考えられてきた．

こうした不満に対する新たな解決を提供するものとして，近年の科学は多くの方法を生み出した．例えば，アインシュタインの相対性原理やハイゼンベルグの不確定性原理などは，それまでのニュートン力学的な認識に代わる新たな世界観をもたらすものであった．コペルニクスによって太陽が大地の周りを廻るのではなく地球が太陽を周回することが示されたように，アインシュタインによってこの世に絶対的な存在はなくすべては相対現象であることが暗示され，さらにハイゼンベルグによってすべての存在には不確定性があることが示されたのである．また，科学的方法論の基礎を変革するものとして，数学分野における集合の考え方の確立が挙げられる．例えば，数学の古典的問題とされていた，「5次以上の方程式の一般的な代数解の公式を示せ」という代数の問題に対して，アーベルやガロアが導いた解答は，「一般に，nが5以上のn次方程式の係数に代数演算を施して得られる集合に，解の集合のすべてが含まれることはないため，解の公式は存在しない」という集合論からの存在否定の証明であった．

第1章　デザイン科学について

　こうした新たな方法論としての科学に基づき，第2の視点であるツールとしての科学が建築デザインにも多数導入されている。

　まず，近年では，建築に携わる者には馴染み深いコンピュータを用いたデザイン支援ツール（広い意味でのCAD）が多く利用されている。そこでは，本書で紹介されているさまざまな概念や処理などを，問題を計算機に扱える形に変換して記述することで，手軽で強力な手法として活用できることになる。その際の基礎となる考え方が，空間の情報モデルとしての図式と計算幾何学である。内容としては，図式の記述とその意味するもの，幾何学的操作の内容，計算機で行われる幾何学的表現と演算処理などの項目が扱われ，本書では幾何オブジェクトの記述と操作について2章2節，F. L. ライトのプレーリーハウスのプランや町屋のファサードの分析を例として本章2節，2章3節に紹介されている。そして，それらの総合としてのボトムアップ（部分から全体へ）やトップダウン（全体から部分へ）などのデザイン手法，例えば，黄金比やモデュロールなどによるコーディネート，ヴォキャブラリーとしての単位空間とそれを組み合わせるルールとしてのシンタクスによる形態の生成手法などが2章3節に紹介されている。さらには，形態操作過程の生成であるパラメトリックデザインやアルゴリズミックデザインを含めたデザインシミュレーションなどの項目も併せて2章3節で紹介されている。

　一方，数理的なデザインの進め方としては，多くの物理現象のように数式で記述でき，それを解くことで解が得られ，その組み合わせの中から複数の制約条件下での最適化を考えるといった場合が多くある。その時に用いられる**線形計画法**や非線形計画法，多目的計画法などの最適化手法について，本書ではトラスの構造設計などを例としながら3章2節に紹介している。

また，決定論的な事象の集合を扱う科学に対して，集合の要素にその集合に属する度合い（帰属度）を付加した**ファジィ集合**を用いて曖昧さを扱う科学も生まれた。そこでは，対象の記述にメンバーシップ関数に指定される曖昧さが許容され，「大きな部屋」のような感覚的記述に基づく処理が行われる。本書ではトラスの構造設計についてのファジィ意思決定手法の適用例として，こうした曖昧さを含む対象の最適化問題の手法を3章3節に紹介している。

集合を対象とした場合，その要素の数によっては膨大な演算や処理が必要となり，一般に許容できる時間内には解を得ることができないといった問題が存在する。デザインを進める上でも，対象となる要素の組み合わせに対して，すべての場合についてその適否を検討しなければならない問題がある。例えば，多数の建築空間の配置について，特定の要求条件を満足しながら，それらの形状や規模，隣接関係などの制約条件の下で検討する場合がその典型である。こうした場合，例えば部屋をトランプのカードに置き換えてみると，ジョーカーを除くトランプ52枚を並べる時の並べ方は全部で何通りあるだろうか。答えは52！（52の階乗：$52 \times 51 \times \cdots \times 1$）通りであり，それは68桁の数となる。このように多数の場合をすべて検討することは，現在の技術では不可能である。こうした多くの組み合わせを対象とした中での最適解を求める方法として，ヒューリスティックな探索法や**データマイニング**の手法などがあり，本書では室配置パタンを例として，本章2節や3章4節，5節に紹介している。

さらに，集合の考え方に基づくデザインの進め方として，建築デザインの目的とする完成形を1つの解とすれば，解となる可能性のある集合を仮定し，その集合の要素を減少させていくことで求める

解にたどり着こうとすることができる。こうした集合に対する基礎的な概念や演算処理，さらには，建築計画の分野でよく用いられるダイアグラムのような，グラフに代表される図式的対象の扱いについても，本書ではC.アレグザンダーのパタン・ランゲージを例としながら4章2節，4節で紹介している。

1-3 デザイン科学と教育について

本書の目的の一つは，これまでの，経験と勘に頼った意思決定プロセスとしての建築デザインを脱するために，科学的に担保された数理的・論理的な方法論を導入して，意思決定を支援するための考え方を提案することである。そこでは，自然科学の法則性，合理性だけでなく，地域性，歴史性といった個別性をも包含できるデザインのあり方を科学しなければならない。さらには，従来の経験的方法から科学的デザインに至る道と，その面白さを示すこと，規模計画，配置計画，動線計画，構造設計，意匠設計などのさまざまなフェーズに科学的手法を導入する道標となることを目指している。ここで重要なことは，デザインにおける自覚性である。科学的な方法に求められる客観性や普遍性という特性を建築のデザインプロセスに導入するためには，計画案作成過程の合理性や透明性を意識しながらデザインを進めていく必要がある。その過程で有効な考え方や用いられるべき手法について，本書では多くの例を挙げながら解説している。

またさらには，個人から組織的意思決定に至る，知の合理性をいかに獲得するかということ，そしてそれを実現するための能力を養成する建築デザイン科学の教育についても考えていかなければなら

ない。近年の建築学科の学生のデザインの進め方を見ると，デザインのプロセスが意識的に行われているとは思えないことも多い。なぜここにこの機能が配置されるのか，その空間の規模はどのように決定されたのか，空間相互の結合はこの形式が最適なのか，といった問いに対する回答が得られない計画案が多く提出されているのが現状である。

こうした現状に対して，意識的なデザインプロセスの自覚とそれに基づくデザインの実践を目指した，いくつかの教育プログラムが試みられている。本書の5章2節では，空間や各種プロダクトのデザイン教育において，グループ討論やマインドマップなどいくつかのデザイン手法を導入した教育の事例を紹介している。また，5章3節では，デザインプロセスに予測の手法を導入することを目的とし，既存有名建築を対象としたリバースエンジニアリングの考え方に基づく建築空間の検討をテーマとした，建築の学部生や院生を対象とした授業が紹介されている。そこでは，構造解析や環境解析のアプリケーションが導入され，数値的な解析結果に基づく計画案の変更を指向している。学生は解析数値の意味するところのレクチャーを受けながら，自ら求める建築空間の創出を目指すプロセスを学習することができる。そして，5章4節では，新たなデザイン科学教育の事例として，図式やダイアグラムと述語論理を用いた各種プロダクトのデザイン手法を導入した大学院の学生を対象とし，教育に関する紹介を行っている。ここでも，デザインプロセスを自覚的に進めていくことの重要性が強調されている。これらは，対象も学生も建築以外のものを含めた，新たなデザイン教育への科学的アプローチである。ここで取り上げた内容は未だ試みの段階であるが，より多くの建築教育関係者がデザイン科学の考え方に興味や賛

同を持ち，さらなるデザイン科学教育の展開がなされることを期待している。

2 デザイン科学の切り口

デザイン科学における「科学」という観点は，はじめてこの分野に触れる初学者に一般的なデザインの世界と乖離した取りつきにくい印象を与えるかもしれない。デザイン科学の世界を理解する近道として，ここでは前節で挙げたデザイン科学の概念のうち，本書を読み進める上で押さえておきたいいくつかの概念の説明を補足しておきたい。

2-1 デザイン対象のモデル化

デザイン科学において，我々が対象とするのは現実世界そのものではない。現実世界の中の手で触れるモノや経験する出来事は，無数のファクターが複雑に作用し合った結果として限りなく偶然的に成立しており，これらのファクターについて正確に説明することは不可能である。我々が現実世界を理解して説明することができるのは，現実世界とは異なる思考のための世界（デザインの空間）を作り上げているからに他ならない。規模も用途もバラバラな無数の建物群から成る都市は，常にどこかで建設行為が行われて絶え間なく変化し続けており，一瞬たりとも同じ状態で留まっていない，まさに複雑な生命体のようである。このような都市を説明することは，本来極めて難解な問題であるはずだが，人々はいとも簡単に都市について語ることができる。ある人は幹線道路や鉄道などの配置や接続

に基づく交通ネットワークとして都市構造を認識しており，別の人は建物の規模や用途の分布状態に基づいて空間的に理解している。このように，意図的に特定の部分や要素の関係性のみに着目することで構築される簡略的な秩序の仮想世界を「**モデル**」と呼ぶ。モデルは，デザインの知識を共有するための媒体でもあり，自然科学および社会科学の分野において用いられる。

デザイナーが思考過程で描くスケッチやスタディ模型もモデルの一種である。流れるような曲線によってデフォルメされた車のスケッチは，デザイナーの関心が空気抵抗に向けられていることを表しており，真っ白なスチレンボードで作られた建築模型はスタディの目的がテクスチュアや色彩は含まないヴォリューム構成であることを意味する。スケッチや模型のように，デザインのアイディアを具体的なモノとして表現するモデルを「物理モデル」という。これに対し，一般的にデザイン科学で扱うモデルは，図式や数式によって物事の関係性を抽象概念として説明するモデルであり，「数理モデル」，「図式モデル」，「言語モデル」などが挙げられる。コンピュータがツールとして定着した現在では，特に数式を用いて事象の関係を記述する数理モデルの重要性は大きい。数理モデルは，確率的変数の有無による「確率モデル」と「確定モデル」，時間的変動の有無による「動的モデル」と「静的モデル」，変数の関係性に基づく「線形モデル」と「非線形モデル」，連続変数か離散変数かの違いによる「連続モデル」と「離散モデル」に分類される。

モデルによって構築された仮想世界は常に不完全である。また，モデル化の目的も忠実に現実世界を再現することではない。忠実に再現された仮想世界はその時点ですでに現実世界と同様に複雑で把握不可能な対象となってしまう。できる限り少ないファクターに

よって現実世界を単純化し，操作可能な問題へと還元することにモデルの本質がある。一方で，極端な抽象化は現実世界との大きな乖離を生み，何事も言い当てない無意味なモデルを生成する危険性を孕んでいる。モデルを構築する上で，簡略化による明快さと複雑さによるリアリティのバランスは，取り扱う問題の特性に照らして決定する必要がある。

1つの立方体オブジェクトが存在するとき，我々はそれを単に1つのオブジェクトとして認識するが，デザイン科学では，立方体の解釈は1通りに定まらない。8つの頂点の集合として定義することもできれば，12本の線分として，あるいは6面の正方形面としてみなすこともできる。1つの立体としての認識は1つの選択肢に過ぎない。8つの点の集合として解釈された立方体に対する操作は個々の点を移動することであり，6面の正方形面として認識された立方体の操作は面を単位として移動することである。どのようなエレメントの集合として捉えるかは，同時にデザインの操作を決定することを意味する。このような解釈に関わる形の秩序を「デザインの体系」と呼ぶ。デザイナーは，意識的にせよ無意識にせよ，デザインの体系を選択して思考に制約を加えている。紙面上で行うスケッチや図面を用いたスタディは線の体系の制約を受けており，模型や粘土を用いた形のスタディは，材料の性質に依存する立体の体系の制約を受けている。道具や材料を選択することは，デザインの体系を決定することである[7]。

2-2 デザインの記号表現

デザインの対象や命題の表現方法は，知識の共有化を目指すデザ

イン科学において重要な問題である。デザイナーの知識はただ表現されるだけでは不十分で，その表現に対して誰もが同じ解釈をすることができてはじめて再現性を有する共有財産となる。ことばによって記述された命題は，読み手の能力によって多様に解釈されてしまう。情報の送り手と読み手の双方の能力に依存することなく内容を正確に伝達するための，限りなく単純で形式的な記号表現が必要である。

一階述語論理（first-order predicate logic）は集合論に基づいて数学の命題を形式化する表現手法で，論理記号（logical symbol）や非論理記号（non-logical symbol）を用いた豊かな表現力を持つ。既存の命題から新しい命題を導く推論の記述にも適していることから，デザイン科学における表現手法にも応用されている。最もシンプルな記述方法は，非論理記号と括弧を用いた「非論理記号（引数）」の表現である。例えば，「壁は白い。」という命題は「白（壁）」と極めてシンプルな形式で表現される。このとき，（　）の中に記述されるオブジェクトを引数といい，括弧の前に置かれる非論理記号を述語記号という。述語記号はオブジェクトを分類するためのラベルの働きをする。

先の命題は同じく一階述語論理によって「色（壁）＝白」のように異なる表現もできる。「色」は白以外にも青や赤などの他の色を値に持つことができるため，関数記号と呼ばれる。「関数（引数）」で表現される命題は，「述語記号（引数）」の命題のように完結した命題とはならず，等号と正しい値が与えられて命題が完成する。

どちらの形式が適しているかは対象や目的に応じて決定すればよいが，いずれにしても記述と命題の間に解釈の曖昧さが生じることはない。また，極めてシンプルな記述を組み合わせることで高度な

命題を詳細に表現することも可能である．また，引数や値に変数を代入すれば，同一の表現を使って架空状態を記述したり，変数に値を代入することで具体的な命題を数学的に一意に生成したりすることも可能である．

例）　　色（私の家）＝赤
　　　　面積（私の家）＝ 80 m^2
　　　　高さ（私の家）＝ 5 m
　　　　材料（私の家）＝木
　　　　　…

「すべての住宅は木造である．」や「いくつかの住宅は平屋である．」といった複数のオブジェクトの集合に関する命題を記述するためには，量化記号と呼ばれる論理記号が必要となる．任意記号'∀'（読み：すべての）と，存在記号'∃'（読み：ある）の2つの量化記号を用いることで，上記の命題は「∀住宅（木造（住宅））」や「∃住宅（平屋（住宅））」と表現される．

複雑な命題を記述するには，単純な命題を並列させる手法に加えて命題どうしを直列に結合する方法も有効である．「not」「and」「or」は論理結合子と呼ばれ，結合された命題を複合命題という．複合命題の真偽は，構成要素である個々の命題の真偽が決まれば自動的に導かれる．

「if」と「then」の構文を用いると，新しい命題を導く推論を記述することが可能である．推論の最も一般的なスタイルは，含意と呼ばれ，

　　　「if 前提 then 結論」

の形式をとる．例えば，壁と屋根の位置関係に関する命題から，壁が屋根を支えるという新しい命題を導く演繹的推論は次のように記

述される。

　　　　if　下（壁，屋根）　then　支持（壁，屋根）
　　　　下（壁，屋根）
　　　　支持（壁，屋根）

上記のように，推論によって既存の命題から新しく導かれる命題が「知識」である。

　単純で形式的な表現は，コンピュータへの知識の入力において実用性が高く，一意的な命令のみを実行可能なコンピュータでデザインの問題を扱うことを可能にしている。

2-3　部分と全体

　デザイン科学においては，一般的に建物はエレメントの階層的な集合体と捉えられる。建物はいくつのも部位や部材から構成され，都市は無数の建造物をエレメントとしている。同一の建物であっても，〈床，柱，壁，天井，屋根…〉といった部位をエレメントとする集合体とみなすことができれば，〈部屋，階，棟…〉といった空間をエレメントとする集合体とみなすこともできる。

　デザインは，エレメントを決定してその相互関係を記述し，目的に矛盾なく適合するようにエレメントの属性を変更する作業である。柱は，「太さ」，「長さ」，「断面形状」，「素材」などの属性を目的に応じて変更することで「支える」という機能を満たす。列柱は，柱の「数」や「間隔」の属性を操作することで「仕切る」という付加的な役割を果たす。

　建築を構成するエレメントの中で，それ以上細分化することのできない最もシンプルなエレメントを「プリミティブ」という。各階

層のエレメントはプリミティブを起点としてさまざまな変形を実行することで生成される。つまり，多様なデザインは，プリミティブに対して実行される演算（プログラム）によって生成されると解釈できる。デザインの思考は，演算子を変更したり，プリミティブを入れ替えたり，プログラムを組み換えたりする数学的な手法に基づく操作に置き換え可能であるとする数理的なアイディアを基礎としている。

ルールに従うエレメントの操作から建築を導く考え方に**シェイプグラマー**（shape grammar）がある。シェイプグラマーは，チョムスキーの生成文法（generative grammar）の流れを汲んだ形の生成手法である。エレメントに対して適用される各ルールは完全に独立した関係にあるのではなく，文法として使用方法が制約されている。そのため，文法を正しく適用して生成した形態は，すべて正しい解であると解釈される。言語は，アルファベットの配列で構成される単語の結びつきが意味を生成する記号の体系であり，単語の接続方法は文法という作法に従う。アルファベット，単語，熟語，文章と階層的に意味が生成されて高度な知識が表現される。建築デザインにおけるエレメントの接続関係も，要素，部位，部分，全体と階層的に機能や意味が発生する点において言語の体系と共通する。

プレーリーハウスと呼ばれるF. L. ライトの一連の住宅作品は，①暖炉の配置に関する文法，②サービスゾーンを追加する文法，③コアユニットを拡張する文法，④拡張したブロックへ機能を割り当てる文法，に従っており，これらの文法によって基本的な空間構成を派生させることができる。図4に示す89のパタンの中で，ライトが実際に実現させた住宅に該当するものは7パタンであるが，残りの82パタンについてもライトのプレーリーハウスと同等なデザ

2 デザイン科学の切り口

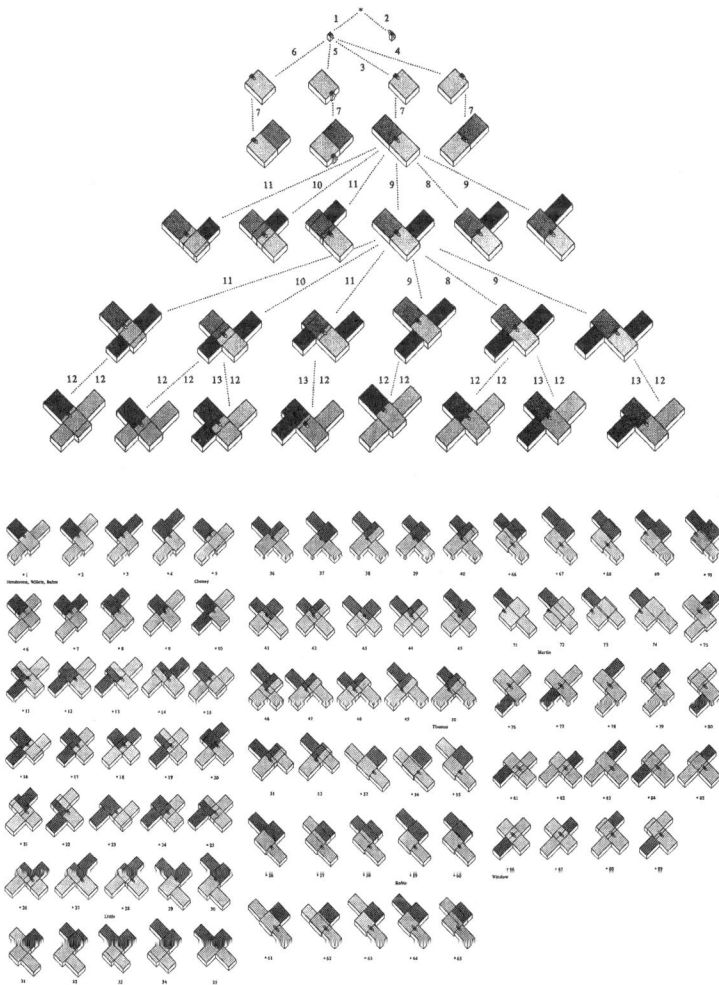

図4　シェイプグラマーによる89の基本構成（文献 [8] より転載）

25

イン的価値を有していると評価される[8]。

建物をエレメントの階層的な集合体と捉えることは，デザインをパタンとして解釈することである。デザインはカタログとして生成され，そこから選択される。この意味において，デザイン科学の関心は，優秀な選択肢としてのデザインを合理的に導くこと（生成）と，選択肢の中から客観的な尺度に基づいて選び取ること（評価）に置かれる。

2-4 デザインプロセスの形式化

対象をエレメントの集合体と捉えるように，デザインのプロセスについてもこれを多段階に細分化されたプロセスの集合と捉えることができる。デザインは，結果や目的を常に説明可能で問題解決のための適切な手段が用意されている「**輪郭が明確な問題**（well-defined problem）」ではなく，結果や解決方法が未知で何が求められているかを明らかにすること自体が問題となる「**輪郭の不明瞭な問題**（ill-defined problem）」である。デザインプロセスにおいては，しばしば疑問が追加的に発生し，思考が進むにつれて頻繁に問題の再定義が要求される。はじめから明確な解など存在せず，思考を終わらせる根拠すら存在しない場合もあれば，反対にもっともらしい解がいくつも存在する場合もある。デザインが扱う問題の多くが「**手に負えない問題**」であり，正解のない問題である。このようなデザインの思考をいかにして数理的手法で形式化するかがデザイン科学の主題の1つである[9]。

アシモフらは，主観的なものと考えられてきたデザイナーの試行錯誤のプロセスを，情報伝達の視点から「**分析**（問題を定義する段

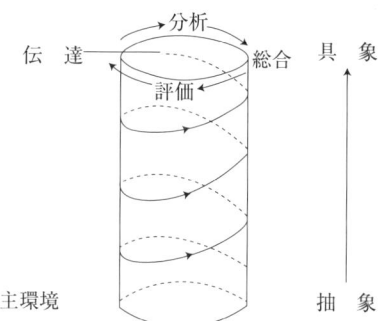

図5 デザインのプロセスモデル（文献[9]より改変）

階）」，「**総合**（解を探索する段階）」，「**評価**（解の妥当性を判定し選択する段階）」の3つの段階に分解し，この3段階の基本サイクルを反復しながらアイディアを改良するモデルを示した．デザインのプロセスは，3段階のサイクルがなす水平構造と，抽象的な思考から具体的な考察へと進展する垂直構造の2つの構造を合わせた図5に示す螺旋状に図式化される．

　デザインプロセスにおいて，思考の方向性は目標によって与えられる．デザインは基本的に目的指向の活動であり，目標とは要求を満足する状態に到達することであるが，すでに説明したとおり建築デザインの問題は目標自体が理解しにくい．デザインの目標はプロセスの途中でしばしば変化するため，必ずしも図5のようにきれいなサイクルを描くとは限らず，また抽象的な思考から具体的な思考へと段階的に進むことも保証されていない．図6は，思考がスタートするエントリーポイントも一様ではなく，突然飛躍することや大幅に後戻りすることも頻繁に起こるため，思考が前進しているのか

第 1 章 デザイン科学について

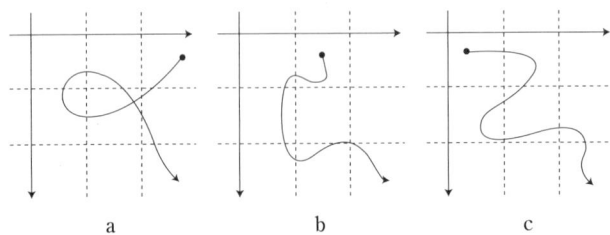

図 6　エントリーポイントの違いによる設計プロセスの例（文献［10］より転載）

後退しているのかさえ明言できないことを示している。思考のベクトルには，ある結論をおおよそ仮定した上で，それが正しいことを実証していく**トップダウン**の思考と，部分的な事項に関する考察から開始して全体的な結論に到達する**ボトムアップ**のベクトルがある。デザインは，多くの場合においてボトムアップの思考とトップダウンの思考が混ざり合い，進退を繰り返し，時には規範的なプロセスの順番を入れ替えたり省略したりしながら，ヒューリスティックで再帰的なプロセスを経て発見的に解を獲得する。

　アレグザンダーは，『形の合成に関するノート』[11]の中で，デザインの目標についても階層的に整理することの重要性を説明している。複雑な与条件を整理することが求められるデザインの問題では，目標そのものが漠然としたものとなり，曖昧な目標に対しては解のみならず解を導くための手段を見つけ出すことすら困難である。アレグザンダーは，目標自体をいくつもの下位の目標（サブ目標）の集合として定義できることに着目し，デザインの目標を分解する操作を階層的に繰り返すことで，サブ目標とその達成のための解法の関係が誰にも自明なレベルに到達できることを示した。1つの目標を構造化されたサブ目標の集合と捉える考え方は，現在では

コンピュータプログラミングの基本概念にもなっている。

　デザインを小さな問題解決の集合に分解するとき，実行の順番は解の決定にとっての重要な意味を持つ。「(5+4)×3」と「5×4+3」の演算は，ともに同じ5，4，3の3つの数字を項として×と＋の演算記号を1度ずつ用いた計算式であるが，導かれる答えは前者が27で後者が23となり一致しない。デザインのプロセスにおいても，思考の順番が同様に大きな結果の差をもたらす可能性が高い。

　サブ目標に対して各段階で導かれる解は，全体の目標にとっては不完全で次の問題解決プロセスの初期解に過ぎない。そのため，各プロセスにおける解のわずかな優劣の差は，全体を通して見れば大きな意味をなさない場合も多い。プロセス全体を見通した上で目の前の問題設定の位置付けを明確にし，求められる解の役割や精度を定める必要がある。また，デザイン科学はデザインのすべてのプロセスを数理的手法によって置き換えた設計手法を提案することを目的としているわけではない。数理的手法に置き換えることが望ましいプロセスとデザイナーが行うべきプロセスを判別し，システムと人間が互いの強みを活かし合う協調的な対話型のデザインプロセスの構築が望ましい。

2-5　デザインの評価

　デザインは，最も高い山の頂を目指した山登りに喩えられる。見渡すことのできる範囲の中から最も高い山を選択して登りはじめるが，途中で視界が開けてもっと高い山の存在を発見してしまい，後戻りしなければならなくなるリスクもあれば，山頂からの眺望でさらに高い山の存在を確認できずにゴールにたどり着いたと思い込ん

でしまうリスクもある。効率的に登ること(**収束**)も重要であるが,それと同等に登る山の選択が正しいかどうかの検証(**発散**)の必要性は高い。収束と発散の適切なバランスによって,デザインの解の創造性が確保される。

　本来,デザインの評価は曖昧で,優劣を明確に序列化することは難しい。「良い住宅」といってもその解釈は状況や個人の価値観に強く依存する。ある場合においては建設コストが安い住宅を指し,また,ある場合には日当たりのよい間取りの住宅を意味する。数理的な手続きによって住宅デザインを導く場合には,評価基準の曖昧さは許されない。つまり,明確な評価基準を定めて定量的に比較可能であることが前提となる。「広い部屋」という目標(性能変数)に対しては,「広さ」は数値化が可能な「面積」(決定変数)に読み替えられる。3棟の建物 (A:100 m^2　B:150 m^2　C:300 m^2) 面積値はC>B>Aと広さを序列化するばかりでなく,BとCの差 (150 m^2) がAとBの差 (50 m^2) の3倍であり,CはBよりも2倍優れているといった具合に,評価値の差によって程度を比較することを可能にする。デザインの目標は数値が満たすべき範囲として与えられる場合もあり,数値の序列が優劣の序列と一致するとは限らない。例えば120 m^2 以上の広さを得ることを目的とするデザインの問題において,上記の例題のBとCの建物は同等に評価され,値の大小によって直ちにCの方が優れていることにはならない。

　デザインの問題では,いつも一意的に数値比較が可能な評価基準が決定されるわけではない。街並みの評価において,しばしば「統一感」という曖昧な表現が登場するが,「統一感」を色彩の問題として解釈すれば色彩の3属性値によって評価することができ,建物のヴォリュームの問題として解釈すれば密度や高さの値として評価

することができる．このような解釈方法の決定はシステムを構築するデザイナーの仕事であり，この解釈の妥当性をいかに論理的に説明できるかが問題設定の客観性を決める．科学的なデザインのアプローチにおいて，この解釈に関する説明が適切になされないと，本来の問題の所在が不明瞭になり，現実世界のデザインの問題と大きな距離を感じる要因となる．

最適化によるデザイン手法では，デザインの目標は問題に関するさまざまな属性値の関係式（評価関数）として与えられる．デザインの評価が1変数項の単純な線形式として与えられる場合，評価関数の値の大きい解ほど（あるいは小さい解ほど）優れた解と評価される．デザインの評価が多変数項の非線形式として与えられる場合，一般的に1つの項の値が改善されると別の項の値が悪化する**トレードオフ**の関係が発生する．具体的なデザインの解を得るためには，トレードオフの関係にある解候補の集合（**パレート解集合**）の中から望ましい解を選択するためのもう1つの尺度が必要となる．

シミュレーションによるデザイン手法では，デザインの解を仮定した上で，その解が満たす性能をすでに獲得された知識と照合することでデザインを評価する．長い歴史の中で蓄積されてきた建築デザインに関する膨大な知識をいかに共有化し，新たなデザインの評価に活用するかということも，デザイン科学のテーマの一つに挙げられる．

3　デザイン科学と情報処理

3-1　言語表現

　コンピュータの登場により，デザインのための新たな記述方法が加わった。コンピュータを動作させるための**プログラミング言語**（**人工言語**）である。プログラミング言語は文字通り人工的に作り出された言語であり，人々が日常的に利用している英語・中国語・日本語などの言語とは自ずと様相が異なる。そこで，これらを明示的に区別する場合，自然発生的な言語は「**自然言語**」と呼ばれている。

　自然言語は長い歴史の中で蓄積されてきた豊かな表現力を有している。そもそも人類の知識の大半はあまたの自然言語により記述されたものであり，我々の思考自体も概ね慣れ親しんだ自然言語を用いて行われていると考えられる。建築のデザインそれ自体はスケッチや図面など図式的に表現される場合が多いが，それに対するさまざまな言及はやはり自然言語により記述されるものがほとんどである。そして，それらの記述により思考が深まり，新たなデザイン的創造の一助となっていることも事実であろう。一方で，自然言語は論理的に正確な記述が不得意であることが指摘されてきた。例えば「大きな柱のない空間」のように，意味が特定されない（曖昧な）文章をいくらでも記述できるのである。勿論，さまざまな作文法によりそれなりに曖昧性を排除することも可能ではあるが，そのような記述が必ずしも理解しやすく好ましいものになるとは限らない。また，自然言語は絶えず無作為な変化を続けており，その仕様は固定的なものではない。

自然言語とは逆に，プログラミング言語はいずれも概ね固定的で極めて単純な構造を有している。それらによる記述は，最終的に**機械語**（電子回路の On/Off 動作）に翻訳され，コンピュータを動作させることになる。従って，記述に誤りがあるとコンピュータを正しく動作させることはできない。誤作動を避けるためにも，言語の仕様は厳格に定義され，曖昧性をなくすためのさまざまな制約があり，正しいプログラムを記述するためには極めて秩序だった思考が強いられる。故に，我々の日常的な思考とは一見馴染まず，かえって難しく感じられるかもしれない。プログラミング言語は，以降の章に示されるように，デザインにおける〈定量的側面〉を示す「数式」(3章) あるいは〈定性的側面〉を示す「論理式」(4章) を簡便に記述できる「形式言語」として，デザイン科学の大きな武器となってきた。さらに，計算幾何学の発達とともに，デザインにとって最も馴染み深い〈空間的側面〉を示す「図式」(2章) の形式的操作が記述できるようになり，それまでの言語表現では実現不可能であった多くの試みがなされてきている。

3-2 アルゴリズムとデータ

アルゴリズムとは問題を解くための一連の手順のことである。特に，問題の最適解を探索するための手順は時に計算量が膨大になるため，応用数学・情報科学の分野において効率的なアルゴリズムの研究が盛んに行われてきた。一方，「デザインとは目標指向の探索プロセスである」ともいわれるように，効率的な探索手法はデザイン科学においても関心の中心である。できる限り合理的なデザインや思いがけない新たなデザインを求めて，その時々の先進的なアル

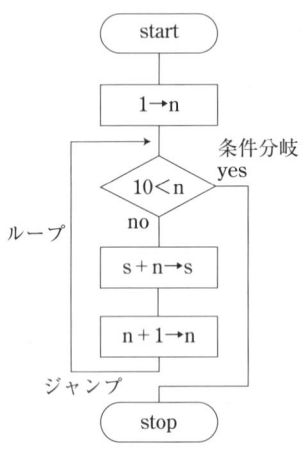

```
           ┌─────────┐
           │  start  │
           └────┬────┘
                │
           ┌────┴────┐
           │  1→n    │
           └────┬────┘
      ┌────────>│        条件分岐
      │      ╱──┴──╲     yes
      │     ╱ 10<n  ╲─────┐
  ループ    ╲       ╱      │
      │     ╲ no  ╱       │
      │      ╲───╱        │
      │     ┌──┴────┐     │
      │     │ s+n→s │     │
      │     └──┬────┘     │
      │     ┌──┴────┐     │
      │     │ n+1→n │     │
      │     └──┬────┘     │
      │  ジャンプ          │
      └────────            │
                      ┌────┴────┐
                      │  stop   │
                      └─────────┘
```

図7　プログラムの基本構造

ゴリズムの利用が試みられてきた。

　アルゴリズムを具体的に記述したものがプログラムである。プログラムは基本的には先頭の命令から逐次実行されていく（図7）。プログラムの実行を制御するための構文的語彙はプログラミング言語によりさまざまであるが，その基本はジャンプと条件分岐とループであろう。ジャンプとは，goto 文に代表される構文規則であり，逐次実行を中断し文字通りプログラム内の指定された場所（ラベル・行番号）にジャンプする制御構造である。条件分岐とは，if 文に代表される構文規則であり，与えられた条件の真偽により次に実行する命令を切り替える制御構造である。従って，これは条件付きジャンプと考えることもできる。ループとは for 文，while 文に代表される構文規則であり，一定の作業を反復させる制御構造である。ループには一般に終了条件が含まれるので，ジャンプと条件分岐を組み合わせた制御構造とみなすこともできる。だだし，プログ

3 デザイン科学と情報処理

整数

| 0 | 1 | 0 | 0 | 0 | 0 | 0 | 1 | 0 | 1 | 0 | 0 | 0 | 0 | 1 | 0 | 0 | 1 | 0 | 0 | 0 | 0 | 0 | 1 | 1 | 0 | 1 | 0 | 0 | 0 | 1 | 0 | 0 |

-1, 2^{30}, 2^{29}, 2^{28}, 2^{27}, 2^{26}, 2^{25}, 2^{24}, 2^{23}, 2^{22}, 2^{21}, 2^{20}, 2^{19}, 2^{18}, 2^{17}, 2^{16}, 2^{15}, 2^{14}, 2^{13}, 2^{12}, 2^{11}, 2^{10}, 2^{9}, 2^{8}, 2^{7}, 2^{6}, 2^{5}, 2^{4}, 2^{3}, 2^{2}, 2^{1}, 2^{0}

$(-1)^0 \times (2^{30} + 2^{24} + 2^{22} + 2^{17} + 2^{14} + 2^9 + 2^8 + 2^6 + 2^2) = 1094861636$

浮動小数

| 0 | 1 | 0 | 0 | 0 | 0 | 0 | 1 | 0 | 1 | 0 | 0 | 0 | 0 | 1 | 0 | 0 | 1 | 0 | 0 | 0 | 0 | 0 | 1 | 1 | 0 | 1 | 0 | 0 | 0 | 1 | 0 | 0 |

-1, 2^7, 2^6, 2^5, 2^4, 2^3, 2^2, 2^1, 2^0, 2^{-1}, 2^{-2}, 2^{-3}, 2^{-4}, 2^{-5}, 2^{-6}, 2^{-7}, 2^{-8}, 2^{-9}, 2^{-10}, 2^{-11}, 2^{-12}, 2^{-13}, 2^{-14}, 2^{-15}, 2^{-16}, 2^{-17}, 2^{-18}, 2^{-19}, 2^{-20}, 2^{-21}, 2^{-22}, 2^{-23}

$(-1)^0 \times 2^{(2^7 + 2^1 - 127)} \times (1 + 2^{-1} + 2^{-6} + 2^{-9} + 2^{-14} + 2^{-15} + 2^{-17} + 2^{-21}) = 12.141422271728515625$

文字（JIS × 0201）

| 0 | 1 | 0 | 0 | 0 | 0 | 0 | 1 | 0 | 1 | 0 | 0 | 0 | 0 | 1 | 0 | 0 | 1 | 0 | 0 | 0 | 0 | 0 | 1 | 1 | 0 | 1 | 0 | 0 | 0 | 1 | 0 | 0 |

$2^7, 2^6, 2^5, 2^4, 2^3, 2^2, 2^1, 2^0$ | $2^7, 2^6, 2^5, 2^4, 2^3, 2^2, 2^1, 2^0$ | $2^7, 2^6, 2^5, 2^4, 2^3, 2^2, 2^1, 2^0$ | $2^7, 2^6, 2^5, 2^4, 2^3, 2^2, 2^1, 2^0$

$2^6 + 2^0 = 65 \to A$　　$2^6 + 2^1 = 66 \to B$　　$2^6 + 2^1 = 67 \to C$　　$2^6 + 2^2 = 68 \to D$

図 8　データの基本構造

ラムを構造化するためには，むやみに直接的な goto 文を利用するべきではないともいわれており，goto 文の類を仕様に含まないプログラミング言語もある。どんなに複雑なアルゴリズムも，基本的にはこれらの極めて単純な制御構造の組み合わせに還元される。そして実際には，これらをさらに単純な機械語に変換（コンパイル）することで，計算が行われているのである。

これに対して，データとは問題を解決するための情報の表現であり，伝達・解釈・処理などに適するように形式化・符号化したものである。コンピュータで扱うデータも，原理的には電子回路の On/Off を 2 進数に見立てており，符号化の仕方によりそれを整数，浮動小数，文字などに解釈している（図 8）。例えば 2 進数として表される信号「0100 0001 0100 0010 0100 0011 0100 0100」は，整数（十進数）として解釈すれば「1094861636」であり，浮動小数（IEEE 規格）として解釈すれば「12.141422271728515625」であり，文字（JIS

コード)として解釈すれば「ABCD」となる。プログラムの中で，これらのデータを保存しておくための器が「変数」である。多くのプログラミング言語では，変数を利用するためには事前に宣言しておく必要があり，保存するデータの種類に応じて整数型，浮動小数型，文字型などの型が用意されている。同種のデータが複数個ある場合，添え字により識別される「配列」として変数は集合的に取り扱われる。配列は1次元だけでなく，2次元，3次元などの多次元に構成することも可能である。また変数を宣言する場所に応じて，大域変数・局所変数など，プログラムの中でその変数を参照できる範囲(スコープ)が限定されることもある。実用的なプログラムでは，これらの基本構造を組み合わせて複雑なデータ構造を実現している。

3-3 関数と再帰

一連のアルゴリズムをそのまま逐次的に記述すると，同じような処理を何度も記述することがある。重複した部分を切り出し独立させることで，記述がコンパクトにできると同時に，見通しの良いプログラムに仕上げることができる。このような独立した一連の手順は，一般に「**サブルーチン**」あるいは「**関数**」などと呼ばれている。サブルーチン・関数は，「引数」とともに呼び出され，内部の処理手続きに従い計算した結果を「戻り値」として返す。

典型的な事例として，建築モジュールなどとの関係で広く言及されてきたフィボナッチ数列{ 0, 1, 1, 2, 3, 5, 8, 13, 21, 34, 55, 89, 144, 233, 377, 610, 987, … }を生成するための関数を考えてみよう。第 n 項を計算するための関数は，ビネの公式を用

いることで，例えばプログラミング言語の一つである Python では，以下のように記述することができる．

from math import sqrt
def fibonacci(n):
    return(((1＋sqrt(5))/2)**n-((1-sqrt(5))/2)**n)/sqrt(5)

　このように準備された関数 fibonacci は，さまざまなプログラムのどこからでも，必要な時に呼び出して使うことができる．関数定義の中を見ると，平方根を計算するために sqrt が使われているが，実はこれもシステム自体により予め準備されている関数である．さらに還元すれば，機械語で実行できるのは，算術加算・算術減算・論理和・論理積などの極めて限られた演算のみであり，それ以外のさまざまな演算は，これら機械語の組み合わせで実現された関数である．すなわち，プログラムとは高度に階層化された関数の集合体ということもできる．

　一方，上記の関数定義で実際に計算すると，例えば fibonacci(5) では 5.000000000000001 となるように，微妙な誤差を生じることが確認されるであろう．多くのプログラミング言語では，データとして sqrt(5) のような無理数を無理数のまま扱うことはできないため，実際には有限桁の浮動小数として計算するためである．上記の結果にさらに整数化を施すことで，正しい答えを返すように修正することも可能ではあるが，そもそもフィボナッチ数列は漸化式として定義されるものであり，アルゴリズムもこれに従って記述する方が自然であろう．

def fibonacci(n):
    if n＝＝0：return 0
    if n＝＝1：return 1

return fibonacci(n-1) + fibonacci(n-2)

　このように，関数の記述の中にその関数自身が含まれるような手続きは，「**再帰呼び出し**」と呼ばれている。再帰呼び出しは非常に便利な機能であるが，具体的にどのように動作するかを即座に理解することは難しいかもしれない。また，この例でいえば，n が大きくなると，その分の計算量も幾何級数的に多くなるため，実際のプログラミングでは計算量を減らすための工夫が必要である。さらにこのままでは，例えば n に負の数が指定されるとプログラムは終了しないことからも分かるように，終了条件の記述が不十分である（間違っている）と，場合によっては計算が無限に繰り返されることになる。これらは，コンピュータを暴走させる原因にもなるので，プログラミング言語の仕様によっては再帰呼び出しが行えない場合もある。

　一見したところ複雑・無秩序に見えるデザインの様相も，詳細に分析すると単純な手順を再帰的に繰り返している場合が多い。デザイン科学で用いられる探索的な問題解決のアルゴリズムでも，再帰呼び出しを上手く使うことで，コンパクトで効率的なプログラムを実現するこができる。

3-4　オブジェクトとプロトコル

　プログラムとは問題解決の「手続き的記述」，データとは問題自体の「宣言的記述」であるが，両者は互いに独立したものではなく密接な関係がある。

　例えば (4, 6, 11) というデータがあるとしよう。これが「定量的尺度」に基づく何らかの統計指標（例えば，3 施設の利用者数など）

であれば，相加平均を求める手続き ($\frac{1}{n}\Sigma x_i$) を適用して値 (7) を求めることに問題はない。しかし，「定性的尺度」に基づく指標 (例えば，アンケートの選択項目番号) であるとすれば，それは基本的には誤りである。まして，これが3次元空間内の座標を表しているとすれば，たとえ計算できるとしても，手続き自体が全く意味をなさない。逆に，原点 (0, 0, 0) からのユークリッド距離を求める手続き ($\sqrt{x^2+y^2+z^2}$) は，3次元空間内の座標の場合以外では，計算結果自体に基本的には意味がない。このような誤用を防ぐためには，関連あるデータとプログラムが一体として扱われる必要がある。

データとプログラム (メッセージ) をカプセル化したものを情報処理の世界ではオブジェクトと呼び，オブジェクトどうしがメッセージを交換し (プログラムを呼び出しあい) ながら作業を進めるという情報処理モデルを「**オブジェクト指向**」と呼んでいる。先の例でいえば，「定量データとして実体化 (インスタンス化) された配列オブジェクトは，「相加平均を求める」というメッセージを受け取ることができ，内部に定義された対応する計算手続き (プログラム) に従って答えを返す。一方で，定性データとして実体化された配列オブジェクトは，そもそも「相加平均を求める」というメッセージを受け取ることができないようにする」といった仕掛けである。

オブジェクト指向の考え方は，一見複雑に思われるかもしれないが，実社会のモデルそのものである。施主 (オブジェクト) は，建築士 (オブジェクト) に自宅の設計を依頼 (メッセージ) し，結果としてマイホーム (オブジェクト) を得る。施主に必要な知識は，適切な専門知識を持つ人に仕事を依頼することであり，弁護士 (オブジェクト) に自宅の設計を依頼しても意味がないことは明白であろう。ま

た，施主にしてみれば，期待通りのマイホームが手に入れば良いわけで，自身で住宅を建てるための具体的・詳細な専門知識を持つ必要もない。

オブジェクト指向では，具体的なアルゴリズムの中身よりも，どのオブジェクトにどのようなメッセージを送れば期待される結果が得られるかが重要であり，これらメッセージの一覧は「**プロトコル**」と呼ばれている。一般に，オブジェクト指向によるプログラミングは，予め準備されたさまざまなオブジェクトと，包含された膨大な数のプロトコルを参照し，それらを適切に組み合わせていくプロセスとなる。それは，あたかも自然言語の学習において，辞書・文法書と格闘しながら文章を組み立てていくプロセスに似ているといえるかもしれない。

以上のようなプログラミング言語の基礎的な内容は，プログラムを実際に組んでみないと，その意味するところが理解しづらいかもしれない。しかし，いずれもプログラムの構造を明確化するとともに，誤りを減らすための工夫から生まれてきたものである。

3-5 プログラミング言語のパラダイム

今日，コンピュータはさまざまな目的に利用されており，その諸相は複雑である。しかし，それらを大別すると，計算機としての視点，（人工）知能としての視点，そしてメディアとしての視点に分けることができるであろう。一方で，情報処理技術の歴史を遡ると，その揺籃期から目的に適うプログラムを効率的に記述するためにさまざまなプログラミング言語が開発されてきた。プログラミング言語はデザイン科学のさまざまな方法を試行する上でも強力な手段で

あり，洞察を深めるにはプログラミング言語の習得が不可欠である。一方，それぞれの言語には，背景となる思想（パラダイム）があり，言語の仕様が対象の見方を規定することにもなる。

　計算機としての視点で主に用いられてきたのが，Fortran,BASIC, Pascal, C といった手続き型のパラダイムに基づくプログラミング言語である。これらの言語は，対象の定量的側面を記述するのに優れており，3章の「デザインと数理」で言及されるようなモデルを試行する際に有効である。（人工）知能としての視点で主に用いられるのが，LISP, APL, Prolog, Scheme といった論理型や関数型のパラダイムに基づく言語である。これらは，対象の定性的側面を記述するのに優れており，4章の「デザインと論理」で言及されるような研究分野で用いられてきた。メディアとしての視点で主に用いられてきたのが，Smalltalk, C++ (Processing), Java, Python といったオブジェクト指向型のパラダイムに基づく言語である。これらは，空間的側面を効率的に記述できるため，2章の「デザインと図式」で言及されるようなグラフィック処理などに有効である。

　一方，新しいプログラミング言語開発の潮流を大局的に振り返ると「アルゴリズム主導のパラダイム」から「データ主導のパラダイムへ」への移行であったと捉えることができる。アルゴリズム主導のパラダイムでは，アルゴリズムに従ってデータが逐次加工されることで情報処理が進んでいく。この種の言語を用いると，プログラムをコンパクトに記述できるという利点はあるが，データの解釈は適用されるアルゴリズムに委ねられるために，誤った処理が行われる可能性もある。具体的にいえば，先の2進数として表された信号が適用される符号化のアルゴリズムにより全く異なって解釈されるこ

とからも理解されよう。これに対して，データ主導のパラダイムでは，オブジェクト指向に代表されるように，データに従ってプロトコルに沿った適切なメッセージが逐次呼び出されることで情報処理が進んで行く。この種の言語を用いると，分業で複雑なプログラムを構築しやすいという利点があるが，プログラムは冗長にならざるを得ない。

　今日のシステム（情報システム・社会システム・建築システム）は極めて巨大化しており，データ（オブジェクト）の集合体であるといっても差し支えない。かつてのように（プログラミング言語の基本を習得し）アルゴリズムを理解しただけでは，問題を解決（デザイン）するためのプログラムを記述することは困難である。目的に適うプログラムを記述するためには，データの操作に適合したプロトコルまで理解しなければならなくなりつつあるのである。

3-6　設計言語（デザイン言語）を学ぶ

　かつて情報教育の中心はプログラミング言語教育であった。プログラミング言語の習得なくして，コンピュータ（電子計算機）を利用することはできなかったからである。コンピュータ実習とは，紙の上でコーディングしたプログラムを，穿孔機でパンチカードに打ち込み，情報センターの受付窓口に提出し，その奥に鎮座した未だ見ぬ機械が吐き出した意味不明の大量のエラー出力を受け取り，また紙の上でコーディング（デバッグ）するという作業の繰り返しであった。しかし，パーソナルコンピュータの普及とともに情報リテラシーが叫ばれるようになり，情報教育の中心はアプリケーションの操作方法へと移っていった。今や，小学生でも電子メールやウェ

ブ検索を利用している。

　今日では，グラフィックスを操作するための簡便なアプリケーションが整っており，通り一遍の作業を行うだけであれば，わざわざプログラミング言語を習得する必要がなくなった。しかし，デザインの推敲を深める上で，さまざまな記述が操作可能なプログラミング言語の習得は大きな武器となる。プログラミング言語により，さまざまなデザインを試行することができるからである。

　言語を学ぶとは，その思考法の習得と表裏一体である。日本語による思考と英語による思考では脳の使われる部分が異なるともいわれるように，それぞれの言語の体系自体が対象の理解や思考の外縁（到達範囲）を規定している。ある南海の孤島で現地語に「歴史」という語彙がなかったのは，昔ながらの生活が悠久と続いており，時代的な社会変化が知覚されてこなかったためらしい。我が国において「論理」が自覚されるようになったのも，明治期に Logic の訳語として定着してからという。C. アレグザンダーが『時を超えた建設の道』[12]（パタン・ランゲージ）で指摘した「無名の質」にも，新たなデザイン思考への意図が込められていた。我々のデザイン思考は，デザインの記述に関わる「言語のパラダイム」によりさまざまに規定されることになるのである。実際，コンピュータの大衆化を牽引した GUI（グラフィカル・ユーザー・インターフェイス）自体，パラメトリックデザインの集大成といえるが，すべて何らかのプログラミング言語により記述されたものである。そして，これらの統合的なデザイン環境は，オブジェクト指向という言語パラダイムと不可分なのである。

　建築を学ぶとは，歴史を経て蓄積されてきた様式やデザイン要素（語彙）を学び，意匠・構造・環境に従った構成方法（文法）を学び，

それらに基づいて新たな空間を創造する方法を学ぶことであった。子供たちが一つ一つ言葉を覚え，それを用いて自己表現できるようになっていくプロセスと基本的に同じである。建築修養とは，まさに言語学習であるといっても良い。時代が求める創造性は，以下の章で紹介するようなさまざまな設計言語（デザイン言語）を学ぶことを通じて達成されることを，ここで改めて確認しておきたい。

参考文献

[1] ケヴィン・リンチ（丹下健三，富田玲子訳）(1960)『都市のイメージ』岩波書店.
[2] フォン・ベルタランフィ（長野敬，太田邦昌訳）(1973)『一般システム理論』みすず書房.
[3] 松田正一 (1973)『システムの話』日本経済新聞社.
[4] 瀬尾文彰，松本信二，前田利民，位寄和久 (1986)「建築生産システムの研究 —— 建築生産システムの高度化手法」『日本建築学会論文報告集（構造系）』368: 1-10.
[5] 瀬尾文彰，原喬，松本信二，三根直人，位寄和久 (1991)「建築生産高度化システム開発のケーススタディ —— 建築生産システムの研究（その2）」『日本建築学会構造系論文報告集』427: 1-9.
[6] 中村雄二郎 (1992)『臨床の知とは何か』岩波書店.
[7] ウィリアム・ミッチェル（長倉威彦訳）(1990)『建築の形態言語』鹿島出版会.
[8] H. Koning and J. Eizenberg (1981) "The language of the prairie: Frank Lloyd Wright's prairie houses" *Environment and Planning B*, 8: 295-323.
[9] ピーター・G・ロウ（奥山健二訳）(1990)『デザインの思考過程』鹿島出版会.
[10] 川崎清 (1990)『設計とその表現』鹿島出版会.
[11] クリストファー・アレグザンダー（稲葉武司訳）(1978)『形の合成に関するノート』鹿島出版会.
[12] クリストファー・アレグザンダー（平田翰那訳）(1993)『時を超えた建設の道』鹿島出版会.

第2章 デザインと図式

1 図式の思考

1-1 図式とは

　物事や概念の関係を説明するために用いられる図や符号を図式と呼ぶ。図式はギリシャ語のスケーマに由来することばであり，感性的直観と純粋悟性概念の間を仲介するものとして哲学的に定義される。科学においては図表として理論を図解化する方法を意味し，論理学においては記号で表記された論理式を意味するが，①視覚情報であること，②抽象化された記号や図形で記述されること，において共通する。

　人は図式を媒介させることで経験的に獲得した個別のアイディアを概念化する。現実世界のモノを物理的に生成することがデザインの最終的な目的であるが，デザインの思考は多くの場合において概念世界の中で抽象的な図式を用いて行われている。デザインのプロセスにおいて目の前のモノに対して直接的に操作する機会は稀であり，特に建築デザインの場合には思考段階で対象となる建物自体が

実在していないか，仮に改築などの既存建物を対象とする場合であっても，絵画や彫刻の制作とは異なりデザイナーと施工者が異なるため，試行錯誤を同時的に対象に反映させることはできない。この意味において，図式はデザイナーが自ら手を加えることのできる重要な思考のツールなのである。現実世界における建物は，たとえ空間全体を体験したとしても，瞬時にそのすべてを把握するには複雑で難解な対象である。しかし，2次元紙面上に図面として落とし込めば，いくらかの図面を読み解くトレーニングは必要なものの，概念世界の中ではじめて空間の構成や機能性を包括的に把握することや評価することが可能になる。デザイナーは画家や彫刻家と同様に，図式に対しては線の長さや太さを変えたり新たな線を加えたりと直接的に操作を施すことができる。

　図式として記述された建物と現実世界の建物は写像関係にある。しかしそれぞれの建物は全く異なるルールの下に成立しており，2つの建物の対応関係を決定するためにはさまざまな知識に基づく解釈の問題が存在する。概念として図式化することが可能であったとしても，現実世界の建物として成立することができるとは限らず，また，1つの図式が複数の建物を生成する場合もあり一対一の関係にもない（図1）。図2はルイス・カーンのフォームドローイング（form drawing）と呼ばれる図式であり，「？」の記号で表記された具体的に言及することはできない超越的な何か（聖域？）を中心に，階層的な入れ子構造をなすカーンの建築の本質を示している。特定の作品の空間構成を示すものではなく，同一の図式によって複数の作品群が説明される。

　図形，表，グラフなどのさまざまな形式で記述される図式は，視覚によって知覚される情報である。視覚は五感の中でも最も多種の

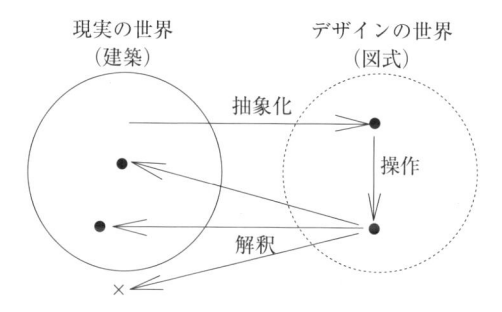

図1 現実の世界と思考の世界の写像関係

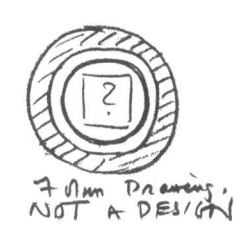

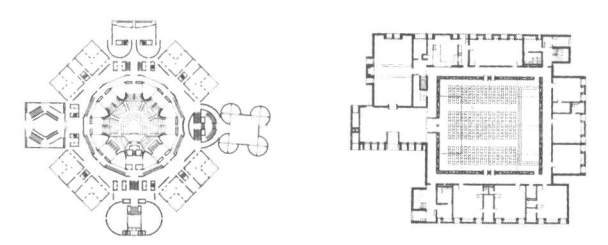

図2 カーンのフォームドローイングと建築プラン（文献 [1, 2] より転載）

情報をつかさどる感覚であり，「色」「形」「質感」「位置」「奥行き」「運動」などの空間情報を知覚する．非接触な対象の情報を知覚することから，聴覚とともにその他の感覚よりも優位なものと考えられており，空間芸術（絵画・彫刻・建築）と時間芸術（音楽・詩・舞踊）に分類される古典芸術のほとんどは，この2つの感覚を用いて鑑賞する形式である．人は視覚から得る情報を直観的に理解する基本的

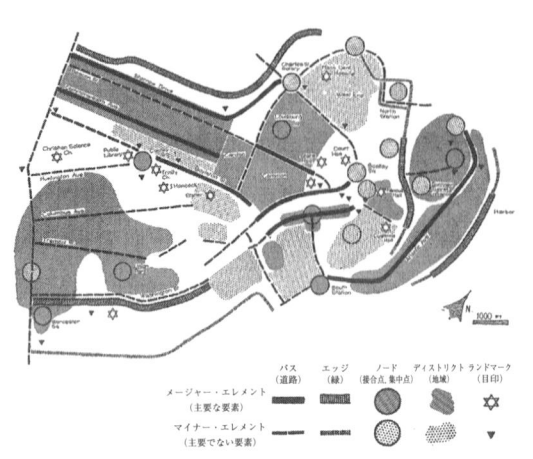

図3 ボストンの視覚的形態（文献 [3] より転載）

　能力を有しており，また視覚化された知識は共有化が容易で保存や伝達に適していることから，図式は知識の中心的な媒介になり得た。雑多な都市も図式化することでその特徴を分析し，他の都市との比較を論じることが可能となる（図3）。多くの情報を整理することが求められる建築デザインにおいて，図式は関心の所在を特定する役割を果たしている。

1-2　幾何学と図式

　建築デザインの手法は，数学のさまざまな分野から大きな影響を受けながら進歩してきた。ブール代数，微分積分，集合論，位相幾何学，フラクタル，…数々の数学の理論が都市や建築のデザイン手法や計画理論に浸透しているが，その中でも最も古典的な数学の分野である幾何学と建築デザインの関係は特に深い。

1 図式の思考

　建築における技術と美は観念的に未分化であるが，幾何学的な特性がこの2つを結びつける役割を果たす。「architecture（建築）」の語源となったギリシャ語の「architectonice」は，原理を意味する「arche」と技術を意味する「tectone」からなる造語であり，原理的な知識や技術という意味を持つ。「arche」は技術を意味するラテン語の「ars」や英語の「art」の語源であるが，ここでいう原理は幾何学的な理性のことである。古典建築のデザインでは，「シュムメトリア」（全体および部分が一定の量によって共通に測れることや割り切れること）や「カノーン」（決められた比例関係にあること）の幾何学的命題に厳格に従った建築こそが美しいと解釈された。柱の足元の直径を基準としたギリシャ建築やローマ建築の寸法体系であるオーダー，純粋幾何学図形の比例関係で構成されたルネサンス期のファサードデザイン（図4），人体寸法や黄金比に基づくモデュロールに則ったル・コルビュジェの建築デザイン（図5）など，各時代において幾何学的特性に関心が置かれた建築デザインとその理論が存在する。

　「ジオメトリー（幾何学）」は測地を意味するギリシャ語の「ゲオーメトリア」を語源とし，川が氾濫するたびに土地の境界を測る土地測量技師，ピラミッドなどの建造物を設計する建築技師，貿易のために大海原に繰り出す航海士の技術と深く関係する。紀元前6世紀にタレスによって幾何学の研究が開始された当初は，定規とコンパスといった原始的な道具で作図できる図形は特別な「純粋な形」と考えられ，これらの形が持つ基本的性質を観察によって抽出することが主題であった。その後，ピタゴラスによって観察されたパタンの厳密な関係性を幾何学に基づいて証明する恒等式の研究へと発展し，ユークリッドによってギリシャ数学は全13巻からなる

図4 幾何学図形で構成されたサンタ・マリア・ノヴェラ教会のファサード

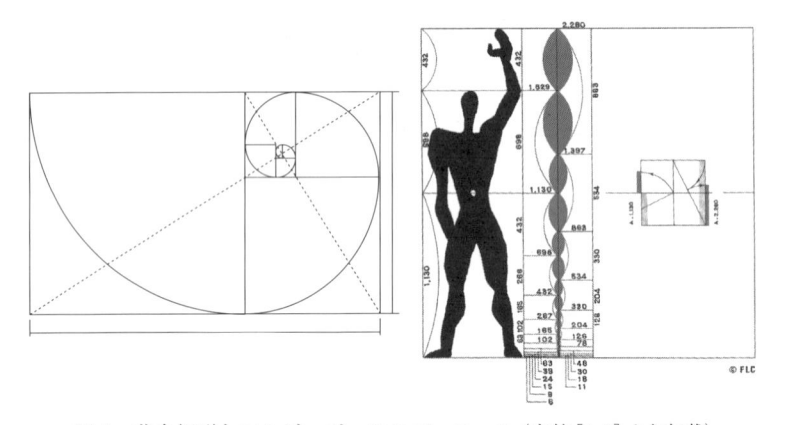

図5 黄金矩形とコルビュジェのモデュロール（文献［4, 5］より転載）

表 1　幾何学の分類

		曲率	三角形の内角の和
ユークリッド幾何学	放物幾何学	0	180
非ユークリッド幾何学	双曲幾何学	負	>180
	楕円幾何学	正	180>
非ユークリッド的幾何学	射影幾何学		

　『原論』にまとめられたが，その大部分（平面幾何学：1 巻から 6 巻，空間幾何学：11 巻から 13 巻）を幾何学のパタンに関する公理が占めていたことからも，いかに幾何学が知の中心的課題であったかを窺い知ることができる．

　幾何学には図形パタンとしての特徴の他に，代数的な方法としての特徴がある．17 世紀になってデカルトにより，形を座標・原点によって記述し，その成立条件を方程式として解く代数的な操作が発明されたことで，さらに複雑な形の中に潜んできた規則性を扱うことが可能になった．代数的な方法はそれ以前の直観的に知覚されるユークリッド幾何学に従わない新しい幾何学（＝非ユークリッド幾何学）を誕生させることになる（表1）．ユークリッド幾何学の公準である「任意の直線上にない 1 点を通る平行な直線がただ 1 本存在すること」に従わないことから当初は虚幾何学と名付けられ，三角形の内角の和が 180° より小さくなる「双曲幾何学」や，内角の和が 180° より大きく平行線が存在しない「楕円幾何学」などの新しい幾何学が登場し，これらに基づく描画手法を誕生させた（本章3-2）．すべての直線が必ず 2 点で交わる球面の表面上で成立する幾何学は「球面幾何学」として特殊な楕円幾何学に位置付けられ，平行線が無限遠点で交わることを前提とする「射影幾何学」は，立体を

平面に投影する透視図法として確立されている。パタンを扱うユークリッド幾何学と非ユークリッド幾何学は互いを否定するものではなく，それぞれの幾何学の定理に適した対象，目的，スケールが存在する。

　ユークリッド幾何学は人間スケールのニュートン物理学の世界における幾何学であり，非ユークリッド幾何学は宇宙スケールのアインシュタインの相対性理論的物理学の世界の幾何学である。(我々は，日常的・経験的には，空間は他の物質の存在などから独立して絶対的に「ある」ものであり，ユークリッド幾何学が仮定するような無限で均質なものとして知覚している。しかし，相対性理論が明らかにしたのは，時間と空間は不可分であり，光の速度に近づいたり巨大な質量の存在することで，非ユークリッド幾何学が記述するように，相対的に歪んでいるという事実であった。)「純粋な形」の組み合わせから自由曲面を持つヴォリュームへと建築デザインが立体的な複雑さを増すにつれて，形態はユークリッド幾何学では説明の付かないものとなり，新たな形の理性が宇宙論的な新しい幾何学に求められるようになった。

1-3　トポロジーと図式

　18世紀に登場した位相幾何学(トポロジー)はユークリッド幾何学とも非ユークリッド幾何学とも全く異なる第3の幾何学である。例えば図6に示す地下鉄の路線図は一種の幾何学的図式であるが，方向や距離は不正確であるにも関わらず，路線図に従えば誰もが迷うことなく電車を乗り継いで目的地へと辿り着くことができる。路線図は地図としては欠陥だらけでありながら，地下鉄による移動と

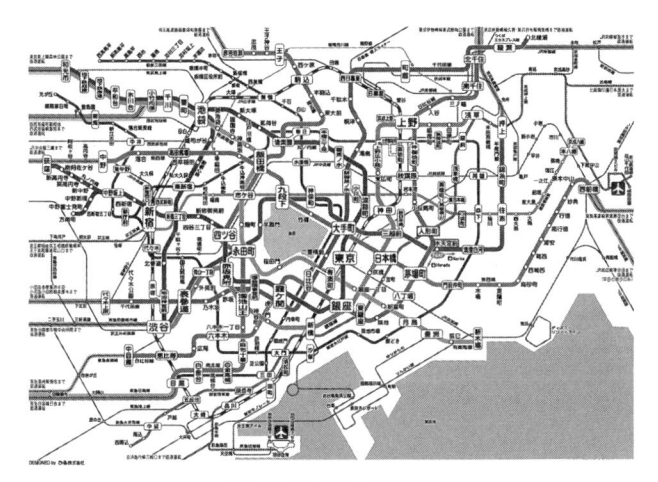

図6　地下鉄の路線図

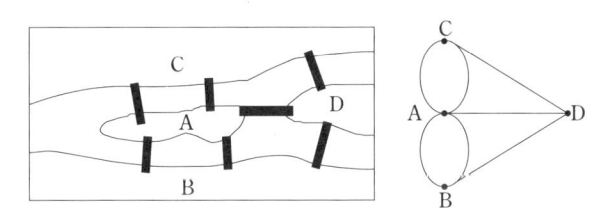

図7　ケーニヒスベルクの橋問題

乗り継ぎという目的に対して必要十分な情報を有している．構成要素の接続関係がネットワークとして記述されるトポロジーの図式には，これまで説明してきた幾何学の常識が全く通じない．トポロジーの説明でしばしば用いられる事例に図7の「ケーニヒスベルクの橋の問題」がある．川には2つの島（A, D）があり，島を介して対岸を結ぶ6本の橋と島どうしを結ぶ1本の橋が掛っており，すべての橋を1回だけ通るルートが存在するかどうかを問う問題である．L. オイラーはこの問題の本質が複数の頂点とそれを結ぶ辺か

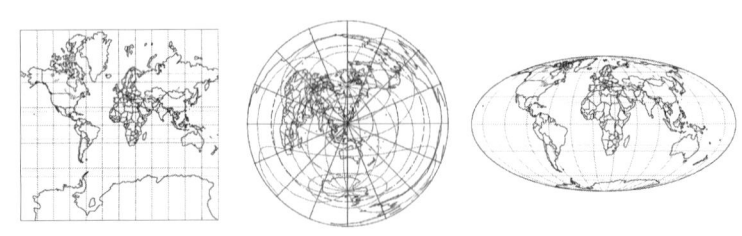

図8 正角円筒図法，正距方位図法，正積図法による世界地図

らなるネットワークであることに気付いた。頂点の数（V）と辺の数（E）と辺によって分割される面の数（F）が常に $V-E+F=2$ という関係（オイラーの多面体定理）を満たすことを発見し，従来の幾何学とは異質のトポロジーの研究の扉を開いた。

　トポロジーは「やわらかい幾何学」とも表現され，図形が引き伸ばされたりねじられたりしても変わらないゴム面に描かれた図形の性質と解釈されるが，トポロジーの価値を理解するための身近な好事例は世界地図である。世界地図は球体である地球を1枚の紙面上に静止画像として表現する手段であるが，そもそも3次元の世界を2次元に正確に表現することは不可能であり，表現しようとすれば伝達される情報量が制限され多くの予盾が生じる。情報の取捨選択の問題が発生し，情報の種類に応じてさまざまな図法が考案されている（図8）。世界地図として最も目にする機会が多いメルカトル図法（正角円筒図法）では，目的地への正確な角度の情報が表現されている。一方で方位や面積比や距離比は不正確となり，緯度が高い地域ほど赤道に平行する方向に引き伸ばされて面積や距離が極端に拡大される。正距方位図法では，円で表現された地図の中心に配置された地点に対してのみ，そこを起点とする距離比と方位の情報が正しく表現されている。東京を中心とする正距方位図法の地図の場合，

東京からニューヨークへの方位は正しい情報であるが，ニューヨークから東京への方位は一致しない。正積図法は，水平の緯線と弧を描く経線によって表現された楕円形の地図であり，面積比の情報は正しいものであるが，地図の外周部になるとひずみが大きくなる。これらの地図は3次元の地球を忠実に2次元に表現するという意味においてはどれも不十分であるが，目的に対して正しい地図を選択すれば十分に役割を果たすことができるだけではなく，不要な情報が欠落することによってかえって必要な情報を読み取りやすい。どの図法においても各地点間の接続関係は維持されており，同一のネットワーク図を導くことができる。有用な情報の選別とトポロジーの保存こそが地図を定義する本質的性質であるといえる。

　地球と地図の関係と同じ関係が，3次元空間である建築や都市と2次元の情報である設計図書や模式図との間にも当てはまる。プランニングやゾーニングで用いられる機能図はグラフ理論（graph theory）に基づいたトポロジカルな図式であり，ノード（node）として表現された部屋がエッジ（edge）によって繋がれ，部屋の接続関係やまとまりが示される。ノードの大きさや形は部屋の面積や形状とは何ら関係する必要はなく，エッジの長さや方位は実際の距離の比や方位と一致しなくてもよい。また，実際には複数階に分散して配置される部屋の繋がりも平面的なネットワークで記述できるため，複雑な機能の理解や考察を容易にする。機能図を参照しながら具体的な寸法や形状を決定していくプロセスにおいて，敷地条件や法規などの制約に応じて図式に対するさまざまな解釈や判断がなされるため，同一の機能図は類似の設計条件を持つデザインをいくつも派生させる手助けとなる。例えば，図9のF. L. ライトが同時期にデザインした3つの住宅プランを見てみると，それぞれ四角形，円

第2章 デザインと図式

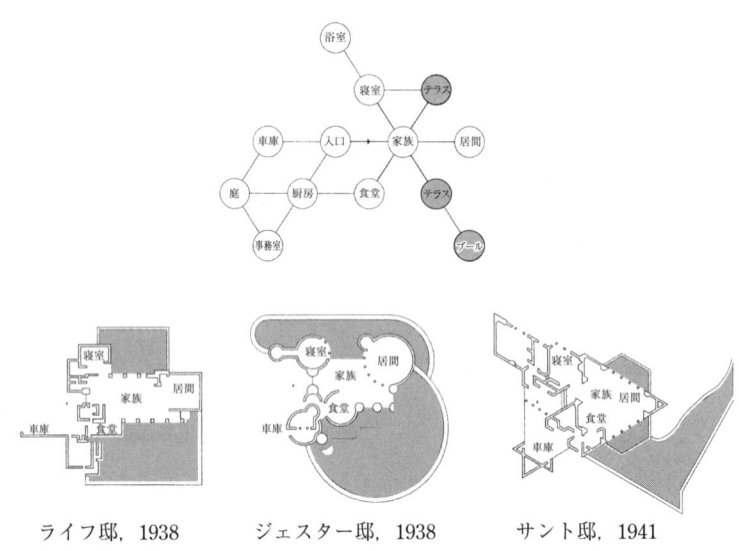

ライフ邸，1938　　ジェスター邸，1938　　サント邸，1941

図9 同一の機能図から派生したライトの3つの住宅プラン（文献 [6] より転載）

形，三角形の空間を構成要素とする異なったデザインの住宅であるが，トポロジーの観点からは同一の機能図に還元することができる。

　C. アレグザンダーは『都市はツリーではない』の中で，長い年月をかけて成長を遂げてきた豊かな都市空間の魅力と人工的に作られた都市空間の味気なさを，都市環境を構成するエレメントがなす構造として，ツリーとセミラチスと呼ぶ2つのトポロジーの図式を用いて説明している（図10）。大ロンドン計画（1943，アバークランビー，ファーショウ）やチャンディガール（1951，ル・コルビュジェ）やブラジリア（1957，ルシオ・コスタ）といった近代的な都市計画の手法によって計画された代表的な人工都市ではエレメントが階層的なツリー構造をなすのに対し，豊かな都市空間のエレメントは階層を超えて横断的に関係し合うセミラチス構造となることを，ネット

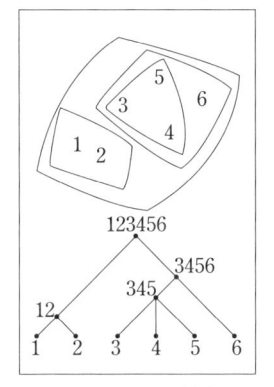

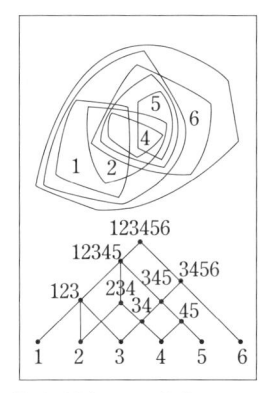

図 10 ツリー構造（左）とセミラチス構造（右）（文献 [7] より改変）

ワーク図によって端的に示した。

　コンセプトモデルやダイアグラムと呼ばれる日常的に設計の理論で多用される図式の多くはトポロジーに関連する。建築のプログラムや構成要素が複雑化するにつれて，建築デザインの主題はユークリッド幾何学的な図式の関係からトポロジカルな図式の関係へとシフトしており，直観的には規則性を見出すことのできないような複雑な曲面を持つ造形の中に有機的な関係性を定義することに貢献している。

1-4　視覚心理と図式

　目隠しをしたまま口にした食べ物が何であるかを言い当てることは想像以上に難しく，味覚に対する視覚の優位性は実験的にも明らかにされている。人の判断はしばしば視覚情報に大きく依存しているが，一方で視覚情報が現実世界を正確に映し出しているとは限らない。視覚情報には心理や知覚メカニズムの影響で現実世界とのさ

まざまなズレが生じるが，デザインの伝統的技法はこれらのズレを巧みに取り込んできた。ギリシャ建築のエンタシスは，円柱は中央部分に緩やかなふくらみを与え上部にかけて徐々に細くすることで，見上げた際に安定感のある柱として知覚させる技法である。パルテノン神殿の基壇には反りが付けられており，さらに隅柱を平面の対角線方向に傾けることで列柱が垂直に知覚されるように計算されている。錯覚のデザインにおいて，現実世界の建築がどのような状態であるかはすでに本質的な関心ではない。

　心理学的な視覚特性である「ゲシュタルト」は広く知られるところである。ゲシュタルトはドイツ語で「形」や「姿」を意味する言葉で，視覚によって知覚される個々の要素は，集合すると単なる要素の寄せ集めではなく全体的な構造や法則性を有するようになる。ゲシュタルト心理学において，図式は「シェマ」と呼ばれ，人間の認知システムを構成する要素であり，人間が環境に適応していく過程で経験的に獲得され，ネットワークを形成しながら発達すると考えられている。人間には，図形の集合の中に図式的な規則性（「プレグナンツの法則」）を自ずと見出そうとするさまざまな性質があるが，これはシェマの作用によるものである（図11）。「近接の法則」は，図形を構成する要素どうしが空間的に近い距離にあるほど群化して捉えられる特性である（a）。規則的に整列した点の集合は線として知覚され，ある密度で分布する点や線は面として認識される。「類同の法則」は，形や色などの物理的属性が類似している要素が群としてまとめて知覚されやすい特性である（b）。ピクセルの配列で表現された建築平面では，部屋のまとまりが色で認識される。「共通運命の法則」は，図式の要素に動きや変化が表現されている場合に，移動の速度，方向，周期が同じ要素群が1つのまとまりとして

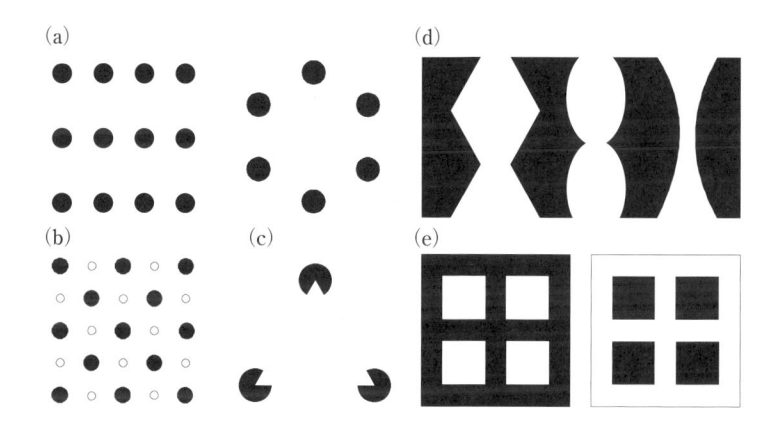

図11　プレグナンツの法則

知覚される特性である。共通運命の法則は近接の法則や類似の法則よりも優先的に作用する。「滑らかな連続の法則」は，切れ目なく連続する要素どうしがまとまりを形成する特性である。直線や曲線や閉じた形の輪郭線が複雑に交差した図形であっても，それぞれの図形を個別に認識して抽出することができる。「閉合の法則」は，形の輪郭が明確に表示されていない場合であっても，その形の輪郭の一部を示す情報から閉じた単純な形が見出される特性である(c)。「対称性の法則」は，対称な形ほど閉じた図形として認識されやすい特性である (d)。対称性に対して人間は特別に強い秩序や美を感じるため，この法則は比例関係と同様に形の重要な原理として挙げられる。対称軸を持つ領域を含む図形では，対称軸を持つ領域が「図」となり，対象軸を持たない領域が「地」となる (e)。

　「地」と「図」の関係において，建築デザインは物理的なモノとして「図」を作り出す作業であるが，実際に使用される空間は余白として形成される「地」の方である。例えば街区デザインの目的は

建物のヴォリュームや形態を決定することであるが，余白空間の方が街の魅力にとって重要な街路やオープンスペースとして機能するため，デザイナーは「地」に対してより多くの関心を払わなければならない。

1-5　図式の操作

　抽象的な概念の世界における図式の操作とは，元の図式と新たに導かれる図式が1対の写像関係にある変形であり，基本的には幾何学的な図形の操作に準ずる。変形の前後で元の図式のどのような性質が保存されるかによって，変形操作のレベルは階層的に定義される。変形後のデザインにおいても変形前のデザインを定義する重要な性質（本質的属性）が成立しているとき，このような変形を「自己保存変形」と呼ぶ。反対に，変形前のデザインの本質的な属性が操作によって失われるとき，このような変形を「自己破壊変形」と呼ぶ。自己保存変形では，元の定義にとって重要ではない属性（非本質的属性）に対してのみ操作が行われるが，自己破壊変形では本質的属性も操作によって変更される。何を本質的属性と定義するかについてはデザインの対象や目的ごとに異なる。

　単体の図形を対象とする幾何学的変形において，元の図式の幾何学的関係が全く変化しない「等値変形」を始点として変形の操作が複雑になるに従い，位置関係，比例関係，角度関係が段階的に破壊される。「移動」や「回転」の操作は位置に関する属性のみを変化させ，図形の辺の長さや頂点の角度といった形態に関する属性には変化を加えないため，変形前の属性が最もよく保存される操作である（固有同型変形）。ある軸線に対して左右または上下を反転させる

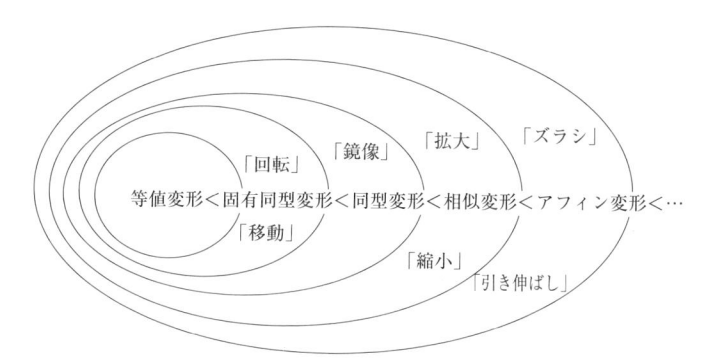

```
        ┌──「鏡像」「拡大」「ズラシ」
    「回転」
等値変形＜固有同型変形＜同型変形＜相似変形＜アフィン変形＜…
    「移動」
        └──  「縮小」「引き伸ばし」
```

図12　幾何学的変形操作の包含関係

「鏡像変形」は，「移動」や「回転」のように変形前後の形をぴったりと重ね合わせることはできないが，図形の辺の長さや角度の関係が保存される点においては共通する（同型変形）。辺の長さの比と頂点の角度の関係が保存される「拡大」や「縮小」の操作（相似変形）に対し，頂点が移動して頂点の角度の関係が保存されない「ズラシ」や「引き伸ばし」の操作（アフィン変形）は保存される属性がさらに少ない。「透視変形」は1点を起点として透視図的に図形の比率を操作する変形で，縦または横の一方の比率のみが保存されることから「線形変形」と呼ばれ，さらにトポロジーの関係のみが保存される「連続変形」，その関係さえも保存されない「非連続変形」と続く。保存レベルが上位の変形においては，保存レベルが下位の変形が保存する関係はすべて引き継がれる（図12）。

　複数の図形を要素とする演算的な処理は，複雑で高度な機能を有するデザインの図式を合理的に操作することを可能にする。

　「連結」は，ビルディングタイプの施設をベースとして複合施設のデザインを導く場合や，増築によって既存施設を拡張する場合に有効な操作である。単体施設に関する図式をベースとしてこれらの

図式の全体や部分を連結することで，個々の施設の機能性が保存された複合施設の図式を容易に生成することができる。また，連結の操作とは反対に，図式の一部を切り取って分離する操作や削除する操作からも，新しいデザインの図式は導かれる。

「反復」は，図式の全体または一部をユニットとして，複製と移動を繰り返す操作である。団地や工場などのデザインにおいては反復された図式のユニットが集合して群の図式を生み，集合住宅や学校などのデザインにおいては反復されたユニットが連結されて複合的な図式を導く。反復の操作は，集落や街並みのように一体感や連続性をもたらす共通概念を形成する上で効果的である。

「入れ子」は，シンプルな図式を異なるスケールにおいて階層的に反復させることで，複雑な図式を作り出す操作である。住宅におけるリビングと個室の間に存在する公私のヒエラルキーが，街区における広場と建物の関係と類似しているように，建築と都市のデザインではスケールを変えることでさまざまな入れ子の図式を発見して活用する場合も多い。部分と全体の自己相似的な関係を示す「フラクタル」は，不規則に見える自然界のさまざまな形態を，徹底した入れ子の操作によって自動生成させる手法である。

「置換」は，図式の一部を別の図式と入れ換える操作である。図式の中に置換の対象となる部分が複数存在するとき，置換を実行する手順によって導かれるデザインの結果が異なる可能性が高い。置換対象となり得るすべての図式に対して同時に置き換えを実行する操作（同時的置換）の場合においては，デザインの結果は一意的に決定される。これに対し，段階的に置き換えを実行する操作（逐次的置換）の場合においては，操作を逐次的に実行する過程において初期状態では置換対象であった図式が別の図式に変換される場合や，

1　図式の思考

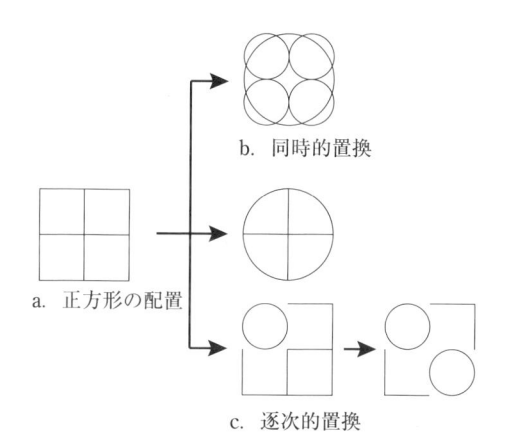

　　　　　　　b.　同時的置換

a.　正方形の配置

　　　　　　　c.　逐次的置換

図13　同時的置換と逐次的置換（文献［6］より改変）

図14　幾何学的操作の組み合わせによる「子供の家」のデザイン（文献［8］より引用）

　もともと置換対象ではなかった箇所に新たに置換対象の図式が発生する場合がある（図13）。そのため，操作の実行手順の決定もデザインにおける重要な思考である。

　デザインの思考は，一連の図式的な操作が体系的に組み合わされることでシステマティックな手法として確立される（図14）。

1-6　プロトタイプを用いたデザイン

　同じ性質を持つデザインの集まりを示す概念を「クラス」と呼ぶ。クラスは個々のデザインどうしの差異を見つけ出して境界を定めることによって生成される。クラスに共通する形や性能の特性を示す概念は「タイプ」と呼ばれ、「ビルディングタイプ」は用途に基づいた建物のタイプであり、「様式」は部位の接続関係やプロポーションに基づいた建物のタイプである。類型論の観点から見た一般的なデザインは、クラスやタイプを記述し、個別のデザインをこれらに当てはめていく作業である。このとき、クラスやタイプに関する情報を視覚化した図式が必要である。例えば、自動車や電化製品のカタログに記載された仕様書はタイプを記述した図式である。

　あるデザインがそれを含むクラスの典型的な事例を示しているとき、そのデザインはアーキタイプ（archetype）と呼ばれる[9]。教会建築に対する「十字形プラン」や田舎民家に対する「かやぶき屋根」がアーキタイプに該当する。中世に建てられた教会に十字形プランのものが多く存在するものの、新しい教会では十字形プランは珍しい。それにも関わらず、ほとんどの人が教会と聞いて十字形プランの空間を想い描き、また十字形プランから教会の機能を連想する。アーキタイプのデザインはクラスに含まれる1つのデザインの解に過ぎないが、人の深層に存在するデザインの元型として他のデザインとは明確に区別される。

　一方、クラスの特徴を整理してその特徴を代表するようなデザインを導くとき、そのデザインはプロトタイプ（prototype）と呼ばれる[9]。製品開発の現場では、アイディアをダイレクトに形に落とし込んだコンセプトモデルとしてプロトタイプが制作される。自動車

のデザインにおけるコンセプトカーや，住宅生産におけるモデルハウスはプロトタイプであり，デザインの過程で製作される試作品と呼ばれるものもプロトタイプに該当する。プロトタイプはデザイナーにとって理想を盛り込んだデザインの状態であるが，製造技術・コストなどの生産上の制約や，耐久性・機能性などの実用上の制約に適合させるための変更が加えられてはじめて最終的な製品が誕生する。1つのプロトタイプは複数のデザインを派生させることが可能である。プロトタイプを参照しつつもクラスの定義から逸脱させず，プロトタイプを洗練させることで新しいデザインを生み出す手法は，一定のクオリティを効率的に確保する上で有効である。

　一般的なデザインの思考は，プロトタイプの属するクラス制約の範囲内で別のデザインの解を探索することを意味する。このとき，既存のプロトタイプを出発点として要求に対してより優秀な解を発見することがデザインの目的となるため，元となるデザインの定義を逸脱してしまうことはない。一方で，デザインには慣習的知識に囚われない新鮮さが求められるが，全く新しいデザインは常にプロトタイプの属するクラス集合の外側に存在する。既存のクラスの外周付近にはベースとなるデザインの利点を継承した解が存在し，また新しいデザインの価値は旧デザインとの比較によって定義され得るため，クラスの境界は逐次的に拡張される。テレビがふくらみのあるブラウン管からフラット画面へ，そして液晶やELDの薄型デザインに進歩するプロセスは，テレビの境界を逐次的に拡張している。

　飛躍した全く斬新なデザインの生成は，境界を拡張することではなく既存のクラスの外側に新たな別のプロトタイプを創造することによってもたらされる。そして，新たなデザインは楔となってその

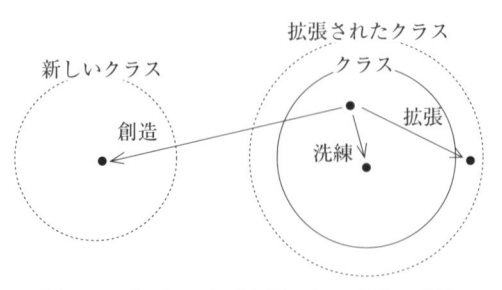

図 15 プロトタイプを用いたデザイン手法

周囲に新たなクラスを生成させる。図 15 は，プロトタイプとそれを用いて導かれるデザイン解について集合の関係を示した図式である。

2　図式の計算幾何学

2-1　空間の情報モデル

アナログメディアの時代，我々は建築空間を記述するために，スケッチや絵画，ダイアグラム，図面や透視図，模型などを利用してきた。デジタルメディアでは，これらをすべて何らかの数値データに還元して表現する必要がある。

スケッチや絵画に相当する表現で最も広く用いられているのが，**ラスター型**の情報モデルである。分野によってはメッシュ，グリッドなどと呼ぶ場合もある。これは，ジョルジュ・スーラに代表される点描画などを思い浮かべると理解しやすい。具体的には，対象を細かい碁盤の目状の格子（セル）に分割し，個々のセル内の情報（例えば光の 3 原色の濃度を各 256 段階で表現した"色"など）について記

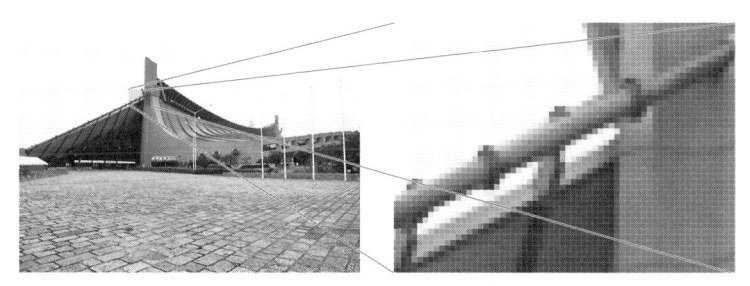

図 16 ラスター型の情報モデル

述する方法である（図16）。イメージスキャナで読み込んだ画像やデジタルカメラで撮影した写真なども，すべてこの形式となる。ラスター型の情報モデルの利点は，データの取得が比較的容易であるばかりでなく，表現の形式が1章3-2で説明した2次元の"配列"そのものなので，情報処理技術的に取り扱いが簡単なことである。欠点は，セルのサイズが制約となり，それ以下の詳細な情報は表現できないことである。例えば，厳密な境界などは規定できないことになる。これらの問題は，計算機能力の飛躍的な向上に伴い，セルの大きさを極限まで小さくすることで実用上は解消されるかもしれない。

　ダイアグラム的なものを表現するのによく用いられているのが，前節でも紹介したが，**ネットワーク型**の情報モデルである。分野によってはグラフなどと呼ぶ場合もある。これは，鉄道の路線網と料金表のようなものを思い浮かべると理解しやすい。具体的には対象を，着目する構成要素（ノード）に指標（番号）を与え，それらの接続状態（リンク）に関する情報について記述する方法である（図17 A）。より詳細には，リンクに主眼を置いた場合，接続した構成要素対（N1，N2，距離やコスト）の羅列による形式となる（図17 B）。

第 2 章　デザインと図式

A

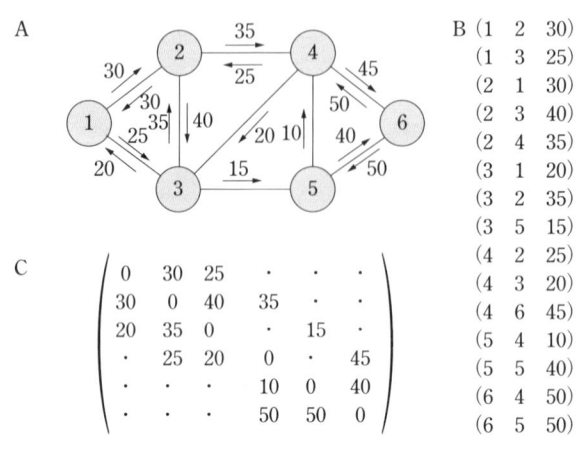

```
       35
   2 ────→ 4
  ↗│  ←──  │↖ 45
30│   25   │50
  │30      │
  │ 40     │
 1 35      │  6
  25       │
  20  20 10 40
   ↘    ↓ │ ↗
      ↓   │ 50
   3 ──→ 5
      15
```

B　(1　2　30)
　　(1　3　25)
　　(2　1　30)
　　(2　3　40)
　　(2　4　35)
　　(3　1　20)
　　(3　2　35)
　　(3　5　15)
　　(4　2　25)
　　(4　3　20)
　　(4　6　45)
　　(5　4　10)
　　(5　5　40)
　　(6　4　50)
　　(6　5　50)

C $\begin{pmatrix} 0 & 30 & 25 & \cdot & \cdot & \cdot \\ 30 & 0 & 40 & 35 & \cdot & \cdot \\ 20 & 35 & 0 & \cdot & 15 & \cdot \\ \cdot & 25 & 20 & 0 & \cdot & 45 \\ \cdot & \cdot & \cdot & 10 & 0 & 40 \\ \cdot & \cdot & \cdot & 50 & 50 & 0 \end{pmatrix}$

図 17　ネットワーク型の情報モデル

これは無駄のない記述であるが，ネットワークが大きくなるにつれて全体像が理解しづらくなる。一方で，ノードに主眼を置いた場合，行列番号がノードの指標となるような正方配列による形式となる（図 17 C）。これは，一覧性に優れているが，ネットワークが大きくなるにつれて無駄な部分が多い記述となる。いずれにしても，ネットワーク型の情報モデルの利点は，空間の"機能的な側面"が記述できるので，さまざまなデザイン科学の手法と親和性が高いことである。欠点は，抽象度が高いために，モデルの取り扱いに 3 章で言及されるような数学的素養が求められることかもしれない。

　図面や透視図に相当する表現では，**ベクトル型**の情報モデルが一般的である。これは，デカルト座標系などとして紹介されるもので，方眼紙の読み取り作業などを思い浮かべると理解しやすい。具体的には対象を，点（ポイント），線（ライン），面（サーフェス／ポリゴン）などの幾何オブジェクトの構成と捉え，それらの XY 座標値 (x_n, y_n) の羅列により記述する方法である。空間の情報モデルと

して最も広く普及した形式であり，CADのデータは概ねこの形式になる．模型の表現に対応するのが，3次元に拡張されたベクトル型の情報モデルであり，立体（ソリッド）を表現するために，Z座標値を加えた (x_n, y_n, z_n) の羅列により記述する．マウスのような簡便な入力デバイスがなかったCAD/CGの揺籃期にも，アナログに読み取った座標値を，数値としてキーボードから一点一点丹念に入力していた．

　ベクトル型の情報モデルの利点は，必要に応じて正確かつ詳細に形状を記述できるばかりでなく，拡大・縮小・移動・回転などさまざまな幾何学的操作が，簡単な行列一次変換で可能なことである．欠点は，依然として入力に手間がかかることであり，特に3次元となると高度なスキルが求められることであろう．

2-2　幾何オブジェクトの構造

　先に述べたように，ベクトル型の情報モデルでは幾何学的形態は座標値の集合として表現される．例えば，最も単純な一辺が1の長さの立方体（図18）を考えた場合，

点：$P_1(0,0,0), P_2(1,0,0), P_3(1,1,0), P_4(0,1,0)$,
　　$P_5(0,0,1), P_6(1,0,1), P_7(1,1,1), P_8(0,1,1)$

線：$L_1((0,0,0), (1,0,0)), L_2((1,0,0), (1,1,0))$,
　　$L_3((1,1,0), (0,1,0)), L_4((0,1,0), (0,0,0))$,
　　$L_5((0,0,0), (0,0,1)), L_6((1,0,0), (1,0,1))$,
　　$L_7((1,1,0), (1,1,1)), L_8((0,1,0), (0,1,1))$,
　　$L_9((0,0,1), (1,0,1)), L_{10}((1,0,1), (1,1,1))$,

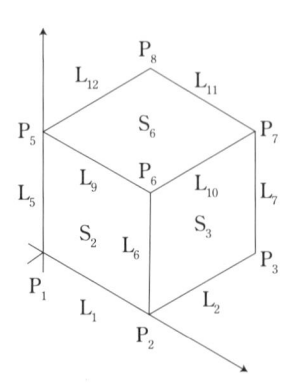

図18 一辺が1の長さの立方体

$$L_{11}((1,1,1),(0,1,1)), L_{12}((0,1,1),(0,0,1))$$
$$面：S_1((0,0,0),(1,0,0),(1,1,0),(0,1,0)),$$
$$S_2((0,0,0),(1,0,0),(1,0,1),(0,0,1)),$$
$$S_3((1,0,0),(1,1,0),(1,1,1),(1,0,1)),$$
$$S_4((1,1,0),(0,1,0),(0,1,1),(1,1,1)),$$
$$S_5((0,1,0),(0,0,0),(0,0,1),(0,1,1)),$$
$$S_6((0,0,1),(1,0,1),(1,1,1),(0,1,1))$$
$$立体：V_1((0,0,0),(1,0,0),(1,1,0),(0,1,0),(0,0,1),$$
$$(1,0,1),(1,1,1),(0,1,1))$$

となる．このような記述では，点，線，面，立体といった幾何オブジェクトの種類によらず (x_n, y_n, z_n) というデータの基本構造が同じであるために，データ処理のためのアルゴリズムを単純にすることができる．一方で，それぞれの幾何オブジェクトどうしは全く無関係に定義されることになるので，部分的に変更した際などに形態全体としての一体性（コンシスタンシー）は保ちづらい．

一方で，全く同じ立方体を，基本となる点，点の集合としての線，線の集合としての面，面の集合としての立体というような**階層構造**（ヒエラルキー）で表現することもできる。この考え方に従えば，

点：$P_1(0,0,0), P_2(1,0,0), P_3(1,1,0), P_4(0,1,0),$
$P_5(0,0,1), P_6(1,0,1), P_7(1,1,1), P_8(0,1,1)$
線：$L_1(P_1,P_2), L_2(P_2,P_3), L_3(P_3,P_4), L_4(P_4,P_1),$
$L_5(P_1,P_5), L_6(P_2,P_6), L_7(P_3,P_7), L_8(P_4,P_8),$
$L_9(P_5,P_6), L_{10}(P_6,P_7), L_{11}(P_7,P_8), L_{12}(P_8,P_5)$
面：$S_1(L_1,L_2,L_3,L_4), S_2(L_1,L_6,-L_9,-L_5)$
$S_3(L_2,L_7,-L_{10},-L_6), S_4(L_3,L_8,-L_{11},-L_7)$
$S_5(L_4,L_5,-L_{12},-L_8), S_6(L_9,L_{10},L_{11},L_{12})$
立体：$V_1(S_1,S_2,S_3,S_4,S_5,S_6)$

となる。このような構造を持った記述を，「トポロジーがある」と表現する場合がある。本章1-5で説明したような幾何オブジェクト間の関係性をデータ構造に組み込んだという意味である。トポロジーを持たせることで形態全体としての一体性は担保されるが，幾何オブジェクトのレベル階層によりデータ構造が異なるために，より複雑なデータ処理のためのアルゴリズムが必要になる。

2-3 デザインの要素分解

階層構造を持った幾何オブジェクトの表現では，それぞれは部分と全体の関係（a part of）にある。すなわち，立方体全体は6つの表面部分から構成され，それぞれの面は4本の線により構成され，そ

れぞれの線は両端2点により構成されている。そして，ベクトル型の情報モデルではすべての幾何オブジェクトは数値データにまで還元することができる。

　第1章でもふれたように，幾何オブジェクトに限らず，我々は対象の理解を深めようとする時，それらがどのような構成要素で出来上がっているのかを考える。一見複雑な対象でも，それぞれの部分に着目すると，個別の機能や属性を詳細に検討できるようになるからである。今日では，物質の組成は原子を超えて素粒子にまで分解され，その詳細な形質が探求されている。このように，対象を構成要素に分解し，それぞれの要素について分析・記述することで全体を理解できたとする考え方は**還元論**（reductionism）と呼ばれ，近代科学を推進する原動力となってきた。建築の設計においても，建築を柱，梁，壁，床などの構成要素に分割し，柱は「加重を支える」，壁は「空間を区切る」など，それぞれに個別の「機能」を与え最適化することで，高層ビルや大空間など，それまでには不可能であった近代的なデザインが可能になった。そしてデザインの過程では，それとは逆向きに，さまざまな構成要素を部品として段階的に組み合わせることで，さらに複雑な形態・機能を実現している。

　一方で，構成要素への還元の仕方は，必ずしも1通りではない。例えば，図19に示した図形は小さな正三角形6個でも描くことができるし，大きな正三角形2つで描くこともできる。さらに，これら正三角形の組み合わせから中心に正六角形が出現しているが，先の示したような幾何オブジェクトの記述に従えば，そこに正六角形は存在していない。構成要素に還元することで，抜け落ちてしまう物があるのである。さらに，この図形を全体として見ると，「ダビデの星」という深長な意味を見出すこともできよう。このような，

図 19　構成要素の分解と創発

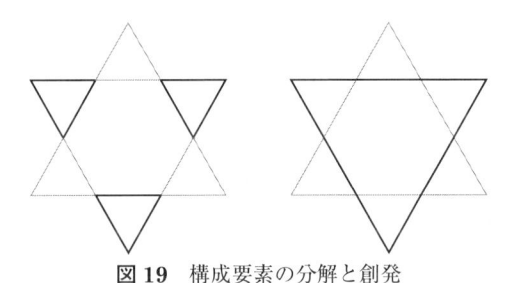

全体は部分の総和を越えるとする考え方は**全体論** (holism) と呼ばれ，本章 1-4 でふれたゲシュタルト心理学などにより盛んに研究されてきた。建築の設計においても，まさに構成要素の組み合わせにより創出される「間」をいかにデザインするかが重要であり，これらの諸相をいかに記述するかはデザイン科学の重要なテーマである。

2-4　デザインの視覚的表現

　設計の現場において最も一般的な建築空間の表現手法は，平面図，立面図，断面図などの各種の図面であろう。これらはいわば 2 次元のメディアである。一方で，我々が日常的に体験する空間は 3 次元の世界である。これを最も素直に表現しているメディアが縮尺模型であろう。メディアの主要な機能に情報の伝達があるが，その難易度でいえば，2 次元の図面から 3 次元の形態を想像するにはそれなりの専門的な修養が必要であるのに対して，縮尺模型から 3 次元の形態を理解することは誰にでも比較的容易である。実際に，広く認識を共有するためにさまざまな状況で縮尺模型が作られてきたし，印象的な建築模型はその後の建築デザインの潮流に大きな影響を与

えてきた。

　一方，2次元的な制約の中で，より容易かつ簡便な空間表現のために，本来3次元の世界を2次元上で便宜的に描画するさまざまな工夫も歴史的になされてきた。例えば，鳥獣人物戯画（12世紀〜13世紀）や洛中洛外図屏風（16世紀）は今日でいうところの斜投影法で描かれており，源氏物語絵巻（12世紀前半）にも今日でいうところの軸測投影法・等軸測投影法を見ることができる。同様に等軸測投影法で描かれたミシェル・テュルゴーの地図（1739年）は当時のパリの都市空間の様子を詳細に伝えており，ダ・ヴィンチの最後の晩餐（1498年）の修復の過程ではイエス・キリストの額に透視図法のための釘痕が発見され話題になった。そして，今日ではこれらの投影法は，アクソメ（軸測投影法），アイソメ（等軸測投影法），パース（透視図法）というような呼称で，建築空間の表現手法として定着している。

　投影法を用いて表現された擬似3次元の建築空間は，豊かな空間イメージを喚起させてきた。F. L. ライトの建築パースは特に印象的で，それ自体が作品といえるであろう。しかし，これら投影法による作画は時間と根気の必要な作業であり，正確に描くためにはそれなりの専門的な道具と技術が必要である。また模型のように，さまざまなアングルから見回すことで空間構成の理解を深めることも不可能である。

　ベクトル型の空間モデルでは，一旦3次元の座標が入力されていれば，あとは次の式（a）のような行列演算による座標変換により，任意の視点から投影図を描き出すことができる。今日では，計算幾何学の発達により，さまざまな幾何学的操作を行列演算などによるアルゴリズムとして表現することが可能である。

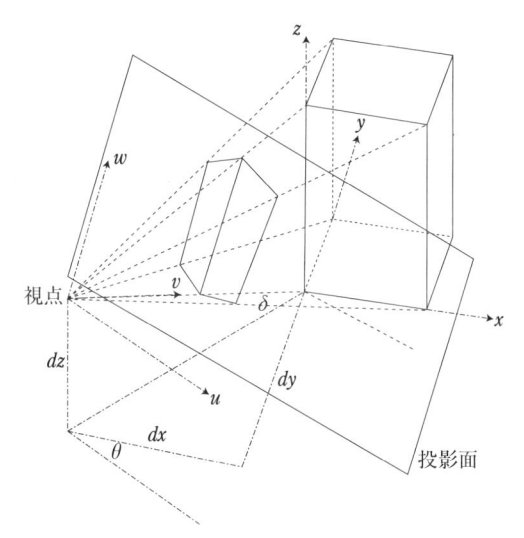

図 20 3 次元の座標変換

$$\begin{pmatrix} u \\ v \\ w \\ 1 \end{pmatrix} = \begin{pmatrix} 1 & 0 & 0 & 0 \\ 0 & \cos\delta & \sin\delta & 0 \\ 0 & -\sin\delta & \cos\delta & 0 \\ 0 & 0 & 0 & 1 \end{pmatrix} \begin{pmatrix} \cos\theta & \sin\theta & 0 & 0 \\ -\sin\theta & \cos\theta & 0 & 0 \\ 0 & 0 & 1 & 0 \\ 0 & 0 & 0 & 1 \end{pmatrix} \begin{pmatrix} 1 & 0 & 0 & dx \\ 0 & 1 & 0 & dy \\ 0 & 0 & 1 & dz \\ 0 & 0 & 0 & 1 \end{pmatrix} \begin{pmatrix} x \\ y \\ z \\ 1 \end{pmatrix}$$

(a)

　これらコンピュータ上で図式・形態など視覚的・幾何的対象を取り扱う一連の手法は，コンピュータグラフィックスと総称されている．よりフォトリアリスティックな映像の創出を目指して，陰線消去，陰面消去，アンチエイリアシング，レンダリング，デプスキューなど，さまざまな技術が開発されてきた．今日，我々が目にするほとんどの画像は，何らかの形でこれらコンピュータグラフィックス技術による処理が施されている．コンピュータグラフィックスの発達により，現実的な建築空間だけでなく，動的に変化する建築（キネティックアーキテクチャ）や重力に逆らった建築など現実には存在

しえない世界を簡単に作り出すことすら可能なのである．

3 形態の探求

3-1 ボトムアップによる生成

　部分（構成要素）を組み合わせることで全体を構築していくようなボトムアップ型のデザインの場合，構成要素の数が増えれば増えるほど，その構成パタンは順列・組み合わせに従い爆発的に多くなる．ところが我々人間は，これらすべての構成を網羅的に列挙し検討することは不得意であるため，これらの中から直感的に不適合と思われる組み合わせを予め排除し，それなりのデザイン「解」を導いている．しかし，無意識に排除された構成パタンの中には，新たなデザインの可能性があるかもしれない．

　図形を用いた解の探索として最も身近な事例が，ゲームやパズルであろう．図21は**ポリオミノ**として知られる有名なパズルである．ポリオミノとは複数の正方形を繋げた多角形であり，正方形2つの構成（ドミノ）は「ドミノ倒し」などの遊びで馴染みがあろう．正方形の数が増えるに従って，そのヴァリエーションも5個（ペントミノ）で12種類，8個（オクトミノ）で369種類，12個（ドデコミノ）では63,600種類に及ぶことが知られている．また，これらを隙間なく並べて一定の枠の中に収める「箱詰めパズル」なども古くから親しまれているが，可能な構成のヴァリエーションを想像することは容易ではない．しかし，コンピュータを利用することで，すべてのパタンを漏れなく検討することが可能となる．12種類のペントミノを面積60の箱に並べる場合，3×20の箱では2通り，4×15の

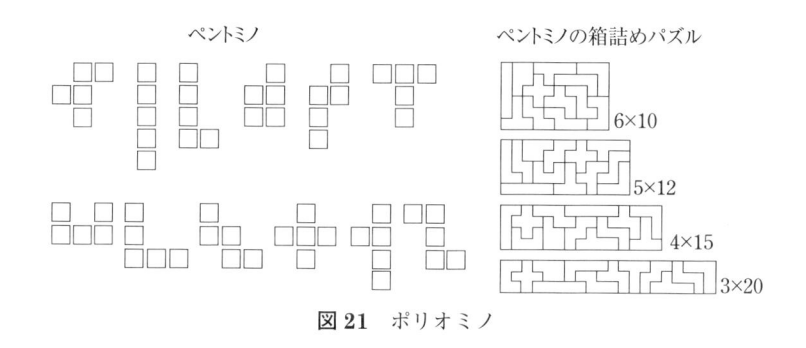

ペントミノ　　　　　ペントミノの箱詰めパズル

6×10

5×12

4×15

3×20

図 21　ポリオミノ

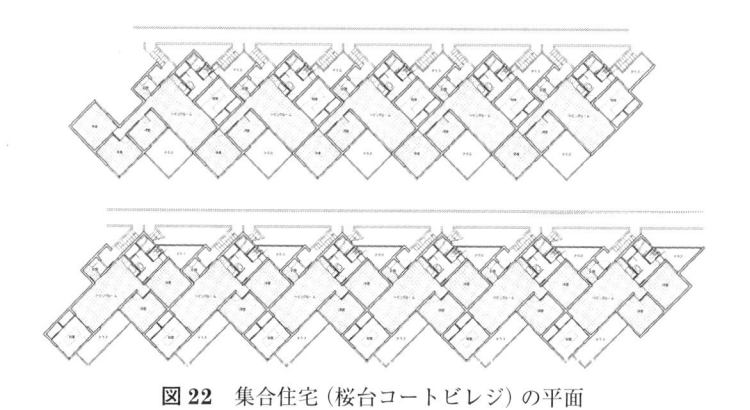

図 22　集合住宅（桜台コートビレジ）の平面

箱では 368 通り，5×12 の箱では 1,010 通り，6×10 の箱では 2,339 通りもの解があることが知られている。

　ポリオミノのような単位空間の組み合わせにより建築形態を探求した事例は枚挙に暇がなく，類似した課題は大学の設計演習などでもしばしば取り上げられる。実際の建築デザインで見ても，内井昭蔵による集合住宅（桜台コートビレジ）の平面はヘキソミノの巧みな構成であるし，小嶋一浩らによる「スペースブロック」などの提案は 3 次元に拡張された立体ペントミノそのものである。

そもそも建築形態は，空間を形成する構成要素（建築ヴォキャブラリー）の集合として認識・記述されるものであり，設計とはそれらを目的に合うように統合するプロセス（Synthesis）と考えることもできる。建築家の力量は，いかに建築ヴォキャブラリーを巧みに組み合わせるかに現れるといっても良いかもしれない。実際，ポストモダンの建築とは表層的にはまさに建築ヴォキャブラリーの乱舞であった。そして，アレグザンダーはパタン・ランゲージにおいて，豊かな環境（無名の質）の創出には文脈に沿ったヴァラエティのある構成要素の組み合わせこそが重要であると説いたのである。

3-2　トップダウンによる生成

　部分を組み合わせることで全体の構成を探求するデザインプロセスがボトムアップ型であるとすれば，全体（基本形・概形）から部分（具体形・ディテール）へと展開することで構成原理を満たす形態に到達するデザインプロセスはトップダウン型である。トップダウンによる展開には，ある状態から次の状態へと形態を置換・変換するためのルールが必要であり，それらは概ね4章で示すような論理式として記述することができる。

　このような形態生成のためのルールは，「文法」規則に従って基本構文がさまざまな句・節へと展開することで複雑な文章が生まれることに準えて，**シェイプグラマー**などと呼ばれることもある[10]。シェイプグラマーについては，建築のデザイン科学における主要なテーマの一つとして，主に西洋における建築理論の系譜の中で展開されてきた。その初期には，本章1-2で紹介した古典建築のオーダーや，1章でも紹介したようなF. L. ライトのプレーリーハウスを

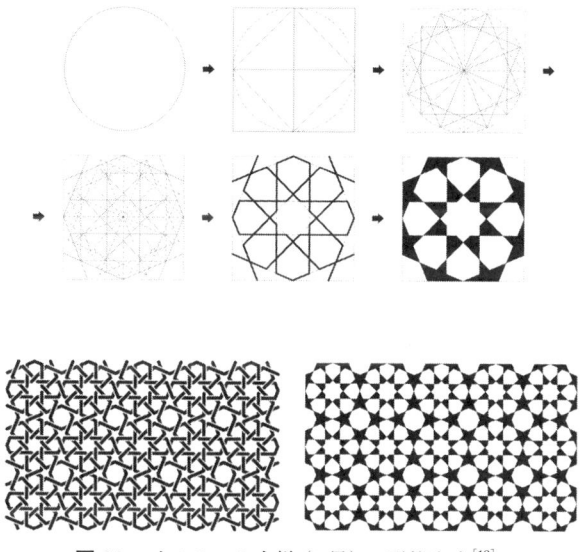

図 23 イスラーム文様 (8 星) の形態生成[12]

　生成する形態文法の構築が試みられた[11]。また，A. パラディオのヴィラについては 72 の規則によりすべての平面の生成が可能であることが示されている[6]。

　構成原理の探求は西洋建築・近代建築に限った話ではない。美しいイスラームの文様 (アラベスク) は，ルールによる形態生成の極めて明快な具体的事例である (図 23)。その文様は長い歴史の中で伝統的・宗教的に確立してきたが，基本形は円に外接する正方形と内接する正方形であり，これらを決められた角度に回転させながら輪郭を抽出することで，全体の整合と調和が保たれた世界を作り出している。これらについては 4 (8) 星，3 (6) 星，5 (10) 星，12 星などのシステムに大別されるが，形態生成のルールをプログラムとして記述することで，新たな可能性の探求も可能であろう。

図 24　エッシャーの世界（双曲幾何学）
M. C. Escher's "Circle Limit IV"
©2012 The M. C. Escher Company-Holland.
All rights reserved. www.mcescher.com

　そして，アルハンブラ宮殿のモザイク模様と数学者 H. S. M. コクセターからの手紙に触発された M. C. エッシャーは，本章 1-2 でも述べたような**双曲幾何学**（非ユークリッド幾何学）の描画手順を独力で解明し，コンピュータの力を借りることなく，我々の想像をはるかに超えた不思議な**平面充填（タイリング）**の世界をコンパスと定規だけで描き出したのである（図 24）[13]。

3-3　パラメータによる生成

　形態を構成するルールが伝統的・科学的・技術的に確立している場合，それらの制約に従ってデザインを検討することになる。このようなデザインプロセスでは，制御変数（パラメータ）の値を変化させることで多様な形態を生成することになるので，**パラメトリック**

3　形態の探求

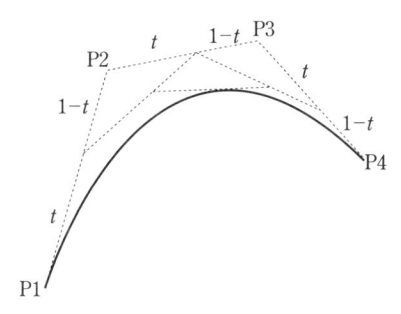

図 25　ベジェ曲線

デザインなどとも呼ばれている。船舶や航空機のデザインでは，流体力学などの制約による厳格なルールがあり，それを無視して形態を決めることはできない。建築・都市デザインの分野でも，「ヴィトルヴィウスの建築書（紀元前）」以来，形態があるべき構成・比率に関するさまざまな理論書が書かれてきた。我が国では古くから木割りなどさまざまな伝承ルールが存在し，部材の寸法を確定するプロセスはパラメトリックデザインそのものである。幾何学的・美学的・生態学的視点からの合理的な寸法体系の探求は，黄金比・モデュロール・匠明などとして知られてきた。そして，我々の人体はDNAというパラメータに従って発生するのである。

　これら構成ルールがコンピュータのプログラムとして表現されていると，形態の図式的記述を半ば自動的に生成することができる。CADにおける滑らかな曲線の表現は，プログラム化された最も基本的なパラメトリックデザインの事例であろう。先に述べたように，すべての幾何オブジェクトは座標値に還元される必要があるため，例えば図25のような滑らかな曲線は以下の (b) のような関数 (3次のベジェ曲線) として表されている。

81

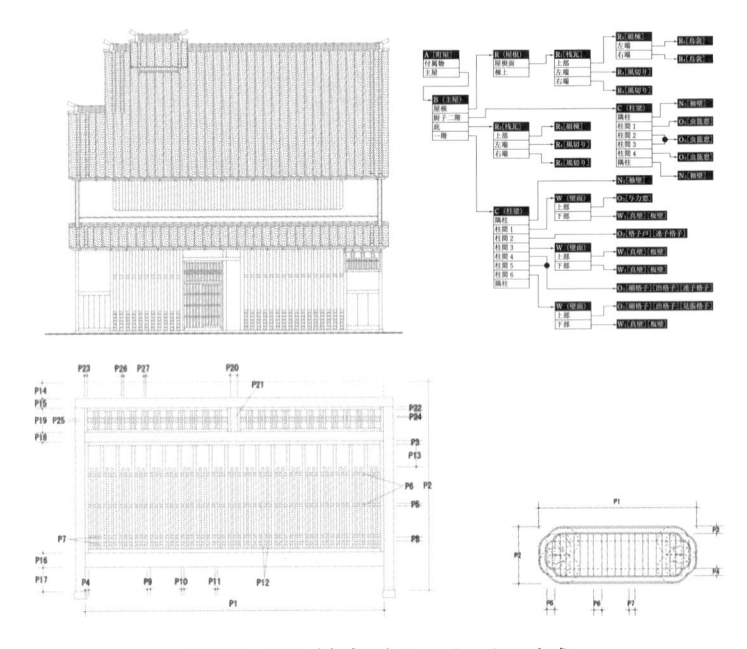

図 26　町屋（奈良町）ファサードの生成

$$x = (1-t)^3 x_1 + 3(1-t)^2 t x_2 + 3(1-t) t^2 x_3 + t^3 x_4$$
$$y = (1-t)^3 y_1 + 3(1-t)^2 t y_2 + 3(1-t) t^2 y_3 + t^3 y_4 \quad \text{(b)}$$
$$0 \leq t \leq 1$$

　制御点（パラメータ）を変更することで，曲線の図式をさまざまに変化させることができるが，このプロセスは，宮大工が屋根の勾配を決めるために，紐を張った懸垂線の美しさに砕身するようなものかもしれない。

　より具体的な建築の事例として，図 26 は伝統的町屋のファサードをパラメトリックデザインの手法で記述したものである[14]。複

雑で描画するのが面倒そうに見えるファサードも，桟瓦葺の屋根，糸屋格子の出格子窓，下見板張りの壁など馴染みの建築的「構成要素」に分解すれば，それぞれは先に示した「オブジェクト」（単なる図形データではない）として構成をパラメトリックに記述することができる．一旦，町屋に共通する構成要素のオブジェクトライブラリが完成すれば，パラメータの変更だけで町並みの伝統的な文脈に従ったさまざまな形態をシミュレートすることが可能となるのである．

　そして，最も複雑な事例でいえば，今や日常的に利用されているコンピュータのグラフィカルユーザーインターフェイスは，まさに画面全体がパラメータで制御されており，さまざまな入力に呼応して，基本的な構成は変えずに表示をダイナミックに変化させているのである．

3-4　アルゴリズムによる生成

　かつて，コンピュータは定型的な形態しか取り扱えず，有機的で複雑な形態は不得意であると思われていた．

　アルゴリズムによる形態生成の可能性を広く認識させるきっかけとなったのが，マンデルブロ集合（図27）であろう．発見者であるブノア・マンデルブロの名前に因んだこの複雑な図形は，自然界の造形物のように，いかなる部分を拡大しても我々の創造を超越した複雑な形態が出現し，拡大を続けると原形と酷似した図形が再帰的に現れるという不思議な特徴がある．マンデルブロは，このような全体と部分の間に自己相似の関係が見出される図形を**フラクタル**と命名した[15]．

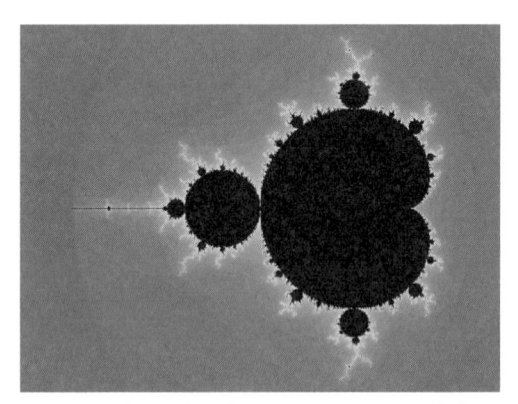

図 27 (c) の式で表されるマンデルブロ集合

マンデルブロ集合は，数理的には (c) に示すような漸化式で表されることからも分かるように，再帰的な関数を用いる事で生み出すことが可能であり，そのプログラムはコンピュータの性能を測るベンチマークにも用いられて来た。

$$\begin{cases} x_{n+1} = x_n^2 - y_n^2 + a \\ y_{n+1} = 2x_n y_n + b \end{cases} \quad (c)$$

自然の複雑な形態生成プロセスの論理的な記述方法は，アリステッド・リンデンマイヤー（Aristid Lindenmayer）により提案されたことから L-system として知られてきた。その基本構造は，文字（例えば，A，B）にそれらの置換規則（A → AB，B → A）を再帰的に適用することで文字列（A/AB/ABA/ABAAB/ABAABABA）を生成していくことであるが，グラフィックに応用することで広くフラクタル図形の生成にも用いられている。例えば，「シェルピンスキーの三角形」として知られる図形や「ペンローズタイル」と呼ばれる本書表紙に示された平面充填（タイリング）パタンは L-system で記述できる。

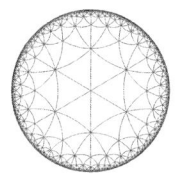

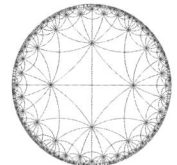

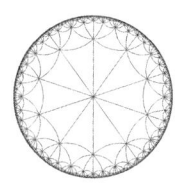

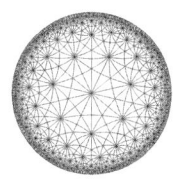

図 28　双曲タイル張り

そして，無限の空間に思いを馳せた M. C. エッシャーが手作業で苦心の末に描き出した，先に示した平面充填のパタン（図 24）は，コンピュータの力を借りることで，実はたった 3 つのパラメータによる再帰的アルゴリズムにより，さまざまなヴァリエーションを描き出すことができる（図 28）。

コンピュータの圧倒的な計算能力は，手描きでは不可能な世界を描き出すことを可能にしてきた。今日では，乱数を用いた初歩的なものから，セルオートマトンや遺伝的アルゴリズムに至るまでさまざまな方法が試行されており，このような形態生成のアプローチは「アルゴリズミックアーキテクチャ」として注目され始めている[16]。

アルゴリズミックアーキテクチャの特徴は，恣意的な還元に基づく機能的な構成主義を放棄し，単純な手続きの再帰的繰り返しなどから生み出される創発（emergence）に委ねている点にある。これらは，近代的デザインが拠り所とした方法論では扱うことのできなかった生成や成長のプロセスを前提にしたデザイン方法論であり，新しいアプローチといえるであろう[17]。

学術的には，集落における建物の配置や都市のスプロールを，フラクタル幾何学やセルオートマトンでシミュレートする試みも盛んである。振り返れば，馴染みのある建築・都市の形態は，すべから

第 2 章 デザインと図式

図 29 清朝時の北京（文献 [18] より転載）

く計画されたというより，歴史・伝統の再帰的な積み重ねと突然変異により創発した結果と捉えることもできよう．2008 年，オリンピックに沸いた北京の旧城はまさにその典型であり，都市のスケールから四合院（住宅）のスケールに至るまで再帰的に自己相似的な空間構成が繰り返された曼荼羅的世界なのである（図 29）．

建築デザインの歴史とは，新たな形態創造の歴史でもある．部分に還元しそれらに個別の機能を与えるという近代科学的なデザインの方法論に限界がみえ始めた今日，これら複雑系科学により提示される形態創発の手法は，あくなき形態の探求に向けて新たなブレークスルーを与えてくれるかもしれない．

参考文献

[1] 川崎清ほか（1990）『設計とその表現』鹿島出版会.
[2] 二川幸夫編（1994）『GA72 ルイス・I・カーン』(GA グローバル・アーキテクチュア・シリーズ) A. D. A. EDITA TOKYO.
[3] ケヴィン・リンチ（丹下健三，富田玲子訳）（1968）『都市のイメージ』岩波書店.
[4] ル・コルビュジェ（吉阪隆正訳）（1976）『モデュロール I・II』鹿島出版会.
[5] 小林克弘（2000）『建築構成の手法』彰国社.
[6] ウィリアム・ミッチェル（長倉威彦訳）（1991）『建築の形態言語』鹿島出版会. (W. Mitchell (1990) *The Logic of Architecture*, MIT Press, London.)
[7] C. Alexander (1965) "A city is not a tree" *Architectural Forum* 122.
[8] 鈴木博之，中川武，藤森照信，隈研吾（1991）『建築 20 世紀 Part2』新建築社.
[9] R. コイン，M. ローゼンマン，A. ラドフォード，M. バラチャンドラン，J. ジェロ（渡辺俊，横澤正人訳）（1994）『デザインの知識工学』オーム社. (R. Coyne, M. Rosenman, A. Radford, M. Balachandran and J. Gero (1990) *Knowledge-Based Design System*, Addison-Wesley.)
[10] G. Stiny and J. Gips (1971) "Shape grammars and the generative specification of painting and sculpture" IFIP Congress 1971, North Holland Publishing Co.
[11] H. Koning and J. Eizenberg (1981) "The language of the prairie: Frank Lloyd Wright's prairie houses" *Environment and Planning* B 8: 295–323.
[12] I. El-Said and A. Parman (1976) *Geometric Concepts in Islamic Art*, World of Islam Festival Publishing.
[13] C. Goodman-Strauss (2001) *Compass and Straightedge in the Poincaré Disk*, Am Math Monthly 108: 38–49.
[14] 渡辺俊，葛城桂子（2002）「奈良町における町並み景観保全のための町屋の意匠構成要素に基づく造形ライブラリーに関する研究」日本建築学会計画系論文集 562：329–335.
[15] ベンワー・マンデルブロ（広中平祐訳）（1984）『フラクタル幾何学』日経サイエンス. (B. Mandelbrot (1982) *The Fractal Geometry of Nature*, W. H. Freeman and Company.)
[16] K. Terzidis (2006) *Algorithmic Architecture*, Elsevier.
[17] スティーブン・ジョンソン（山形浩生訳）（2004）『創発 —— 蟻・脳・都

市・ソフトウェアの自己組織化ネットワーク』ソフトバンク出版．(S. Johnson (2001) *Emergence, The Connected Lives of Ants, Brains, Cities, and Software,* Scribner.)
[18] 都市史図集編集委員会（1999）『都市史図集』彰国社．

Column 1

アルゴリズムによる空間分割

　都市解析の分野では，公共施設群（学校，郵便局など）の立地評価に，古くからボロノイ分割と呼ばれる手法が用いられてきた。これは任意に分布した点群に対して，空間全体を最も近い点に基づいて分割する領域編成の方法で，2次元平面であれば，近隣の2点間の垂直二等分線を丹念に描いていくことで，手書きでも解を求めることができる。ボロノイ分割は3次元にも適用可能であるが，さすがに手作業で解を求めるのは困難であり，これまで建築設計分野での応用はほとんどみられなかった。

　2008年の北京オリンピックの際に建設された北京国家水泳センターは，一見したところ3次元ボロノイを連想させる造形である。オーストラリアのPTW Architects，イギリスのArup，および中建国際設計公司による設計であるが，実際には3次元ボロノイではなく，体積は同じだが形状の異なる2種類の多面体によるWeaire-Phelan構造に基づく構成で，個々の多面体をさらに細かく回転させることで泡のような不規則性と施行効率上の反復性を実現している。いずれにしても，設計には独自のアルゴリズムを使った幾何モデルが用いられており，コンピュータ支援があってはじめて実現できた造形であろう。

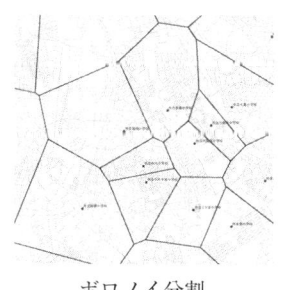

ボロノイ分割　　　　　　　北京国家水泳センター

第3章

デザインと数理

1 数理的デザインとは

　建築の設計では,「デザイン」は狭い意味で意匠設計のような「アートとしてのデザイン」として解釈されるが,工学の諸分野では,建築の「構造設計」にあたるものを「デザイン」ということが多い[1,2]。欧米では「designer」は工学者に含まれ,日本でいうところの建築デザイナーは「architect」と呼ばれる。

　工学のデザインを対象とするならば,デザインの行為は極めてシステマティックな作業なので,「数理的手法」の活躍する機会が大きいことが理解できる。しかし,工学のデザインだけを対象とすることは本書の主旨から外れるので,ここでは建築設計における意匠デザインや建築計画と**構造設計**の中間的な方向で「デザインと数理」について考えてみる。この意味でのデザインには,必ずしもシステマティックでない人間の創造的側面が強調され,数理的手法が有効に利用されなかったが,デザインの過程での数理的手法の利用については,以下のような観点が考えられる。

　1　デザインの行為自体を,さまざまな可能性や候補の中から最

も望ましいと考えられる最適な選択を行う意思決定行為と捉えることができる。このような定義のもとで，数理的手法を用いて，決定論的な探索過程としてデザインのプロセスをモデル化することが可能である。
2 アートとしてのデザインにおいても，無から有が生じるわけではない。したがって，デザインのプロセスを，過去のデザインを参考にして最適なモジュールの組み合わせを探索する行為としてモデル化できる。
3 デザインは人間にしかできない芸術的な意思決定行為であるという考え方もある。このような主張を認めるとしても，デザインを構成するサブプロセス（単純な作業のプロセスあるいは工学的な理論や手法に基づくプロセス）は，数理的なプロセスとしてモデル化できる。

本章では，これらの観点から，デザインの各サブプロセスで利用可能な数理的手法を紹介する。

2　確定的な意思決定の数理

2-1　システム工学

一般に，多種または多数の構成要素間の協調により，各構成要素固有の能力の和をはるかに超えた目的を達成するものを，**システム**という[3-5]。このような観点から，さまざまな人工物や社会の構造や特性を分析するための手法として，システム論が発展してきた（1章 1-1参照）。例えば，テレビは金属やプラスティックなどで構成され，個々の材料あるいは部品の機能とは全く異なる，「映像を

映す」という機能を実現する．同様に考えると，建築も鋼材やコンクリート材料で構築される人工物であるが，それらが柱や梁として空間を構成する目的を達成し，その空間が住居やホールなどのそれぞれの目的のために利用されるので，単なる材料の集合体ではないという意味でシステムといえる．

しかし，「システム」は物の見方，考え方であって，システムというモノがあるわけではないということに注意しなければならない．「…システム」のほとんどは，「体系」，「方式」，「制度」などで読み替えることができる．研究社新英和辞典によると，systemの訳は，組織，組立て，系統，体系，体系的方法，方式，制度である．また，「システムという言葉を多用されるとだまされていると思え」といわれるぐらい，「システム」は極めて曖昧で都合の良い言葉であり，建築でも，多くの場合他の用語（構造，装置など）で置き換えることができる．

システムの特徴は，以下のようにまとめられる．

- ある機能を持つ物や人が関係づけられた集合であり，対象の抽象化およびそれに至る過程のすべてを意味するシステム的思考の対象となるもの全体を指す．
- 多種または多数の構成要素からなっている集合体（大規模複雑系）で，その構成要素間の協調と競合により，各構成要素固有の性質とは別の特性や特徴が集合体全体の特性や特徴として現れ，個々の要素が持つ能力の和をはるかに越えた目的を達成する（創発特性）[5]．
- 全体がある目的に向かって統一的な秩序を保って動作する（合目的性）．
- システムとしての本質は，その構成要素であるモノではなく，

構成要素相互間の関連関係にあり，システムが物理的なモノからできていても，モノとしてではなくその外に現れる機能としてシステムを捉える。

システム的アプローチを工学に適用するための研究分野を**システム工学**といい，その定義と特徴は，以下のとおりである。

- システムのモデル化，計画，構築，運用，改変のための基礎となる方法論
- 現実に役立つシステムを構築するための思想，理論，方法論，手法などを体系的にまとめた工学
- 人工システムの設計，運用上の共通的な諸問題を扱う考え方，法則性，方法を科学的方法により議論するための工学
- システムモデルとして表現される個別システムを対象とした，分野を横断する物の見方

建築は芸術作品であると同時に，他の工業製品と同様に人工物と考えることができる。したがって，その性能を評価するための解析（シミュレーション）や設計過程において，機械工学や航空工学の分野で用いられて発展してきたシステム工学の手法を利用することができる[6-8]。建築を対象としたシステム工学的アプローチについては，1990年ごろから議論され，解説記事は多数存在する。それらの多くは，オブジェクト指向アプローチ[9]に基づいて，建築を有機的に結合するモノの集合体として捉えている。建築の構成要素の関連図の例を，図1に示す[10]。しかし，建築のシステム工学的アプローチを体系的にまとめた論文や著書はみられない。

システム工学的アプローチは，図2に示すように，大きく分けてモデル化，分析（シミュレーション，解析），設計（最適化），生産，運用（制御），保守などのプロセスに分けられる。したがって，建築

2 確定的な意思決定の数理

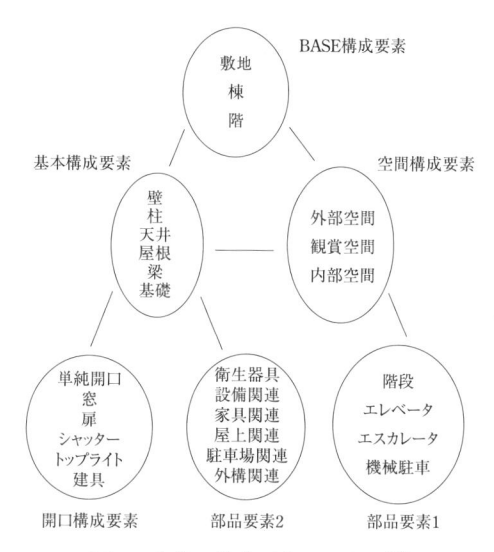

```
                    BASE構成要素
                    ┌─────┐
                    │ 敷地 │
                    │ 棟  │
                    │ 階  │
                    └─────┘
   基本構成要素              空間構成要素
    ┌─────┐              ┌─────┐
    │ 壁  │              │外部空間│
    │ 柱  │              │観賞空間│
    │ 天井 │──────────────│内部空間│
    │ 屋根 │              └─────┘
    │ 梁  │
    │ 基礎 │
    └─────┘

 ┌─────┐  ┌─────┐  ┌─────┐
 │単純開口│  │衛生器具│  │ 階段 │
 │ 窓  │  │設備関連│  │エレベータ│
 │ 扉  │  │家具関連│  │エスカレータ│
 │シャッター│ │屋上関連│  │機械駐車│
 │トップライト│ │駐車場関連│ └─────┘
 │ 建具 │  │外構関連│
 └─────┘  └─────┘
 開口構成要素  部品要素2  部品要素1
```

図1　建築の構成要素の関連図[10]

```
┌─────┐  ┌──┐  ┌──┐  ┌──┐  ┌──┐  ┌──┐
│モデル化│→│分析│→│設計│→│生産│→│運用│→│保守│
└─────┘  └──┘  └──┘  └──┘  └──┘  └──┘
```

図2　システム工学的アプローチ

のデザインでも，構造物の種類や要素（部品）などのモノに関する分類に基づくアプローチに加えて，「意匠設計」，「構造設計」，「設備設計」，「生産」などの「プロセス」を対象としたアプローチも考えられる．

　システム工学的アプローチを導入する際，モデル化の段階が重要であり，適切にモデル化することが問題解決の成否を左右するともいえる．システムモデルには，単純化されてはいるが，注目している局面や特性に関しては，十分に実物を表現している図式や数学的表現が用いられなければならない．また，目的分野に依存しない共

第3章 デザインと数理

通用語で表現されることが重要である。

2-2 最適化

システム工学の狭義の概念では,「設計＝**最適化**」である。建築設計においては,定式化あるいは定量化されないさまざまな要因を考慮しなければならないので,設計と最適化を単純に同一視することはできない。しかし,簡潔に表現するならば,設計行為は多くの選択肢の中から最適な選択をする意思決定過程ということができる。

与えられた条件の下で何らかの目的関数(評価関数)を最大化あるいは最小化する問題を「最適化問題」といい,応用数学や経営工学で発展してきた。最適化問題は一般に,

| minimize or maximize | 目的関数 | (1a) |
| subject to | 制約条件 | (1b) |

のように定式化される[11-15]。ここで,「minimize」および「maximize」は,それぞれ「最小化」および「最大化」を意味し,「subject to」は与えられた制約条件を満たさなければならないことを意味する。建築のデザインでは,目的関数は建築の評価尺度あるいは性能指標であり,制約条件は建築計画や構造設計での設計条件に基づいて与えられる。また,目的関数と,制約条件を定める関数(制約関数)は,建築の構造特性や形状を定める設計変数の関数である。

図3に示すように,最適化問題は,変数,目的関数,制約条件の性質に基づいて,線形計画問題,非線形計画問題,整数計画問題な

図3 最適化手法の分類

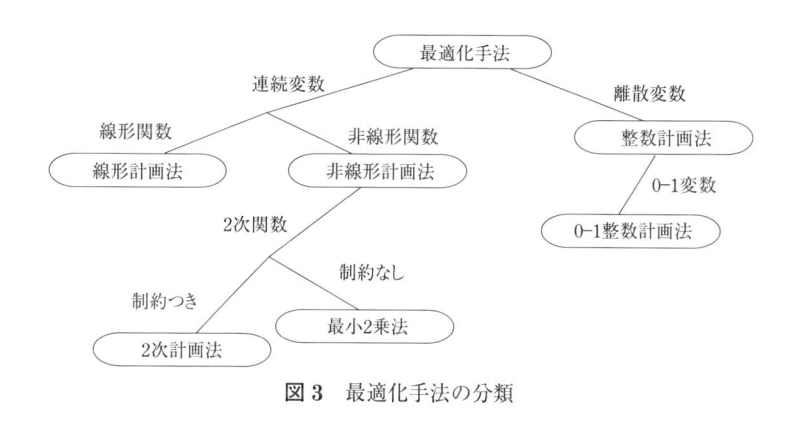

どに分類され,それぞれの問題を解くための手法を,線形計画法,非線形計画法,整数計画法という。目的関数と制約関数が実数変数の連続関数であり,それらが線形関数ならば線形計画問題,それらが非線形関数を含めば非線形計画問題である。変数がすべて整数である問題は整数計画問題であり,組合せ最適化問題ともいわれる[16-18]。さらに,変数が0あるいは1に限定されるとき,0-1整数計画問題といわれる。

建築計画での最適化問題の例として,室配置問題を考える。6つの種類の室 A, …, F (居間,子供部屋,浴室など) を6つの空間 (1), …, (6) (配置可能な場所) に重複を許さないで配置するものとする。図4は,空間 (1), (2), (3), (4), (5), (6) にそれぞれ室 E, A, F, D, B, C を配置した状況を示している。簡単のため,室 A, …, F を添字 1, …, 6 で表し,室 i と j の間の交通量 (連結の重要度) を C_{ij} ($i, j=1, …, 6$) とする。また,空間 i と j の距離を D_{ij} ($i, j=1, …, 6$) とし,目的関数として交通量と距離の積の総和を考えると,最適化問題は次のように定式化できる[19, 20]。

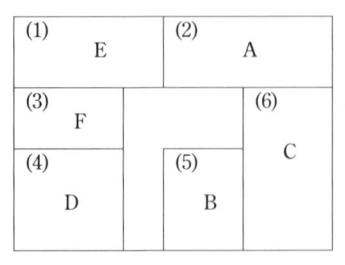

図4 室配置問題の例

$$\text{minimize} \quad F(x) = \sum_{i=1}^{6}\sum_{j=1}^{6}\sum_{k=1}^{6}\sum_{m=1}^{6} C_{ij}D_{ij}x_{ki}x_{mj} \quad (2a)$$

$$\text{subject to} \quad \sum_{i=1}^{6} x_{ij} = 1, \quad (j=1,\cdots,6) \quad (2b)$$

$$\sum_{j=1}^{6} x_{ij} = 1, \quad (i=1,\cdots,6) \quad (2c)$$

$$x_{ij} \in \{0,1\}, \quad (i,j=1,\cdots,6) \quad (2d)$$

ここで，x_{ij}は室iが空間jに配置されたとき1，そうでないとき0となるような0-1変数である．また，制約 (2b) は空間jに配置される室が1つだけ存在するための条件であり，制約 (2c) は室iが1つの空間のみに配置されるための条件である．このような問題は，組合せ最適化のためのさまざまな方法で解くことができる．

建築計画や意匠設計と比べて，構造設計では，許容応力制限や変位制限などの定量化可能な設計条件が多く存在するため，最適化問題を定式化することは比較的容易である．構造設計における最適化問題を「**構造最適化問題**」あるいは「最適設計問題」といい，機械工学や航空工学の分野で多くの研究がなされてきた[21-26]．通常の構造設計のプロセスでは，まず設計変数である柱や梁の断面を仮定し，設計基・規準で定められた外力に対して応答評価（構造計算）を行

う。その結果，設計条件（制約条件）が満たされていなければ設計変更を行い，再び応答を評価する。したがって，構造設計のために十分な時間があれば，設計変更の過程を繰り返すことにより，構造設計者の技量を発揮することができる。しかし，実務設計では，制約条件を満たす解（許容解あるいは満足解）が得られれば設計変更の過程を終了し，より良い設計を得る努力がなされないことが多い。それに対し，構造最適化を行うと，次のような効果が得られる。

- 変位や応力などに関する制約の下で，与えられた目的関数を最小化あるいは最大化するような設計変数の値が自動的に効率良く求められる。ただし，最適化ツールは，悪い意味での「自動設計ツール」ではなく，専門家のための1つの意思決定支援ツールと捉えられるべきである。
- 最適化アルゴリズムを利用することにより，単純な設計変更の作業から解放され，構造設計者がより創造的な設計活動を行うためのゆとりが生まれる。
- 施工上の理由などにより最適解をそのまま利用できない場合でも，最適解の特性を調べることによって，望ましい解の傾向を理解することができる。

今後，計算機がさらに進化し，効率の良い最適化アルゴリズムが開発されれば，図5に示すように，従来の設計の1ステップが「構造解析」であったのに対して，将来の1ステップは「構造最適化」になると考えられる。1回の最適化で望ましい設計が得られることは稀なので，最適化は一般に対話的に行われ，設計条件の変更の際に，構造設計者の技量が問われることになる。したがって，これまでよりも高いレベルで構造設計者の能力を発揮できる。

設計条件を満たす解を求める通常の構造設計の観点からは，最適

```
(a) 従来の設計の1ステップ        (b) 最適化による設計の1ステップ
      外力                          設計条件
       ↓                              ↓
     構造解析                       構造最適化
       ↓                              ↓
      応答                        設計解(デザイン)
```

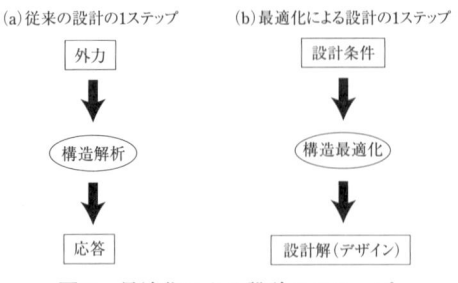

図5 最適化による設計のステップ

化を導入することによって，さらに次のような成果が得られると考えられる．

- 制約条件が適切に与えられれば，最適化を実行することによって，必ず制約条件を満たす解が得られる．また，経験によって得られた解からスタートすれば，少なくとも改悪されることはない．最適化によって解が改善されなくても，経験で得られた解の有効性が確認されたことになるので，最適化の行為が無駄になることはない．

- 超大空間構造や複雑な特殊構造で，熟練した構造設計者でも制約条件を満たす解を見つけるのが困難な場合には，最適化は特に有効であり，通常の設計法では実現困難であった大規模な構造や複雑な形式の構造を実現できる．また，これまでになかったような構造形式を発見することも可能である．

- 構造物のコストや性能に関わる入力パラメータをシステマティックに変更して最適解を求めれば，設計のための費用と構造性能のトレードオフや，構造設計者の意思決定の理由が明確になり，クライアントが要求する性能を実現するための必要コストを明確に説明できるようになる．

2-3 設計における最適化の例

建築のデザインを決定する変数のベクトルを X とする。例えば，トラスの設計では，部材の断面積，節点の位置を表すベクトルなどであり，シェル構造物などの曲面を設計する場合には，ベジェ曲面などのパラメトリック曲面の定義頂点（コントロールポイント）の座標のベクトルである（4章参照）。設計変数ベクトルが動くことのできる領域（定義域あるいは許容領域）を S とする。例えば，節点座標では上限値と下限値で定められる実数の区間である。

設計された建築物の性能を評価するための目的関数を $F(X)$ とする。単純な構造最適化問題では，構造材料のコストが重量に比例するものとして，$F(X)$ には部材重量（体積）の総和を用いることが多い。このような問題を最小重量設計問題という。しかし，より現実的な目的関数として，例えば構造物の供用期間を通してのライフサイクルコストなどを考えることもできる。また，本章2-2で示した室配置最適化問題では，目的関数は室間の距離と交通量の積の総和である。

設計条件を表す N 個の制約条件を $G_i(X) \leq 0 \, (i=1, \cdots, N)$ とする。構造設計問題で，第 i 部材の応力 $\sigma_i(X)$ が上限値 $\bar{\sigma}_i$ 以下となるような制約が与えられた場合には，$G_i(X) = \sigma_i(X) - \bar{\sigma}_i$ である。

以上より，設計における最適化問題は，一般に次のように定式化できる。

$$\text{minimize } F(X) \tag{3a}$$
$$\text{subject to } G_i(X) \leq 0, \, (i=1, \cdots, N) \tag{3b}$$
$$X \in S \tag{3c}$$

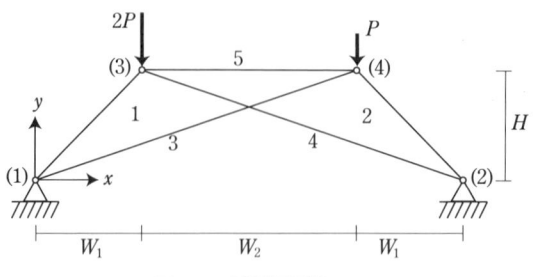

図6 5部材平面トラス

　構造最適化問題において，節点位置や部材断面積が連続変数である場合，すなわち S が実数ベクトルの集合であり，関数 $F(X)$ と $G_i(X)$ がともに連続関数あるとき，問題 (3) は非線形計画問題である。しかし，実際の構造設計では，部材の断面は予め与えられた規格から選択されることが多く，問題 (3) は整数計画問題（**組合せ最適化問題**）となる。さらに，建築計画でも離散変数が用いられることが多く，例えば室の形状を最適化する問題でも，柱の位置は離散的な値に限定される。

　構造最適化問題の例として，図6に示すような5部材平面トラスの設計を考える。ここで，交差する部材3, 4は交点で接続されていない。5つの部材を2つのグループに分け，部材1, 2, 5と部材3, 4はそれぞれ同一の断面積 A_1, A_2 を持つものとする。各グループの部材の長さの和をそれぞれ L_1, L_2 とする。目的関数は，全部材体積 $V = A_1 L_1 + A_2 L_2$ である。

　節点 (3) の y 軸方向変位 U_3 と部材4の応力 σ_4 の絶対値の上限値をそれぞれ $\bar{U}_3$, $\bar{\sigma}_4$ とし，次のような制約を与える。

$$|U_3| \leq \bar{U}_3, \quad |\sigma_4| \leq \bar{\sigma}_4 \tag{4}$$

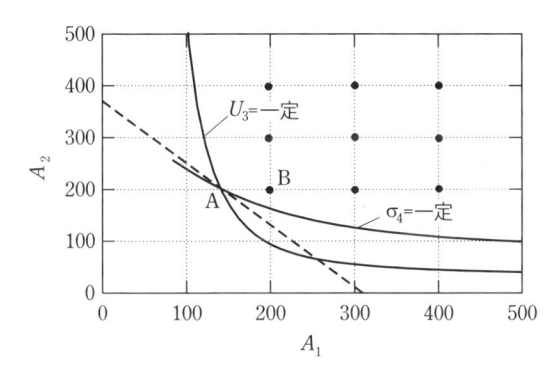

図 7 5部材平面トラスの許容領域と最適解

$W_1 = H = 1000$ mm, $W_2 = 2000$ mm とすると,全部材体積は

$$V = 4828.4\,A_1 + 6324.6\,A_2 \tag{5}$$

となる。また,弾性係数を 200.0 kN/mm^2,外力の単位量を定める P を 10 kN(下向きを正), $\bar{U}_3 = 2.0$ mm, $\bar{\sigma}_4 = 60.0$ N/mm^2 とする。

図 7 に, $|U_3| = \bar{U}_3$, $|\sigma_4| = \bar{\sigma}_4$ の曲線,制約条件を等号で満たすような A_1 と A_2 の関係を示す。これらの曲線の右上側が許容領域である。また,破線は, V が一定となるような A_1 と A_2 の関係を示している。A_1 と A_2 が実数値をとる場合には,破線が2つの曲線の交点を通るとき,目的関数は最小となり,交点 A での断面積 $(A_1, A_2) = (137.81, 198.11)\,(\text{mm}^2)$ が最適解となる。一方, A_1 と A_2 が整数値に限定されるとき,黒丸で示した点が許容解であり,点 B での断面積 $(A_1, A_2) = (200, 200)\,(\text{mm}^2)$ が最適解である。

以上のように,変数が2個の場合には,平面に制約関数と目的関数の等高線をプロットすることにより,最適解を求めることができる。一般に,変数が実数値をとる場合には,さまざまな非線形計画

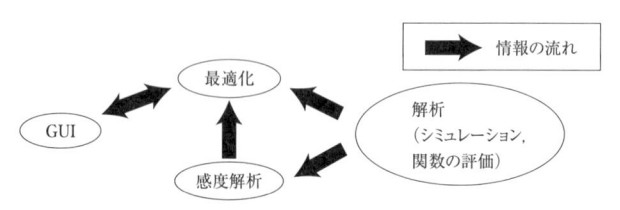

図 8　非線形計画法による最適化の流れ

法のプログラムを用いて最適解を得ることができる[27]。非線形計画法による最適化の流れを図 8 に示す。矢印は情報が流れる方向であり，GUI はデータ入出力のためのグラフィカルユーザーインターフェイスである。また，目的関数や制約関数の設計変数に関する微分係数を求めることを，感度解析という。

2-4　多目的最適化

建築デザインでの意思決定問題では，最大化あるいは最小化しなければならない複数の評価尺度が存在することが多い。例えば，シェル曲面の形状の最適化問題では，外力に対する剛性の最大化に加えて，アーキテクトの希望する形状からの誤差最小化が重要となる[28]。また，施設配置問題では，施設間の距離の総和，利用者数と施設までの距離の総和などの評価尺度が挙げられる。このように，複数の目的関数を持つ最適化問題を，**多目的最適化問題**あるいは多目的計画問題といい，その解法を多目的計画法という[29, 30]。

簡単な例として，2 つの評価尺度 F_1 と F_2 をともに最小化する問題を考える。図 9 のグレーの領域は，制約条件を満たすすべての解（許容解）に対して，F_1 と F_2 の値を計算し，それらのとり得る値の領域を模式的に示したものである。このように，目的関数を軸とし

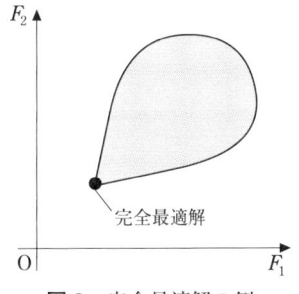

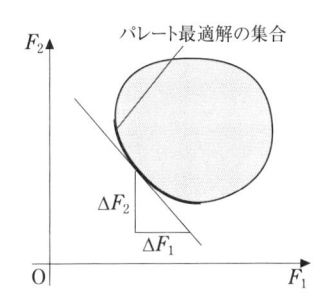

図9　完全最適解の例　　図10　パレート最適解のトレードオフ比

た空間を，目的関数空間という．図9のように，F_1とF_2の両方を同時に最小化するような解（完全最適解）が存在すれば，必然的にその解を選択することになる．しかし，このような状況は稀であり，一般には，F_1とF_2のいずれかを改善すれば，一方は改悪されるような解で満足しなければならない．このような解を**パレート最適解**といい，例えば図10の太線で示したような曲線がパレート最適解の集合である．パレート最適解は，ある意味での合理的な解（妥協解）であり，図10に示す2つの目的関数の改善量と改悪量の比$\Delta F_2/\Delta F_1$を，トレードオフ比という．

多目的最適化問題には多くの解法が存在し，その中での古典的な方法として制約法と重み付き線形和法が挙げられる．図11に示すように，F_2に対して上限値$\bar{F}_2$を与えてF_1を最小化すると，1つのパレート解が得られる（制約法）．あるいは，2つの目的関数を，正の重み係数w_1とw_2を用いて

$$F = w_1 F_1 + w_2 F_2 \tag{6}$$

のように単一目的関数に変換してFを最小化すると，図12に示すように，Fが一定の直線と許容領域の接点としてパレート最適解が

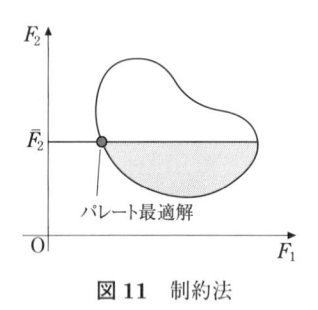

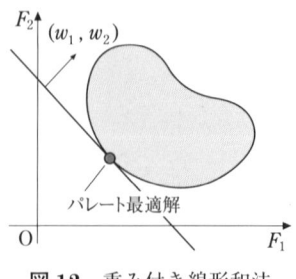

図 11 制約法 　　　図 12 重み付き線形和法

得られる（重み付き線形和法）。

　離散変数を有する問題に対しても，多目的最適化問題を考えることができる．再び図6に示した5部材トラスを用いてパレート最適解の集合を求めてみる．連続変数の例と同様に，5つの部材を2つのグループに分け，部材1, 2, 5と部材3, 4はそれぞれ同一の断面積 A_1, A_2 を持つものとする．他のパラメータも同様である．A_1 と A_2 を離散的な値の集合 $\{100, 200, 300, 400, 500\}$ (mm^2) から選択するものとすると，合計25個の解の組み合わせが考えられる．

　性能指標としては，材料のコストに対応する全部材体積と，柔性の指標でありひずみエネルギーの2倍あるいは外力仕事として定義されるコンプライアンスを考える．25個の解に対して全部材体積とコンプライアンスを計算し，それらを目的関数空間にプロットすると図13のようになる．ここで，黒丸がパレート最適解である．

　パレート最適解は一般に多数存在するため，その中から1つの解を選択するためには，何らかの付加的な基準あるいは情報が必要である．このような情報を選好情報といい，その情報に基づき選ばれた最も望ましいと考えられる解を選好最適解あるいは妥協解と呼ぶ．一般に，選好最適解を選択する手順は，最も望ましい解につい

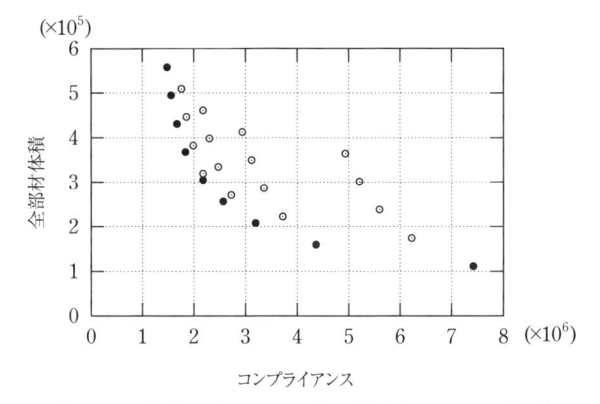

図 13　5 部材平面トラスの許容領域とパレート最適解

ての情報が予め定義でき，それらを事前に利用できる場合（事前情報を用いる場合）と利用できない場合（事前情報を用いない場合）によって，次のように分類できる．

- **事前情報を用いる方法**

　　上記の重み付き線形和法や，同時に実現できない理想的な目的関数値の組み合わせ（理想点）からの誤差を最小化する方法（目標計画法）において，重み係数や理想点を事前情報として固定する場合がこの方法に分類される．この方法は，1 つのパレート最適解が得られれば終了する．

- **事前情報を用いない方法**

　　—パレート最適解を列挙する方法

　　　まず多数（可能ならすべて）のパレート最適解を求め，その中から選好情報にしたがって最も望ましい選好最適解を選択する．

　　—対話的方法

　　　まず仮の選好情報を与え，「事前情報を用いる方法」と同様

にして1つのパレート最適解を求める．その後，重み係数や理想点などの選好情報を単なるパラメータと考えてインタラクティブに変更し，パレート最適解を逐次更新して選好最適解を求める．

建築の設計過程で対象となる意思決定問題では，一般に事前情報を用いて解を限定することは困難なので，事前情報を用いない方法を用いるのが望ましい．また，パレート最適解以外の解を選択する可能性はないと考えると，パレート最適解を列挙する方法は，許容解を限定するための方法と捉えることができる．しかし，多くの評価指標が存在する場合，すべてのパレート最適解を求めるのは極めて困難なので，そのような場合には対話的手法を用いるのが現実的である．

3 曖昧な意思決定の数理

3-1 ファジィ理論の概要

ファジィ理論は，1965年にザデーにより提唱されたファジィ集合に基づく理論であり，人間の主観的な思考や判断の過程をモデル化し，それを定量的に取り扱う表現手段として用いられる[31, 32]。ファジィ集合は，古典的な集合とは異なり，対象とするものがその集合（クラス）に属することがはっきりしない場合に有効な概念である．これまでに，ファジィ集合は人工知能，パタン認識，情報処理，自然言語，意思決定などで重要な役割を果たしている．

通常の集合論では，集合Xの要素（元）をxとするとき，Xの部分集合Aに対して，特性関数$C_A(x)$を以下のように定義する．

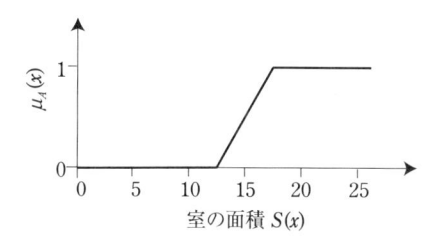

図14 面積が15 m² 以上の室の集合のメンバーシップ関数の例

$$C_A(x) = \begin{cases} 1: & x\text{が}A\text{に含まれるとき} \\ 0: & x\text{が}A\text{に含まれないとき} \end{cases} \tag{7}$$

例えば，室配置問題において，m 個の室の番号（あるいは名称）全体の集合を $X = \{x_1, \cdots, x_m\}$ とし，面積 $S(x_i)$ が15 m² 以上の室の集合を A とすると，室 x_i の面積が8 m² ならば $C_A(x_i) = 0$ であり，18 m² ならば $C_A(x_i) = 1$ である。

一方，ファジィ理論では，特性関数を一般化した**メンバーシップ関数**（帰属度関数）を導入することにより，曖昧に定義されたクラスを定量的に特性づけることができる。すなわち，集合 A への帰属度（属する度合い）を表すメンバーシップ関数 $\mu_A(x)$ は，0以上1以下の実数値をとることができる。例えば，上記の例で，室の面積 $S(x)$ と，面積が15 m² 以上の室を定めるメンバーシップ関数 $\mu_A(x)$ の関係は図14のように定義できる。

集合 A のメンバーシップ関数 $\mu_A(x)$ に対し，0以上1以下の実数 α を用いて，A の α レベル集合 A_α を次式で定義する。

$$A_\alpha = \{x | \mu_A(x) \geq \alpha\}, \ x \in X, \ 0 \leq \alpha \leq 1 \tag{8}$$

このとき，A_α の特性関数は

$$C_{A_\alpha}(x) = \begin{cases} 1: \mu_A(x) \geq \alpha \\ 0: \mu_A(x) < \alpha \end{cases} \quad (9)$$

のようになり，A_α は通常の集合（非ファジィ集合あるいはクリスプ集合）であることが分かる。α レベル集合の定義から次式が成立する。

$$\alpha_1 \leq \alpha_2 \Rightarrow A_{\alpha_1} \supseteq A_{\alpha_2} \quad (10)$$

したがって，ファジィ集合は非ファジィ集合を用いて定義できる。

ファジィ集合の相等，包含関係，補集合，和集合，共通集合は，メンバーシップ関数を用いて次のように定義される。

$$A = B \Leftrightarrow \mu_A(x) = \mu_B(x), \forall x \in X \quad (11a)$$
$$A \subseteq B \Leftrightarrow \mu_A(x) \leq \mu_B(x), \forall x \in X \quad (11b)$$
$$B = \bar{A} \Leftrightarrow \mu_B(x) = 1 - \mu_A(x), \forall x \in X \quad (11c)$$
$$C = A \cup B \Leftrightarrow \mu_C(x) = \mu_A(x) \vee \mu_B(x), \forall x \in X \quad (11d)$$
$$C = A \cap B \Leftrightarrow \mu_C(x) = \mu_A(x) \wedge \mu_B(x), \forall x \in X \quad (11e)$$

ここで，$\forall x \in X$ は X に含まれるすべての x を意味し，

$$x \vee y = \max\{x, y\}, \quad x \wedge y = \min\{x, y\} \quad (12)$$

である。

3-2 ファジィ意思決定

建築の設計で現れる種々の意思決定行為は，目的関数や制約関数が正確に規定されない状況で行われ，それらの関数に不確実なパラメータが含まれることが多い。パラメータの不確実性（変動性）を

考慮するための古典的な手法は，確率論に基づく手法である．しかし，建築設計での意思決定行為では，不確実さを定義するための確率分布を正確に定義することは困難である．このような意思決定は，ファジィ集合の概念に基づくファジィ意思決定によって定式化できる．

意思決定行為での可能な手段の集合をXとし，ファジィ目標を，Xに含まれるファジィ集合Gとして定義する．不確実性を考慮しない意思決定問題のメンバーシップ関数が定式化できると，ファジィ目標Gを特性づけるメンバーシップ関数は，評価関数を0から1の値に正規化することにより得られる．曖昧な制約条件を表すファジィ制約Cも，同様にその満足度を表すファジィ集合として定義する．

例えば，室配置問題で，ファジィ目標Gを，「室xの面積は十分に10 m^{2}より大きい」とし，ファジィ制約Cを，「室xの面積は15 m^{2}の近傍にある」とすると，ファジィ意思決定問題は，GかつCであるような手段xを選択する問題となる．したがって，手段を選択する際のGとCの評価は，共通集合$G \cap C$として定義され，ファジィ決定Dは，ファジィ集合あるいはメンバーシップ関数を用いて次式で求められる．

$$D = G \cap C, \quad \mu_D = \mu_G \wedge \mu_C \tag{13}$$

多目的最適化問題を考えて，n_g個の目標およびn_c個の制約がある場合には，

$$D = G_1 \cap \cdots \cap G_{n_g} \cap C_1 \cap \cdots \cap C_{n_c} \tag{14a}$$

$$\mu_D = \mu_{G_1} \wedge \cdots \wedge \mu_{G_{n_g}} \wedge \mu_{C_1} \wedge \cdots \wedge \mu_{C_{n_c}} \tag{14b}$$

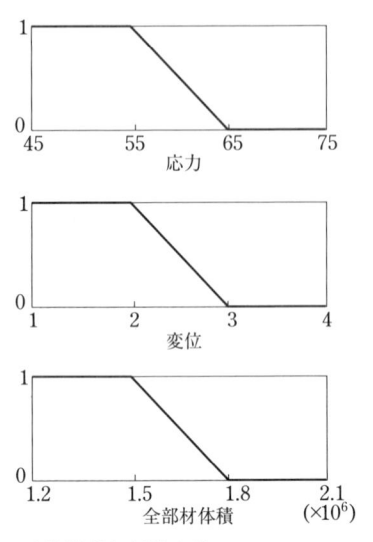

図15 目的関数と制約条件のメンバーシップ関数

となる。さまざまな手段 x の中で μ_D を最大とするような x は,最適な手段であると考えられ,このような手段を最大決定という。各目標および制約の重要度が異なる場合には,次のように重み係数 $p_i(x)$ および $q_j(x)$ を用いて $\mu_D(x)$ を定める。

$$\mu_D(x) = \sum_{i=1}^{n_g} p_i(x)\mu_{G_i}(x) + \sum_{j=1}^{n_c} q_j(x)\mu_{C_j}(x) \tag{15}$$

ここで,

$$\sum_{i=1}^{n_g} p_i(x) + \sum_{j=1}^{n_c} q_j(x) = 1 \tag{16}$$

である。

例として,ふたたび図6の5部材トラスの体積最小化問題を考える。目的関数である全部材体積と,制約条件を定める変位 U_3 と応力 σ_4 の絶対値に対して,図15に示すようなメンバーシップ関数を

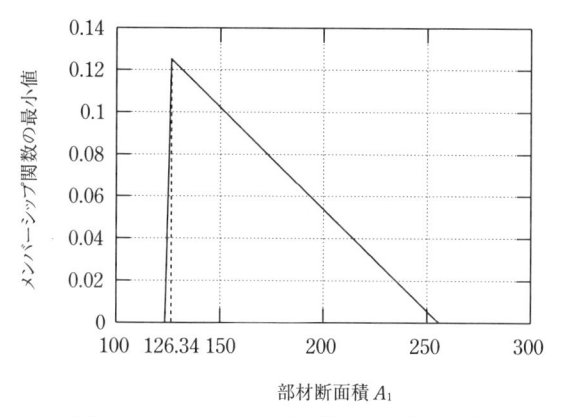

図16 メンバーシップ関数の最小値の分布

定める。例えば A_2 を 200 mm^2 に固定して、A_1 を 100 mm^2 から 300 mm^2 まで変化させ、これらのメンバーシップ関数の最小値の分布を求めると図16のようになる。この結果、$A_1 = 126.34$ (mm^2) において、メンバーシップ関数の最小値は最も大きい値 0.12501 をとる。

4 探索の数理

前述のように、建築の設計行為を、設計者が過去に経験した、あるいは学んだパタンで構成されるデータベースから、最も望ましいものを選択する行為であると考えると、極論すれば、設計行為は探索行為であるといえる。本節では、さまざまな探索方法を紹介する。

4-1　列挙問題の解法

　順列の列挙に代表されるように，ある条件を満たす解を重複なしにすべて列挙するという問題は，数多くの局面で現れる。建築デザインの分野では，評価基準が必ずしもはっきりせず，最適化問題が明確に定義できない場合が多い。このような場合，大域最適解（数理計画問題における目的関数を最適化する解。単に最適解ということが多いが，局所最適解との区別を強調するとき，大域最適解と呼ぶ。）を求めることはできないので，制約条件を満たす解をすべて列挙しておけば，その中から，意思決定者が解を1つに絞り込むことができる。しかし，制約条件を満たす解をすべて列挙することは，それほど簡単ではない。困難点の1つは，重複を避けるという作業である。そのためには，それまでに出力した解をすべて覚えておく必要があり，重複の有無のチェックのための記憶容量，計算量がそれまでに列挙された個数に比例して増加する。もう1つは，汎用的な列挙手法の開発の難しさである。例えば，1，2，3，4の整数で構成されるすべての順列を列挙しなさい，という問題を考えよう。この答えを書くのはそれほど難しくなく，$4! = 24$ 通りの解がある。ところが，1，2，…，n の n 個の数字からなるすべての順列を列挙するアルゴリズムを設計しなさいという問題になると，すぐに設計できる人はほとんどいない。

　しかし，列挙アルゴリズムを構成する基本的考え方は高々3種類ぐらいと，それほど多くない。1つは分割法であり，問題を2つの部分問題に分けた後，各々の問題についてさらに再帰的に分割を繰り返して，条件を満たす解を列挙するという方法である。もう1つの方法は，バックトラック法と呼ばれる方法であり，空集合から出

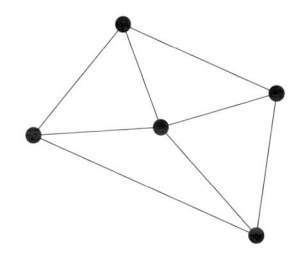

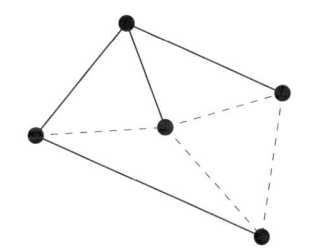

図17　グラフ $G = (V, E)$　　図18　G の全域木の例（実線部分）

発して要素を1つずつ加えていき，再帰的に解を求めていく方法である。3つ目の方法は逆探索法と呼ばれる方法であり，列挙対象の要素間に親子関係という隣接関係を定め，**深さ優先探索**により，列挙を行う方法である。（深さ優先探索とは，木やグラフを探索するためのアルゴリズムである。アルゴリズムは根と呼ばれる点を出発点として，目的のノードが見つかるか子のないノードに行き着くまで，深く伸びていく深索である。「縦型探索」とも呼ばれる。）

(1) 分割手法

列挙問題の例として，図17のような頂点深集合 V，辺集合 E を持つ無向グラフ $G = (V, E)$ の部分グラフの全域木を列挙する問題を考えよう。ここで，「G の部分グラフ T が G の全域木である」とは，図18に示すように，T が連結グラフで G のすべての頂点を含みかつ閉路を持たないということを指す。また，全域木の辺数は V の頂点数を $|V|$ として $|V| - 1$ であることが知られている。

この列挙問題を解くアルゴリズムは，以下のような比較的簡単なアイディアで実現できる。まず，ある辺 $e \in E$ に着目して，列挙問題を，e を含む全域木を列挙する問題と e を含まない全域木を列挙する問題に分割する。簡単な例として，図19のグラフを考える。

第3章 デザインと数理

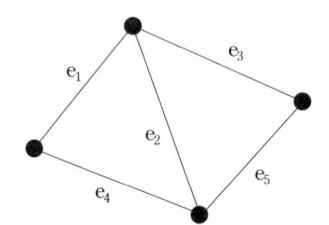

図 19 全域木列挙問題の例題

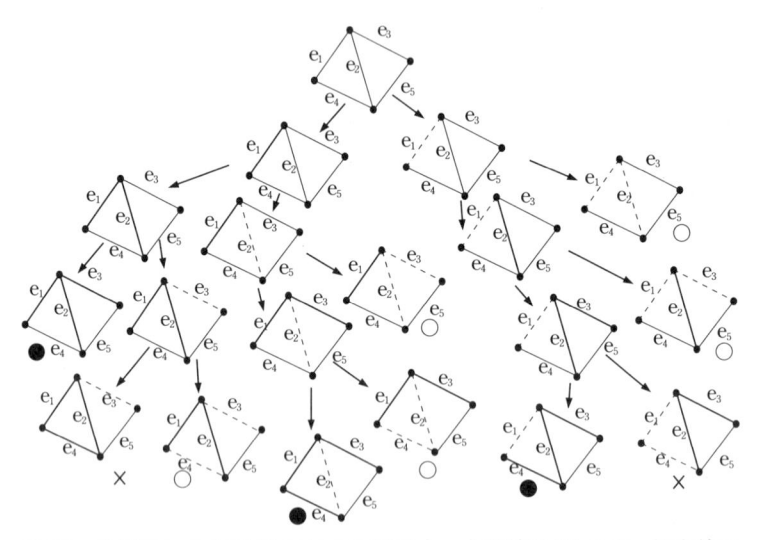

図 20 分割法による図 19 に対する列挙木。太実線は IN の辺，細実線は OUT の辺を表す。葉は終端ノードに対応し，○と●のノードは全域木の生成，×のノードは全域木の非存在を意味する。

辺を e_1, e_2, e_3, e_4, e_5 のように並べておき，この順序に従って問題分割のための辺を選ぶものとする。

問題分割を繰り返し行った結果，その時点で，全域木に含まれるとされる辺集合を IN，含まれないとされる辺集合を OUT とする。図 20 はこの例題に対する列挙木を表している。終端のノードを葉

ノードという．$G = (V, E-OUT)$ が非連結なら，部分問題に全域木はないので，その問題を終端する（図20の右下の×の葉ノード）．$G = (V, IN)$ が閉路を含む場合も，部分問題に全域木はないので，その問題を終端する（図20の左下の×の葉ノード）．また，$G = (V, IN)$ が全域木となっている場合（図20の●）や $G = (V, E-OUT)$ が全域木となっている場合（図20の●と○）は，そこで全域木が得られているので終端する．

(2) バックトラック法

同じ例を用いて，**バックトラック法**の手法について解説する．

まず，集合の要素に添え字を与え，順序を付けておく．空集合から出発し，各反復で要素を1つずつ付け加えていき，再帰的に解を作る．ただし，加える要素は，集合中の最大添え字より大きいもののみで，付け加えたものが解にならないなら，引き返す（バックトラック）．そして，すべての要素を付け加え終えたら，反復終了である．図21は図19に対してバックトラック法を適用した結果を表している．

(3) 逆探索法

一般的な列挙手法として有名な**逆探索法**[33,34]の基本的なアイディアを解説する．いま，列挙対象を S とし，その要素をオブジェクトと呼ぶことにする．前述の全域木の例では，S はすべての全域木を表しており，その中の一つ一つの全域木がオブジェクトである．S の中の特別な1つのオブジェクトを定め，それを根と呼ぶ．根以外のオブジェクトは関数 parent (　) によって親と呼ばれる別のオブジェクトと対応している．したがって，親を次々とたどると

第3章 デザインと数理

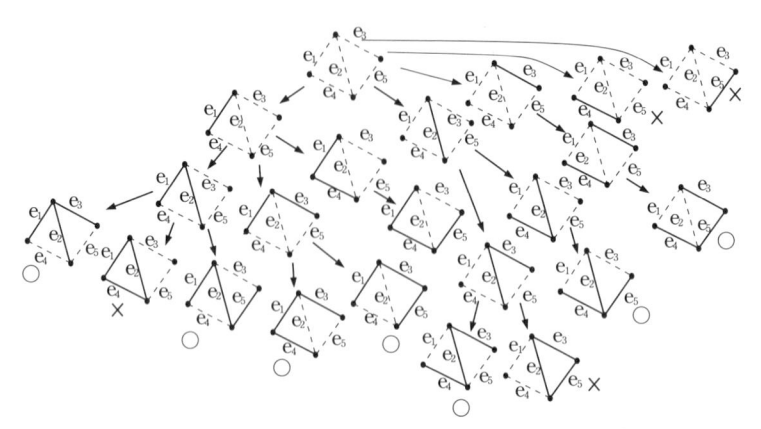

図 21 バックトラック法による図 19 に対する列挙木。太実線は付加された辺を表す。

やがて根に到達する。オブジェクトを 1 つの頂点で, 1 つのオブジェクトからその親のオブジェクトをたどる操作を有向辺で表現すると, 親を根とする内向木になる。これを探索木という。

1, 2, 3, 4 の整数で構成されるすべての順列を列挙する問題を考えよう。根のオブジェクトを 1234 とする。1234 以外のオブジェクトには隣り合う数字で左側の方の数字が大きいペア (逆転と呼ぶ) が存在する。1 つの順列に複数の逆転がある場合 (例えば 4321 は 3 つの逆転がある), 最も左の逆転の数字のペアを入れ替えることによって得られる順列を親と定める。例えば, 4321 の親は 3421 である。このようにして探索木を構築すると, 図 22 のようになる。この探索木の頂点集合であるオブジェクトをすべてたどるには, 根を出発点として, 枝の向きとは逆に親から子へと深さ優先探索と同じ要領でグラフ探索をしていけばよい。そのためには, オブジェクト o が与えられたとき, o の子 o' (つまり $parent(o') = o$ を満たすオブ

4 探索の数理

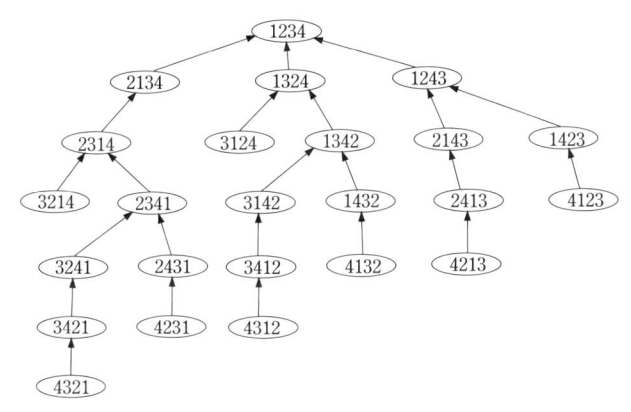

図22 1, 2, 3, 4 の順列全体に対する探索木

ジェクト)を得る手続き(サブルーチン)を用意しておく必要がある。子は1つとは限らないことに注意しておく。多くの場合,その手続きを作るのは難しくない。例えば,順列 2314 では,順列の i 番目の位置と $i+1$ 番目の位置にある数字 ($i=1, 2, 3$) を入れ替えて作られる3個の順列 3214,2134,2341 が子の候補となり,そのうち 2134 の親は 1234 であるため,2134 は 2314 の子とはならない。一方,他の2つは子となることが確かめられる。このようにして子を求めることができる。

　分割法やバックトラック法において例題として用いた全域木列挙問題に対しても,逆探索法が適用できる。全域木を構成する辺集合を添え字の小さい順に並べておき,全域木の大小関係を添え字を小さい順に並べたベクトルの辞書式順序によって定める。まず,各辺の組 e_i, e_j に対して $i<j$ なら $e_i \prec e_j$ と定める。$\prec$ は辺の間の全順序を与える。例えば,図19の例題に対して,$T = \{e_2, e_3, e_4\}$,$T' = \{e_2, e_4, e_5\}$ はすべて全域木を表している。この2つの全域木 T, T' の

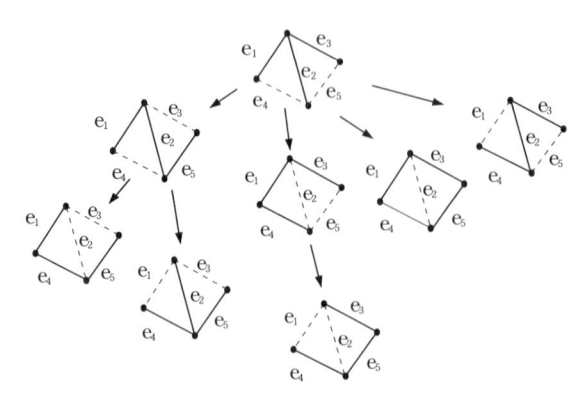

図 23　逆探索法による図 19 に対する列挙木

間の順序 (辞書式順序) は次のようにして定める．まず，T, T' の先頭の要素を比較する．この場合，ともに e_2 なので，大小関係は定まらない．したがって，2 番目の要素を比較する．T の 2 番目の要素は e_3 で T' の 2 番目の要素は e_4 である．$e_3 \prec e_4$ なので，$T \prec T'$ とする．このように異なる全域木間に対して必ず大小関係が定まる．この順序関係で最小の全域木は $\{e_1, e_2, e_3\}$ である．

全域木には，次のような重要な性質がある．

- 全域木 T と任意の辺 $e \notin T$ に対して，$T' = T - f + e$ が再び全域木となるような $f \in T$ がある．

全域木 T から他の全域木 $T' = T - f + e$ への変換を基本変換という．T から基本変換によって変換される全域木の集合を，T の近傍と呼び，$N(T)$ と表記することにする．$N(T)$ のなかで，上記の順序関係の意味で最小の全域木を $parent(T)$ と表すことにする．上記の $\{e_1, e_2, e_3\}$ のように T がもともと最小の全域木なら $parent(T) = \emptyset$ とする．$parent(T)$ は次のようにして求められる．$e \notin T$ の辺で最小の要素とし，$T + e$ に対して，e を含む閉路のなかで最大の要素を f とすると，

$parent(T) = T + e - f$ である.任意の全域木 T に対して,親を求める操作を繰り返し行うと,最小の全域木(根)が得られる.以上から,順列列挙と同様に,逆探索手法によって全域木を列挙できる.逆探索による列挙木を図23に示す.

4-2 室配置の列挙問題

本章の2-2に示したような室配置問題に逆探索法を適用してみる.簡単のために室の形はいずれも矩形とし,建物の外形も矩形とする.まず,室の機能は無視して,通路の配置は考慮せず,矩形を一定の数の矩形に分割して配置するパタンをすべて列挙する問題を考える.

室数が5の場合でも,十分に複雑で配置パタンも多い.ただし,回転は許さないこととし,縦方向や横方向の拡大・縮小によって得られるパタンもすべて同一とする.室間の隣接関係が同じでかつ隣接している壁の向きも同一ならば同じパタンと考えるが,図24のような2つのプランは同一ではない.この定義のもとで,異なる配置パタンを逆探索法によって列挙する方法を紹介する[35].

いま,図25のような室配置パタンが与えられているとき,左上隅の室の縦方向,もしくは横方向のサイズを徐々に縮めることにより,その室をなくす操作を行う.これにより室の数が1つ少ない室配置パタンが得られる.この操作を逆にたどって子を求める操作を繰り返して,すべての室配置パタンを列挙する.その詳細は省略するが,図26に4室の場合の列挙図を示す.実線は,右の配置パタンの灰色の部屋の下の壁を上に移動してその部屋を消去した結果,左の1部屋少ない配置パタンが得られたということを示している.

第3章 デザインと数理

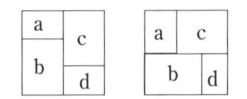

図 24　隣接関係は同じだが異なるフロアプラン

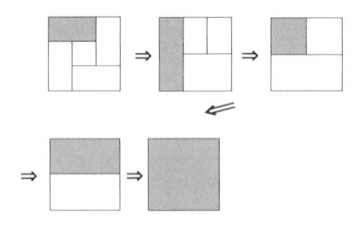

5部屋の室配置から1部屋の配置
パタンを作る手順

図 25　室配置列挙方法の説明図

破線は，灰色の部屋の右の壁を左に移動してその部屋を消去した結果，左の一部屋少ない配置パタンが得られたということを示している。この方法により，4室および3室以下のすべての室配置パタンが得られている。

この手法を用いて作成した2階建ての建物における室配置の例を図 27 に示す[36]。ただし，2階建ての場合，1階と2階を繋ぐ階段室があるため，室を独立に配置することができない。また，各区画にどの機能を持つ室を配置するかという問題もある。さらに，室寸法についても1階と2階を独立に取り扱うことはできない。

4-3　発見的手法による構造最適化

例えば，図 6 に示した 5 部材トラスで，設計変数が $\{100, 200, 300, 400, 500\}$ の整数値をとる場合を考えてみる。このとき，部材

4 探索の数理

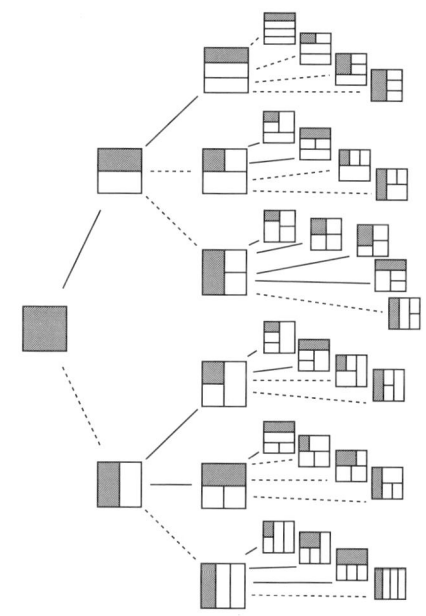

図 26 4室配置の列挙図

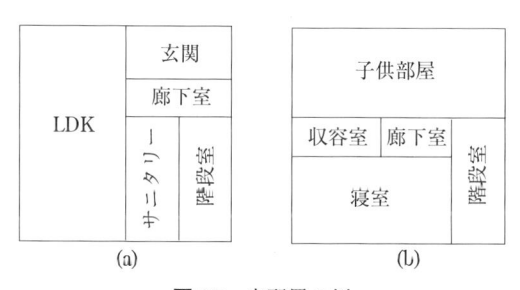

図 27 室配置の例

123

断面積の組み合わせは，図7のグリッド上の5×5＝25個あり，それらのすべての解に対して目的関数と制約関数を計算し，制約を満たして目的関数が最も小さいような解を選択すると，大域最適解が得られる。しかし，このような方法は，設計変数が多くなると破綻するであろうことは容易に理解できる。例えば10個の変数があり，それぞれが5種類の値をとり得るものとすると，組み合わせの数は$5^{10}=9,765,625$であり，1つの解での目的関数と制約関数の評価に要する計算時間が0.01秒だとしても，それらのすべてを列挙するためには27時間を要する。

このように，組合せ最適化問題の多くは，解を得るための計算量が変数の数の増加に伴って指数関数的に増加するため，変数が少ない場合には解くことができても，現実的なサイズの問題を現実的な計算時間で解くことは困難である。

ところで，建築の設計問題では，厳密解（大域最適解）が得られなくても，近似最適解が得られれば十分である場合が多い。一般にヒューリスティクス，あるいは**発見的手法**[37-42]といわれる手法を用いると，厳密解が得られるとは限らないが，十分な精度での近似最適解を現実的な計算時間で得ることができる。発見的手法の代表例は遺伝的アルゴリズムである[43-45]。しかし，一般に遺伝的アルゴリズムは多数回の関数評価を必要とするため，関数評価のために多くの計算量を必要とする構造設計問題には適さない。したがって，単一の解を保持して探索する単点探索型ヒューリスティクスが有効である。

単点探索型ヒューリスティクスの基本は，近傍探索である。例えば，図6の5部材トラスの構造設計問題で，断面積が整数変数をとるとき，1つの変数を1だけ増加あるいは減少させて解を探索する

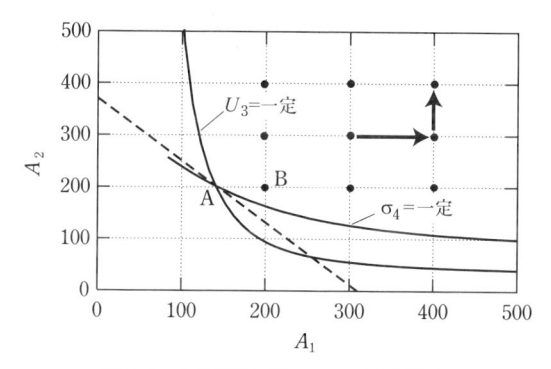

図 28　5 部材平面トラスの近傍探索

ことが近傍探索である．以下では，簡単のため単位を省略する．こ
こで，整数値 1, 2, 3, 4, 5 が，それぞれ断面積 100, 200, 300,
400, 500 に対応するものとする．図 28 は，1 つの設計解 (A_1, A_2)
$=(300, 300)$ から出発して，$(400, 300)$, $(400, 400)$ へと探索し
ていく過程を示している．あるいは，図 4 に示した室配置問題では，
配置 (E, A, F, D, B, C) から，1 つのペアの室を入れ替えて，(E,
A, B, D, F, C) あるいは (D, A, F, E, B, C) に変更すること
が近傍探索である．

　近傍探索に基づく方法のなかで，最も単純な方法は，ランダム探
索である．すなわち，増加あるいは減少させる変数や，値を入れ替
える変数のペアをランダムに決定する．しかし，単にランダムに解
を探索すると，最適解が得られる方向へ探索することができなかっ
たり，同一の解を何度も探索してしまったりすることも考えられ
る．前者の問題点を解決する方法として，疑似焼きなまし法が挙げ
られる．疑似焼きなまし法では解を改悪する方向へ進む確率を探索
が進むにしたがって減少させ，最終的に最適解の近傍を効率よく探

索する。また，後者の問題点を解決する方法には，タブー探索法があり，これは一度探索した解をタブーリストに保存することで同じ解を繰り返し探索することを防ぎ，最適解への到達を助ける。

さらに，ランダム性のない方法として，貪欲法が挙げられる。最小化問題に対する貪欲法では，制約条件を満たさず最も目的関数の小さい解から出発して，最も効率よく目的関数と制約関数を改善する方向に解を更新する。例えば，5部材トラスの例では，最も目的関数の小さい解は $(A_1, A_2) = (100, 100)$ である。このとき，$U_3 = -3.070$，$\sigma_4 = -103.7$ であり，制約条件 $|U_3| \leq \bar{U}_3 = 2.0$ および $|\sigma_4| \leq \bar{\sigma}_4 = 60.0$ を満たさない。ここで，制約条件が満たされない割合 α を，$|U_3|/\bar{U}_3$ と $|\sigma_4|/\bar{\sigma}_4$ の大きい方の値とし，α が1以下となるまで探索する。初期解では $\alpha = 1.850$ であり，全部材体積 V は 1.115×10^6 である。いま，A_1 と A_2 のいずれかを増加させることを考える。A_1 を200に増加させたときは，$\alpha = 1.317$，$V = 1.598 \times 10^6$ であり，A_2 を200に増加させたときは，$\alpha = 1.109$，$V = 1.748 \times 10^6$ である。したがって，V の増加量に対する α の減少量の比を β とすると，その値は前者では 1.104×10^{-6} 後者では 1.171×10^{-6} なので，前者のほうが効率が良く，解 $(A_1, A_2) = (200, 100)$ を採用する。しかし，この解でも $\alpha > 1$ なので，A_1 あるいは A_2 をさらに増加させることを考える。$(A_1, A_2) = (300, 100)$ と $(A_1, A_2) = (200, 200)$ での変位と応力を計算すると，前者では制約条件を満たさず，後者では満たすので，前者を採用してそれを近似最適解とする。このような方法を貪欲法といい，この問題では貪欲法によって最適解が得られた。

5 データマイニングによる探索

5-1 データマイニングの概要

　建築の設計行為を，設計者が過去に経験した，あるいは学んだパタンで構成されるデータベースから，最も望ましいものを選択する行為であると考えると，データベースから必要なデータあるいは知識を抽出する手法を効果的に用いることができる。

　情報通信技術の急速な発展に伴って，さまざまなデータを半自動的に容易に収集・蓄積できるようになってきた。その背景の下で，1990年代半ば以降，大量のデータを分析するための技術として注目を集めているのが**データマイニング**である[46-48]。

　データマイニングは，広義には「データベースからの知識発見 (Knowledge Discovery in Databases: KDD)」，すなわち「データに含まれる，正確・斬新で，潜在的に有用で，かつ理解しやすいパタンを見出す過程」を意味する。あるいは，「「データベースからの知識発見」を構成するプロセスのうち，計算効率（時間）として許容できる範囲で動作するデータ分析・知識発見アルゴリズムを用いて，データに含まれているパタンを抽出するプロセス」を指す。広義のデータマイニング（データベースからの知識発見）の一般的プロセスは，図29のように6つのステップからなる。この各ステップの詳細は以下の通りである。

1. **問題の認識**：データマイニングの最初のステップは，問題を明確化することである。現実のデータマイニングに関するプロジェクトでは，扱う問題が所与であることは稀である。また，問題が与えられていたとしても，事前分析を十分に行い，基礎

問題の認識 → データの獲得・選択 → データの前処理 → データの変換 → データマイニング → 解釈・評価

図 29 データベースからの知識発見プロセス

知識の獲得を通して，曖昧な問題や所与の問題を具体的に解決すべき課題へと変えることができる。

2. **データの獲得・選択**：ステップ1で認識された課題に基づき，利用できるデータを把握し，それらに含まれるデータ項目の詳細を調査する。

3. **データの前処理**：ステップ2で獲得した生データから，データマイニングで要求されるデータセットへと加工する過程を前処理と呼ぶ。その多くが，欠損値や異常値などを適切に処理することに費やされるため，データクリーニングと捉えることもできる。また，前処理にはデータ形式の統一・整形なども含まれる。

4. **データの変換**：データマイニングのアルゴリズムを適用できるような形式にデータ変換を行う。これには，膨大な数の属性から重要な属性を絞り込む作業（属性選択）や，元データから新しい属性を生成する作業が含まれる。また，適用するアルゴリズムに応じて，利用する属性を離散化・正規化することもある。

5. **データマイニング**：ステップ4までに準備されたデータに対して，適切なデータマイニングアルゴリズムを適用し，予測モデルを構築したり，興味深いパタンの発見を試みる。

6. **解釈・評価**：抽出されたルールは，実際にそれらを利用する専門家によって解釈・評価を受ける必要がある。専門家は，有

用性，新規性，応用可能性などの観点から抽出されたルールを評価することで，新しい知見を獲得する。したがって，抽出されたルールの解釈可能性を向上させるために，データやルールの可視化ツールが重要な役割を担う。

このような知識発見プロセスは，直線的に進むことはほとんどなく，試行錯誤を重ねながら進められる。

以下の5-2から5-6では代表的なデータマイニング手法を解説し，5-7から5-9では具体的な適用例を紹介する。

5-2 データマイニング手法

データマイニングでは，大量のデータを扱うことが多いため，大量のデータから効率良くパタンやルールを抽出することができるアルゴリズムが開発，利用されている。また，データマイニングでは，最終的に抽出されたパタンやルールが分析者にとって理解できるものであることが重要である。データマイニングにより抽出したい知識のタイプをタスクと呼ぶ。代表的なタスクとその抽出のために適用される手法をまとめると以下のようになる。

- **頻出パタン分析**：データ集合の中から，高頻度で発生する特徴的なパタンを見つける。たとえば，「スーパーマーケットでパンを買う人は同時に牛乳を買うことが多い」，「商品Aの購入者は圧倒的に20台の女性である」などである。頻出パタン分析手法としては，**相関ルール**(association rule)と**顕在パタン**(emerging pattern)が代表的である。建築・都市計画分野での利用例としては，犯罪多発地区の空間構成パタンの抽出，マンションの室配置（後で詳しく紹介する）などがある。

- **クラスター分析**：データの集合を類似性が高いクラスタと呼ぶグループに分ける。k-means 手法，階層的クラスタリング手法が代表的である。
- **クラス判別**：与えられたデータに対応するカテゴリを予測する。代表的な手法として，決定木，ニューラルネットワークがある。建築・都市計画分野での利用例では，人の空間の利用方法の分析，土地利用の推定，音響障害（エコー）の発生予測がある。
- **数値予測**：与えられたデータに対応する実数値を予測する。代表的な手法としては，回帰分析，ニューラルネットワークがある。建築・都市計画分野での応用例としては，不動産の賃料の推定，地価の推定，簡易積算，構造物の強度や劣化の推定などがある。

これらの手法の中から，特に頻出パタン分析の代表的手法である相関ルールと顕在パタン，クラス判別の代表的手法である決定木について，以下で説明する。他の手法については，例えば文献 [49] を参照されたい。

5-3 相関ルール

表1は，スーパーマーケットにおける商品購入データを示している。各行は1人の顧客が1回に購入した複数の商品である。1行はレシート1枚に対応しており，この購入単位のことを特にトランザクション（transaction）と呼び，各商品をアイテムと呼ぶ。表1のTIDはトランザクション番号である。このようなデータから，同時に購入される傾向が強い商品や，そのような商品間の関係を表した

表1 商品購入データベース (D)

TID	購入商品
1	豆腐, 生姜, 納豆, 牛乳
2	豚肉, そう麺, 牛乳
3	豆腐, 生姜, 豚肉, 牛乳
4	生姜, 豚肉, 牛乳
5	豆腐, 生姜, 豚肉, そう麺

ルールを**相関ルール**という．表1には，6つの商品（豆腐，生姜，納豆，牛乳，豚肉，そう麺）が現れているが，全くでたらめに購入されているわけではない．例えば，豆腐を購入していれば必ず生姜も購入される．しかし，逆は真ではなく，生姜を購入するからといって必ず豆腐を購入するとは限らない．

相関ルール分析では，大量データから商品の関連性についての興味深いルールを漏れなく列挙する．アイテム集合 X, Y に対して，相関ルールとして $X \Rightarrow Y$ を考える．例えば，$X = \{豆腐, 生姜\}$，$Y = \{豚肉\}$ とすると，豆腐と生姜を買う人はどのくらい豚肉を買うのであろうかという相関関係を考えることになる．このように，要素間の相関関係を調べることが相関ルール分析の主題である．ルールの興味深さについての定義は色々あるが，最も代表的なものは，**支持度**と**確信度**である．

支持度とは，データベースの全トランザクション数 $|D|$ に対する，アイテム集合 $X \cup Y$ を含むトランザクション数の割合のことで，式(17)で与えられる．

$$support(X \Rightarrow Y) = \frac{count(X \cup Y)}{|D|} \tag{17}$$

ここで，$count(X)$ とは，データベース D においてアイテム集合 X

を含むトランザクションの数を表している．支持度は，ルールに含まれる全アイテムが同時に**出現**する確率（共起確率）を意味する．表1における相関ルール {豆腐, 生姜} ⇒ {豚肉} の支持度 (sup({豆腐, 生姜} ⇒ {豚肉}) と記す) は以下の通り計算される．

$$sup(\{豆腐, 生姜\} \Rightarrow \{豚肉\}) = \frac{count(\{豆腐, 生姜, 豚肉\})}{|D|} = \frac{2}{5} = 0.4 \tag{18}$$

このように，同じアイテム集合が多くのトランザクションに出現すれば，それらのアイテム集合の間の関連性が強いとするのが支持度の考え方である．

相関ルールの確信度とは，条件部 X のアイテム集合を含むトランザクション数に対する $X \cup Y$ を含むトランザクション数の割合のことで，次式で与えられる．

$$conf(X \Rightarrow Y) = \frac{count(X \cup Y)}{count(X)} \tag{19}$$

これは，条件部のアイテムの出現を条件としたときの，結論部のアイテムが出現する条件付確率を意味する．表1における相関ルール {豆腐, 生姜} ⇒ {豚肉} の確信度 ($conf$({豆腐, 生姜} ⇒ {豚肉})) は以下の通り計算される．

$$conf(\{豆腐, 生姜\} \Rightarrow \{豚肉\}) = \frac{count(\{豆腐, 生姜, 豚肉\})}{count(\{豆腐, 生姜, 豚肉\})} = \frac{2}{3} = 0.667 \tag{20}$$

相関ルール分析の目的は，最小支持度（$minsup$）および最小確信度（$minconf$）を指定し，次式の条件を満たす相関ルール $X \Rightarrow Y$ をす

べて列挙することにある。

$$\begin{cases} sup(X \Rightarrow Y) \geq minsup \\ conf(X \Rightarrow Y) \geq minconf \end{cases} \tag{21}$$

5-4　顕在パタン

例えば，映画は男女によって人気の差が大きいと考えられる。映画データベースから得られた頻出パタンについて，データベースを男女別に分けて考えると，列挙されるパタンに差が出てくるであろうか？　逆に，どのようなルールが男性（もしくは女性）に特徴的であろうか？　このような問題を扱うのが顕在パタン列挙問題である[50]。顕在パタン（emerging pattern）とは，あるクラスに多頻度で，その他のクラスでは多頻度ではないようなアイテム集合（以下「パタン」と呼ぶ）のことである。

いま，異なる2つのクラスに属するデータベース D_1, D_2 について考える。D におけるあるパタン e の支持度を $sup_D(e)$ で表すと，パタン e の D_2 に対する D_1 の増加率（growth rate）$GR_{D_1}(e)$ は次式で定義される。

$$GR_{D_1}(e) = \begin{cases} \dfrac{sup_{D_1}(e)}{sup_{D_2}(e)}, & sup_{D_2}(e) \neq 0 \\ \infty, & sup_{D_2}(e) = 0 \end{cases} \tag{22}$$

表2を用いて増加率について調べてみる。この表は映画データベースを性別によって分割した2つのデータベース D_1（男性）と D_2（女性）を例示しているものとする。アイテム集合 $e_1 = \{A, D\}$ およ

表2 男女別鑑賞映画タイトルデータベース例

男性 (D_1)		女性 (D_2)	
TID	映画タイトル	TID	映画タイトル
1	A, B, D	1	C, D, E
2	A, D, E	2	C, E
3	C, E	3	A, D, E
4	A, D		

び $e_2 = \{C, E\}$ の D_1 および D_2 についての増加率は

$$GR_{D_1}(e_1) = \frac{sup_{D_1}(\{A, D\})}{sup_{D_2}(\{A, D\})} = \frac{3/4}{1/3} = 2.25 \qquad (23a)$$

$$GR_{D_2}(e_2) = \frac{sup_{D_2}(\{C, E\})}{sup_{D_1}(\{C, E\})} = \frac{2/3}{1/4} = 2.67 \qquad (23b)$$

のようになる。アイテム集合 e_1 は女性より男性に 2.25 倍出現しやすいパタンであり，e_2 は女性に 2.67 倍出現しやすいパタンであるといえる。

異なるクラスに属するデータベース D_1, D_2 が与えられたとき，ユーザーにより指定された最小支持度 σ および最小増加率 ρ について，$sup_{D_1}(e) \geq \sigma$ かつ $GR_{D_1}(e) \geq \rho$ を満たすパタン e を，クラス1の顕在パタンと呼ぶ。

5-5 クラス判別

分類（判別）とは，対象とする事物を，その性質に基づいて予め定められたカテゴリに割り当てることを意味する。例えば，スパムメールの判定がある。データマイニングでは，膨大なデータから分類規則を自動的に導出し，それらの規則を分類モデルとして利用す

表3 クラス数が2の分類表 (confusion matrix)

		予測されたクラス	
		positive	negative
実際の クラス	positive	TP	FN
	negative	FP	TN

る。

いま，分類対象となる事物の属性（説明属性）を $a_1, a_2, \cdots, a_m$ とする。これらの属性を横に並べたベクトルを説明属性ベクトルと呼び，$(a_1, a_2, \cdots, a_m)$ と表記する。目的属性とは分類対象となる属性（カテゴリ属性）である。訓練データ D とは，分類モデルの構築のために利用されるデータのことで，一般的に $D=\{(x_1, c_1), (x_2, c_2), \cdots, (x_n, c_n)\}$ とする。分類モデルの評価のために利用される目的属性が不明な（隠された）データのことを，未知データという。分類モデル f とは，訓練データ D をもとに学習して構築されたルール（規則）のことで，ある属性ベクトル x が与えられると，目的属性の値 $c=f(x)$ を返すものである。

分類モデルの評価尺度は，表3に示す**分類表**（confusion matrix）と呼ばれる集計表から計算される。分類表では，モデルによって正しく分類された場合の数と誤って分類された場合の数が示されている。表3は positive（陽性）と negative（陰性）の2つの値をとるクラスの分類モデルについての分類表を示している（クラス数が3以上のケースにも容易に拡張できる）。各セルに示された *TP, FP, FN, TN* の意味は以下に示す通りである。

- *TP* (*true positive*：真陽性)：モデルは positive（陽性）と分類し，その結果は正しかった（真，すなわち実際も positive であった）場

合の数

- *FP* (*false positive*：偽陽性)：モデルは positive（陽性）と分類したが，その判定は誤っていた（偽，すなわち実際は negative であった）場合の数
- *FN* (*false negative*：偽陰性)：モデルは negative（陰性）と分類したが，その判定は誤っていた（偽，すなわち実際は positive であった）場合の数
- *TN* (*true negative*：真陰性)：モデルは negative（陰性）と分類し，その判定も正しかった（真，すなわち実際も negative であった）場合の数

この分類表をもとにして，分類性能を評価するいくつかの尺度を以下に示す．正答率（accuracy）は，全テストデータのうち分類モデルが正答（*TP* および *TN*）した割合で，逆に誤答（*FP* および *FN*）した割合が誤答率（error rate）である．それぞれの指標は

$$正答率 = \frac{TP+TN}{TP+FN+FP+TN} \tag{24a}$$

$$誤答率(=1-正答率) = \frac{FP+FN}{TP+FN+FP+TN} \tag{24b}$$

で定義される．

正答率は，各クラスに含まれるデータ数に偏りがある場合はさほど参考にはならない．例えば，positive と negative のデータ数の比が 1：9 であった場合，常に negative と分類するモデルであっても 0.9 の正答率を達成してしまう．また，positive を negative と誤分類するコストが高い場合（例えば，重篤な疾患に罹っているのに正常と誤分類する場合）は正答率でモデルの良さを評価することは適切ではない．

5-6 決定木

決定木(decision tree)とは，複数の分類ルールを木構造で表現した分類モデルである。決定木による分類モデルについての直感的理解を得るために，図30に示されている，京都市西部の3K, 3DK, 3LDKの賃貸マンション(2006年10月から11月にかけてリクルート社のCHINTAI NETに掲載されたデータ996件)の月額賃料に関する決定木について検討してみる。

用いた説明属性は，築年，駅までの徒歩による時間(分)(「駅まで」)，専有面積(「面積」)の3種類であり，目的変数は月額賃料である。ここでは，賃料に基づいて，996件のデータを件数が均等になるように3種類に分割し，それを目的属性のラベルとする。具体的には賃料が85500円以上，74500円以上85500円未満，74500円未満によって，「高」，「中」，「低」のラベルを設ける。説明属性が円の節点で示され，説明属性についての分岐基準が辺のラベルに示されている。根節点では，築年が15年以上であれば右の辺に，15年未満であれば左の辺に分岐する。そして，四角で示された葉節点に目的変数の分類結果(クラスのラベル)が示されている。根節点から葉節点までのパスが1つのルールに対応している。これは，葉節点以外の節点を条件部，葉節点を結論部としたif-thenルールと解釈できる。例えば，根節点の「築年」から右へ分岐していくパスは「if 築年≥15, 面積＜65.1 and 駅まで≥19 then 低」というルールを表している。葉節点に示された2つの数字は，このルールを満たすデータの件数および誤分類の件数(その葉節点に付されたクラスラベルと異なる件数)である。例えば，右端の葉節点のクラスラベルは"低"で，このルールを満たすデータ件数は92件，誤分類の件数は

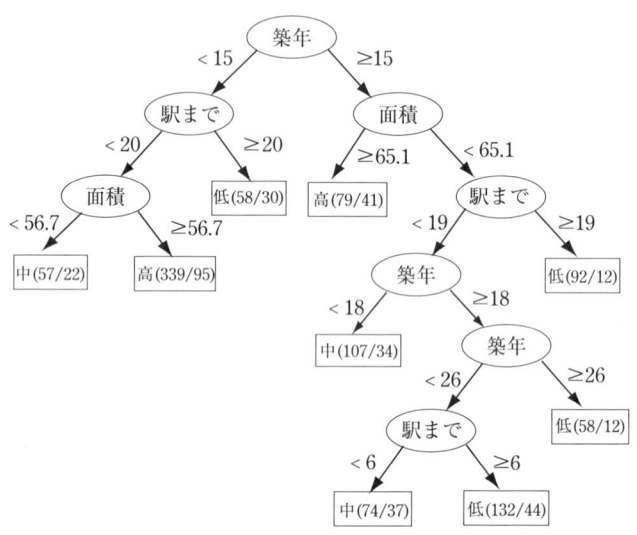

図30 賃貸マンション賃料の決定木分類モデル

12件である。

この決定木から，いくつかのことが読み取れる。「築後15年以上経過すると，駅に非常に近くない限り賃料は低い」，「駅まで20分以上かかる物件の賃料は低い」，「駅に近くて面積も大きければ賃料は高い」などである。いずれも常識的なものばかりで新しい発見とはいえないが，定量的な裏付けを得ることができた。しかし，誤分類されている物件もかなり多い。その大きな理由は，賃料が最寄り駅によってかなり差があることであり，最寄り駅を限定すると，築年，駅までの時間，面積が賃料を決める大きな要因であるのは間違いない。

最適な決定木を構築するためには，次の2つの点を考慮する必要がある。1つは節点に割り付ける説明属性の選択および分岐ルールのしきい値の決定方法である。一般に，説明属性や分岐ルールの組

み合わせ数は膨大となり，その中から最適な決定木を求める問題は計算効率上困難であるので，多くの場合，ヒューリスティックな手法でしきい値が決定される。もう1つは，過剰適合の問題である。過剰適合とは，訓練データに過度に適合した分類モデルが構築され，目的属性のラベルが未知のデータに対して，分類性能が劣化する現象を指す。一般に，過剰適合を回避することと訓練データに対する精度を上げることとはトレードオフの関係にある。過剰適合に対する具体的な対策については文献[49]などを参照されたい。

5-7　データマイニング手法の適用例

賃貸マンションの室配置（間取り）の賃料への影響について，**グラフマイニング**（化合物，企業間取引関係，人間どうしの交友関係などのグラフ構造を対象とするデータマイニング手法のこと）を用いて分析した研究成果[51]を概説する。住宅を評価する際に，室配置が重要な評価因子であることは明らかであろう。いま，賃貸マンションを対象とし，住宅評価指標として賃料を考えよう。図30の決定木に示されるように，最寄駅までの時間，築年，専有面積が賃料に大きく影響する。これらの指標に加えて，室配置は賃料に影響する主要な因子であるが，数値化するのが難しいので，室配置の賃料に対する影響は定量的に調べられていなかった。

(1) グラフマイニング

まず，平面図から室の隣接関係をグラフを用いて記述し，隣接グラフデータを作成する。グラフは節点集合と辺集合からなり，扱うグラフは，ラベル付き単純無向グラフである。平面図を隣接グラフ

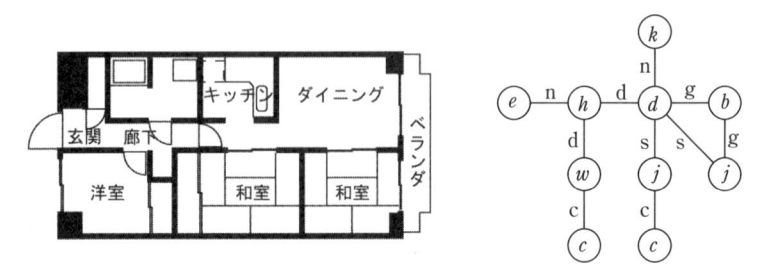

図 31　平面図の隣接グラフ化の例

化した例を図 31 に示す．ここで，節点（ノード）と辺（エッジ）の定義は以下の通りである．

- ⓔ　玄関ノード
- ⓗ　廊下ノード：玄関からダイニングへ至る空間で，居室への入口がある場合が多い．
- ⓓ　ダイニングノード：リビング・ダイニングを合わせた空間とする．
- ⓦ　洋室ノード：居室の洋室を表す．
- ⓙ　和室ノード：居室の和室を表す．
- ⓑ　ベランダノード：ベランダやバルコニーを表現する．
- ⓒ　収納ノード：居室に隣接した押入れ，クローゼット，納戸などの収納を表す．
- ⓚ　キッチンノード：図面上，キッチンがダイニングから壁を隔てて独立している物件にのみ定義する．

室間の接続関係を示すエッジ（辺）を，以下のように，ドア，ふすま，収納，ガラス，なしの 5 つに区別する．

- ⓓ　ドアエッジ
- ⓢ　ふすまエッジ

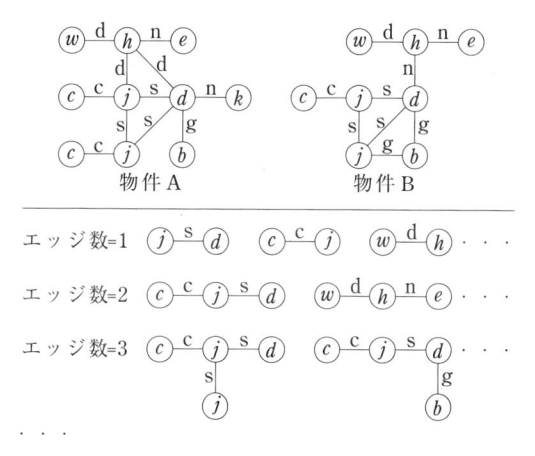

図32 2つの隣接グラフに共通な部分グラフの例

ⓒ 収納エッジ：居室と収納との間の専用エッジである。

ⓖ ガラスエッジ：居室やダイニングとベランダとの間のエッジである。

ⓝ なしエッジ：空間を分ける間にドアもふすまもないエッジ。玄関と廊下，廊下とダイニング，ダイニングとキッチンを繋ぐ場合にみられる。

作成した各物件の隣接グラフデータに共通する部分グラフを，グラフマイニングアルゴリズムを用いて抽出し，抽出された各部分グラフを各物件が含んでいるどうかを 0-1 変数で表現した「部分グラフデータ」を作成する。2つの隣接グラフに共通する部分グラフの例を図32に示す。ここではグラフマイニングアルゴリズムとして，Kuramochi らの FSG[52] を用いた。FSG は，相関ルール分析で用いられる Apriori アルゴリズムの考え方を，グラフ構造の頻出パタン発見問題に導入したアルゴリズムの一つである。

支持度を大きくすると，該当件数が多い一般的な部分グラフが抽出され，小さくするほど特殊な部分グラフが抽出される。室配置の多様性を考慮すると，特殊な部分グラフも考慮した方が良いと考え，頻出部分グラフの最小支持度を 0.5%（996 件のうち 5 件以上該当する部分グラフ）と小さく設定してグラフマイニングを実行した。その結果，合計で 8,556 個の部分グラフが抽出された。抽出された部分グラフの辺数の平均は 6.1 となっていた。

(2) 顕在パタン分析

作成された部分グラフデータに関して，それが賃料に与える影響を大まかに把握する。また，データ収集の過程で，築年数により室配置の傾向が異なっていたことが分かったため，築年数の違いによる部分グラフの相違も併せて分析する。部分グラフの分析のために，顕在パタンを用いる。顕在パタンでは，増加率が大きいほど，そのパタンが該当クラスに特有であると評価する。

ただし，同じ増加率でも，同じ物件内の異なる部分グラフが多数抽出されることがある。そこで，増加率が大きく，同じ増加率を有する複数の重複したパタンの中では辺数が最小の部分グラフを抽出して主要な顕在パタンとする。

以下では賃料と築年数それぞれに関する顕在パタンを説明する。なお，部分グラフの表記は，「FSG によって計算された辺数-部分グラフ内通し番号」とする（例：2-25）。

部分グラフデータに関して，地域ごとの賃料差を考慮して最寄駅ごとに賃料の高低の水準を設定し，この 2 水準にしたがって度数が均等になるように各物件を分類した後，各駅の結果を統合して分析用のデータとする。2 水準で分類した物件クラスは，それぞれの地

区の賃料順位の上位50％または下位50％に対応する。賃料水準の上位／下位50％に特有な部分グラフを，辺数が1ないし2の単純な部分グラフに限定して抽出する。

　賃料水準の上位／下位50％それぞれに関して顕在パタンを求めた。該当物件数は上位50％が490件，下位50％が506件である。なお，部分グラフの一般性を考慮して，各賃料水準に該当する物件数がサンプル物件数のおよそ1％にあたる10件以上であることを条件とし，増加率が高い順にそれぞれ3個の部分グラフをピックアップした。結果を図33，34に示す。例えば，図33左上の部分グラフで，1-22は辺数1の中で22番目の部分グラフであることを，195/76はこの部分グラフのうち195件が賃料上位50％の物件で，76件がそれ以外の物件でみられることを，$gr=2.7$は増加率が2.7であることを示している。

　まず，賃料上位50％における辺数が1の部分グラフで特徴的なのは，独立キッチン(122)，ダイニングがベランダに面する(1-16)，洋室に収納がある(1-12)といったものである。また辺数2の場合は，2つの洋室がベランダに接している(2-71)，独立キッチンを備えたダイニングがベランダに接する(2-66)，独立キッチンを備えたダイニングが洋室に接する(2-57)などである。なお，辺数が増えるとグラフが特化していくので，増加率も大きくなる傾向がある。

　次に，賃料下位50％における顕在パタンのうち，辺数が1の部分グラフで特徴的なのは，ダイニングが廊下と直接繋がっている(1-21)，同様にダイニングがエントランスと直接繋がっている(1-23)，ダイニングと和室がドアで繋がっている(1-0)などである。また辺数が2の場合，ダイニングと廊下が引き戸で仕切られ，ダイニングと和室がドアで仕切られている(2-37)，ダイニングとエント

第3章 デザインと数理

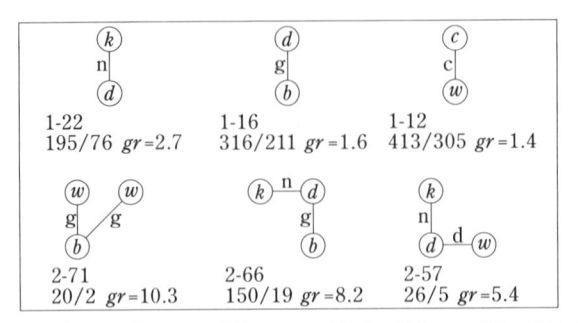

図33 賃料上位50%の顕在パタン（上段：辺数1，下段：辺数2）

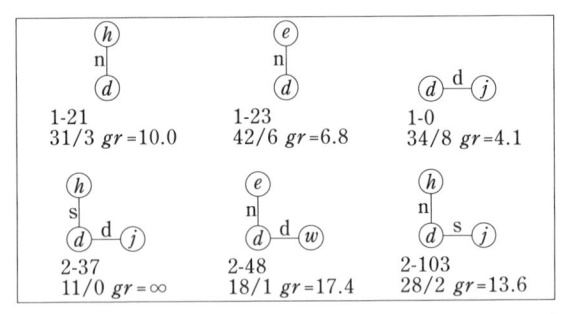

図34 賃料下位50%の顕在パタン（上段：辺数1，下段：辺数2）

ランスが直接繋がり，ダイニングと洋室がドアで仕切られている (2-48)，ダイニングと廊下が直接繋がり，ダイニングと和室がふすまで仕切られている (2-103) などで，いずれも辺数が1の場合で現れた顕在パタンを包含している。また，下位の顕在パタンの方が上位50%の顕在パタンよりも増加率や該当件数が多いが，これは，室配置の悪い評価は良い評価よりも，単純な空間構成で定まりやすいことを示唆している。

文献 [51] では，室配置の部分グラフパタンと，専有面積，駅までの時間，築年などの多くの属性を組み合わせて，賃料を高精度で

推定する回帰モデルを構築している。

5-8 データマイニング手法を用いた構造最適化

データマイニングの構造最適化への適用例を，図35に示すような10部材トラスを用いて説明する。簡単のため単位は省略し，すべての節点にx成分が0.02，y成分が-0.1の荷重が作用するものとする。また，弾性係数は1とする。各部材の断面積は0あるいは1の値をとるものとする。すなわち，断面積が1のとき部材は存在し，0のとき存在しないとし，部材の配置（トポロジー）を最適化する。また，全部材体積とコンプライアンスの2つの目的関数を設定し，これらを最小化する多目的最適化問題を考える。

各部材の断面積が0あるいは1の値をとるので，2^{10}個のトポロジーが存在する。それらをすべて列挙して構造解析を行うと，40個の安定なトラスが存在することが分かった。そこで，安定なトラスの中で，「優良な解」に存在する部材を特定する問題を考える。以下ではフリーのデータマイニングツールであるWEKA Ver. 3.5[53]を用いる。

まず，各解について全部材体積とコンプライアンスを計算し，それらを目的関数空間にプロットする。次に，単純なクラスタリング手法であるk-means手法を用いて，4つのクラスターに分割すると，図36のようになる。ここでは，2つの目的関数ともに小さい値をとることが望ましいので，「＋」で示された17個の解が優良解のクラスターを形成する。

安定な解で構成される集合Dの要素数をdとし，Dに含まれる解の集合をアイテム集合とする。10部材トラスでは，断面積が1

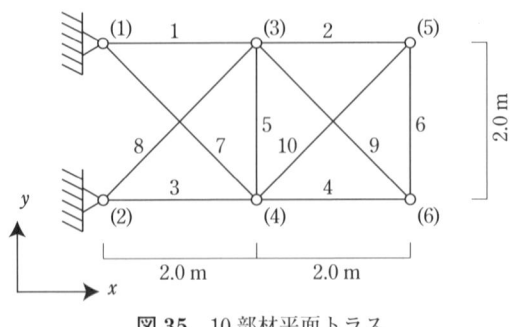

図 35 10 部材平面トラス

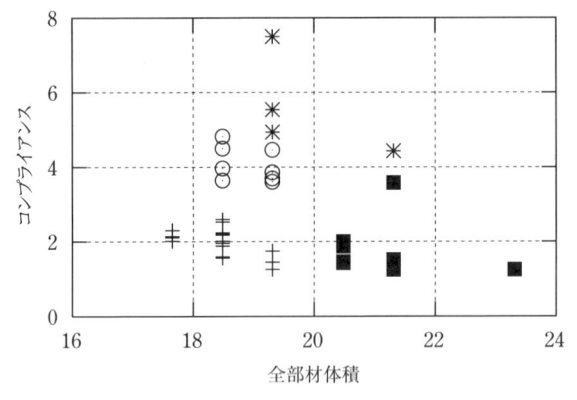

図 36 10 部材平面トラスの目的関数空間でのクラスタリング

である部材の集合として解を定義する．いま，特定のアイテム（部材 i）が存在するアイテム集合 G_i の要素数を g_i とし，$s_i = g_i/d$ とすると，s_i はアイテム（部材 i）集合の支持度である．支持度 s_i が指定値 $minsup = \alpha$ より大きいアイテム集合を頻出アイテム集合とする．

次に，1つの特徴を持つ解の集合（例えば優良解の集合）を Z とする．部材 i が存在する集合 G_i の中で，優良解集合に含まれる要素の集合を H_i とし，その要素数を h_i とする．いま，部材 i が存在す

れば優良解であるというルール $G_i \to Z$ を考えると，このルールの確信度は $c_i = conf(G_i \to Z) = h_i/g_i$ で定義できる．また，支持度は $h_i/d = (h_i/g_i)(g_i/d) = c_i s_i$ である．

10 部材トラスにおいて，安定解の中で部材 i が存在する解の割合 s_i は最小でも 0.75 であり，すべての部材について十分に大きい値である．したがって，ルール $G_i \to Z$ の有効性を確信度で評価する．10 個の部材について，確信度 c_i は，$c_1 = c_3 = 0.515$，$c_2 = c_4 = c_6 = c_9 = c_{10} = 0.412$，$c_5 = c_7 = c_8 = 0.333$ であり，部材 1 あるいは 3 が存在する場合，優良解である可能性が高い．逆に，部材 i が存在しない解の集合を $\bar{G}_i$，優良でない解の集合を $\bar{Z}$ とし，ルール $\bar{G}_i \to \bar{Z}$ を考えると，部材 1 と 3 について，支持度 0.175 に対して確信度 1 が得られる．これらの結果は，力学的感覚に基づく理解と一致している．

参考文献

[1] 日本機械学会編 (1993)『形態とデザイン』培風館.
[2] 山川宏 (1993)『最適化デザイン』培風館.
[3] 三浦大亮，橋本茂司 (1987)『システム分析』(計算機科学 / ソフトウェア技術講座 12) 共立出版.
[4] ピーター・チェックランド (高原康彦，中野文平監訳) (1985)『新しいシステムアプローチ ── システム思考とシステム実践』オーム社.
[5] 星野力 (1993)『はやわかりシステムの世界』共立出版.
[6] 定方希夫 (1991)『システム工学の基礎』東海大学出版会.
[7] 近藤次郎 (1970)『システム工学』丸善.
[8] 渡辺茂，須賀雅夫 (1987)『システム工学とは何か』NHK 出版.
[9] ジェームズ・ランボーほか (羽生田栄一監訳) (1992)『オブジェクト指向方法論 OMT ── モデルと設計』トッパン.
[10] 位寄和久，栗原信一郎 (1991)「AI CAD (技術ノート＝AI の最先端を探る (1))」『建築雑誌』106 (1317): 64-65.

- [11] 茨木俊秀，福島雅夫 (1993)『最適化の手法』共立出版.
- [12] 柏村孝義，白鳥正樹，于強 (1998)『実験計画法による非線形問題の最適化』朝倉書店.
- [13] 福島雅夫 (1996)『数理計画法入門』(システム情報制御ライブラリー) 朝倉書店.
- [14] 大野勝久，田村隆善，伊藤崇博 (2001)『Excel によるシステム最適化』コロナ社.
- [15] 矢部博，八巻直一 (1999)『非線形計画法』朝倉書店.
- [16] 久保幹雄 (2000)『組合せ最適化とアルゴリズム』共立出版.
- [17] 奈良宏一，佐藤泰司 (1996)『システム工学の数理的手法』コロナ社.
- [18] 柳浦睦憲，茨木俊秀 (2001)『組合せ最適化 ── メタ戦略を中心として』朝倉書店.
- [19] 日本建築学会編 (2005)『建築最適化への招待』丸善.
- [20] 加藤直樹，大崎純，谷明勲 (2002)『建築システム論』(造形ライブラリー3) 共立出版.
- [21] 山川宏編 (2003)『最適設計ハンドブック』朝倉書店.
- [22] M. Ohsaki (2010) *Optimization of Finite Dimensional Structures*, CRC Press.
- [23] 日本建築学会 (1998)『構造形態の解析と創生』(応用力学シリーズ 5) 日本建築学会.
- [24] 日本建築学会 (2001)『構造形態創生の理論と応用』(応用力学シリーズ 8) 日本建築学会.
- [25] 大崎純 (2003)「建築形態の数理」『建築雑誌』118 (1507): 30-31.
- [26] 藤井大地 (2002)『パソコンで解く構造デザイン』丸善.
- [27] 大崎純 (2002)「最適化ソフトウェア (建築ソフトのフロンティア第 6 回)」『建築雑誌』117 (1489): 4-5.
- [28] M. Ohsaki, T. Nakamura and Y. Isshiki (1998) "Shape-size optimization of plane trusses with designer's preference" *J. Struct. Eng.*, 124: 1323-1330.
- [29] 坂和正敏 (2000)『離散システムの最適化 ── 一目的から多目的へ』森北出版.
- [30] 中山弘隆，谷野哲三 (1998)『多目的計画法の理論と応用』計測自動制御学会.
- [31] 水本雅晴 (1988)『ファジィ理論とその応用』サイエンス社.
- [32] 日本ファジィ学会編 (1993)『ファジィOR』(講座ファジィ6) 日刊工業新聞社.
- [33] D. Avis and K. Fukuda (1992) "A pivoting algorithm for convex hulls and vertex enumeration of arrangements and polyhedra" *Discrete Comput.*

Geom., 8: 295–313.
[34] D. Avis and K. Fukuda (1996) "Reverse search for enumeration" *Discrete Applied Mathematics*, 65: 21–46.
[35] S. Nakano (2001) "Enumerating floorplans with n rooms" *Proc. ISAAC2001*: 107–115.
[36] 神山直之，瀧澤重志，加藤直樹 (2006)「フロアプラン列挙に基づく2階建て住宅の室配置アルゴリズム」『日本建築学会環境系論文集』601: 65–72.
[37] 日本建築学会編 (1998)『知的システムによる建築・都市の創造』技報堂出版.
[38] 坂和正敏，石井博昭，西崎一郎 (1995)『ソフト最適化』朝倉書店.
[39] 日本建築学会情報システム技術委員会知的システム小委員会編 (2005)『やさしくわかる建築・都市・環境のためのソフトコンピューティング』丸善.
[40] 三井和男，大崎純，大森博司，田川浩，本間俊雄 (2004)『発見的最適化手法による構造のフォルムとシステム』コロナ社.
[41] 日本機械学会編 (1996)『適応化・知能化・最適化法』技報堂出版.
[42] 加藤恭義，光成友孝，築山洋 (1998)『セルオートマトン法』森北出版.
[43] 伊庭斉志 (1994)『遺伝的アルゴリズムの基礎』オーム社.
[44] L. デービス (1990)『遺伝アルゴリズムハンドブック』森北出版.
[45] 北野宏明 (1993)『遺伝的アルゴリズム』産業図書.
[46] 元田浩，津本周作，山口高平，沼尾正行 (情報処理学会編) (2006)『データマイニングの基礎』オーム社.
[47] 福田剛志，森本康彦，徳山豪 (2001)『データマイニング』(データサイエンスシリーズ 3) 共立出版.
[48] 若野洋平，瀧澤重志，加藤直樹 (2006)「民間分譲マンションのモデルルーム来場者アンケートからの購買者の予測と分析」『日本建築学会環境系論文集』606: 81 88.
[49] 加藤直樹，羽室行信，矢田勝俊 (2008)『データマイニングとその応用』朝倉書店
[50] G. Dong and J. Li (1999) "Efficient mining of emerging patterns: Discovering trends and differences" *Proc. 5th ACM SIGKDD Int. Conf. on Knowledge Discovery and Data Mining*: 43–52.
[51] 瀧澤重志，吉田一馬，加藤直樹 (2008)「京都市郊外の3LDKを中心とするマンションの平面計画を考慮した賃貸価格分析」『日本建築学会環境系論文集』73: 139–146.

[52] M. Kuramochi and G. Karypis (2001) "Frequent subgraph discovery" *Proc. of 2001 IEEE Int. Conf. on Data Mining (ICDM)*: 313-320.
[53] I. H. Witten and E. Frank (2000) *WEKA: Machine Learning Algorithms in Java*, Morgan Kaufmann Publishers.

Column 2

最適化による合理性を持つ複雑な形態の生成

　本章の最初に述べたように，建築の設計には，建築計画や施工などのさまざまなプロセスがあり，各プロセスで合理性が要求されるので，シェル構造物などの力学的性能が重要なファクターとなる構造物を除いて，最適化手法の単純な適用によって構造の形態を決定することはできない。しかし，モニュメントは，法律やコストに関する制限が比較的緩いので，意匠デザインと構造合理性のみによって設計することができる。

　建築家の渡辺誠[1]は，形態発生と構造最適化を統合したプログラム「形力-1 (KeiRiki-1)」(構造最適化：大崎純，アプリケーションプログラム：千葉貴史[2])を開発し，九州新幹線・新水俣駅前に，モニュメント「新水俣門」を設計した。「形力」は，単純な構造合理性を持つ複雑な形態を生成するプログラムであり，その後もバージョンアップされ，樹構造のみならず，ラチス構造やシェルの形状生成が可能である。

　シェルや板などの連続体構造の形態を進化的最適化法によって創生する方法も実用化されている。大森博司[3]は，Y. M. Xie[4]らによって導入された ESO (Evolutionary Structural Optimization) 法を改良した拡張 ESO 法を用いて，実施物件に利用する構造の「かたち」を直接生み出した。

| 全景 | 下からの写真 |

新水俣門

Column 2

写真は，芥川プロジェクト（設計：風袋宏幸[5]）と呼ばれるオフィスビルの壁体の進化の過程を示している。

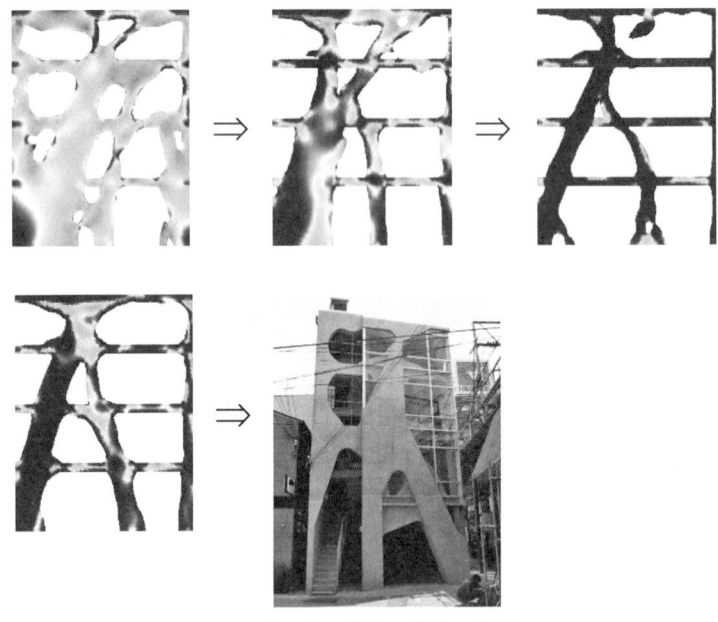

ESO 法による壁体の進化の様子

---

1) 渡辺誠 / アーキテクツ オフィス
2) 建築ピボット
3) 名古屋大学大学院環境学研究科
4) The Royal Melbourne Institute of Technology
5) フータイアーキテクツ

ns 4 章

デザインと論理

1 デザインについて論理的に語ること

　本章では，論理的思考の対象としてデザインについて語るための基本的な方法についてふれる。

　デザインについて語るとき，2種類の対象について並行して語ることになる。1つはデザインによって創出される物事，1つはデザインするということである。前者を**デザインプロダクト**（design product）と呼び，後者を**デザインプロセス**（design process）と呼ぶ。また，デザインするということを問題を解くという知的活動の一種とみなし，デザインによって解かれるべき問題を**デザイン問題**（design problem）あるいは**設計問題**と呼ぶ。「デザイン問題」という術語は，デザインによって除去すべき悪しき個所（いわゆる問題点）を示すものではない。美意識を表現するにふさわしい形態を構想することも快適な居住環境を提供する空間を創ることも一種の問題解決であり，デザインである。

　論理的思考の対象として語るときには，注目する現象や実体や概念を，論理式や数式，図式などの記号システムを用いて表現するこ

とが有用である。このように表現することを**定式化**（formalization）といい，定式化された表現を**形式表現**（formal representation）という。デザインを定式化することによって，デザインに関する議論や思考を形式表現の変形操作として扱うことが可能になる。定式化されない内容的な判断や連想が議論や思考に混入しにくくなり，議論や思考の合理性が担保される。ただし，このことは定式化の強みであると同時に弱点でもある。直観的に重要であると分かっていることも，それを定式化しない限り，合理的な議論や思考から排除されてしまうからである。

1-1 デザインされる物事の表現

物事について語り，その内容やそれに伴う感情などを伝達，思考，記録するために，私たちは**言語**（language）を用いる。建築デザインの対象となる物事について語るときも然りである。デザインに関わる物事をことばで記述したり，デザインにおける思考や操作をことばを介してなしたりする。言語は伝達，思考，記録の媒体となる**記号体系**（symbol system）である。私たちが日常生活において用いる日本語や英語などは自然発生的な言語である。これを自然言語という。これに対して，コンピュータ言語のように最小単位（素）となる記号（語彙）と特定の規則から人工的に作られる言語を**形式言語**（formal language）という。論理や数理の表現に用いる記号体系は形式言語である。また，建物や建築空間の構成，築造方法などを図式的に表現するための記号体系も，例えば，建築要素を示す記号（語彙）を特定の規則に従って配置するようなものは，一種の形式言語であるとみなせる。デザインにことばを用いることによってデザインに

関わる物事を自覚的に扱うことが促される。デザインについて語ることは，デザインにおける操作や思考を認知の対象として扱うということであり，デザインを自覚的に遂行する契機となる。ことばの使用はことばに使用される記号，記号によって意味される物事，および両者の関係を認識していることを前提とするからである。

デザイン操作に用いることばが論理学的なことばであり，その用法が論理学的な用法に基づく場合，部分的にではあるが，デザインにおける思考や判断の合理性が確保される。

論理学の起源は古代インドと古代ギリシャにあるといわれる[1]。西洋論理学における「論理 (logic)」は古代ギリシャ語のロゴスから来たことばである。ロゴスは散在している事実 (事の端) を秩序立てて掬い取りまとめる主たる力である言葉 (言の葉) を意味する。「論理」にはさまざまな意味がある。1つは，「自然の論理」や「建築家某の論理」という用法にみられるように，物事の働き方という意味である。1つは，正しい推論の形式の体系という意味である。論理学は正しい推論の形式を自覚的に整理分類し，そのような形式と規範 (規範的法則) を形式表現の構成規則と変形規則として与える。古代インドの論理学は推論の形式と規範に加えて，存在論，認識論，解脱論も含む。本書では主に古代ギリシャに由来する正しい推論の形式と体系としての論理学を基本としている。

(1) デザインプロダクトの集合

デザインプロダクトを集合を用いて表してみよう。

あるデザインプロダクトを記号 s_0 によって示す。また，デザインプロダクト s_0 とは異なる物事として識別されるデザインプロダクトを，記号 s_1 によって示す。ただし，$s_0 \neq s_1$ である。さらに，デ

ザインプロダクト s_0 とも s_1 とも識別されるデザインプロダクトを記号 s_2 によって示す。このように互いに識別されるデザインプロダクトを列挙し，それぞれを記号 s_0, s_1, s_2, …, s_n によって示す。ここで，n は互いに識別されるデザインプロダクトの数を示している。また，s_0, s_1, s_2, …, s_n の集まりを記号 s によって示す。互いに識別される対象の**集まり**（collection）を，**集合論**（set theory）では，**集合**（set）という。また，集まりを構成する対象を**要素**（element）あるいは**元**（member）と呼ぶ。x が a の要素であることを $x \in a$ と記す。このとき，x は a に**属する**（belong to）という。また，x が a の要素でないことを $x \notin a$ と記す。このとき，x は a に属さないという。

特定の集合を具体的に表す記法の一つにその集合を構成する要素を列挙して括弧 { } でくくるという記法がある。これを**外延的記法**という。デザインプロダクトの集合 s を (1) 式によって示す。ここで，対象 s を集合とみなし，s が集合論の公理を満たす対象であると仮定している。個々のデザインプロダクト ($s_0, s_1, \cdots, s_n$) は集合 s の要素である ($s_i \in s\ (0 \leq i \leq n)$)。

$$s = \{s_0, s_1, \cdots, s_n\} \tag{1}$$

2つの集合が全く同じ要素を持つとき，これらの集合は**等しい**。集合はそれを構成する要素が明示されたときに完全に決定される。集合を構成する要素を列挙する順序は問われない。集合 $\{s_0, s_1, \cdots, s_n\}$ と集合 $\{s_n, \cdots, s_1, s_0\}$ は，どちらも $s_0, s_1, \cdots, s_n$ を要素とし，それ以外の要素を持たないので，等しい。

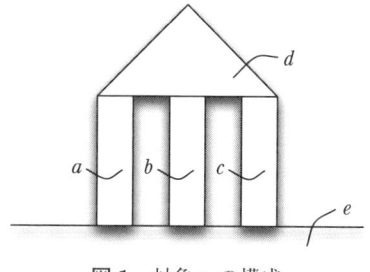

図1 対象 s_0 の構成

(2) デザインプロダクトの構成 —— 構成素の集合

個々のデザインプロダクトを，それを構成する要素（**構成素**）の集合として表現する。図1は構成素 a, b, c, d から成るデザインプロダクト（建物）を表している。対象 e は地面を示す。直観的には，3本の柱（a〜c）と1つの屋根（d）から成る建物が地面（e）の上に建っている状態を示している。簡単のため，この世界で建物を構成できる要素は対象 a, b, c, d に限られ，各構成素の配置は図1にある位置に限られることにする。

図1の建物を s_0 とする。対象 s_0 の構成を，用いられている構成素の集合として表すことにする。外延的記法を用いると s_0 は(2)式のように示される。

$$s_0 = \{\, a, b, c, d \,\} \tag{2}$$

一方，デザインプロダクトに用いることができるすべての構成素 a, b, c, d の集合を u とする。u は(3)式によって示される。

$$u = \{\, a, b, c, d \,\} \tag{3}$$

ここで，構成素の集合 u の要素を用いて s_0 とは異なる対象を作っ

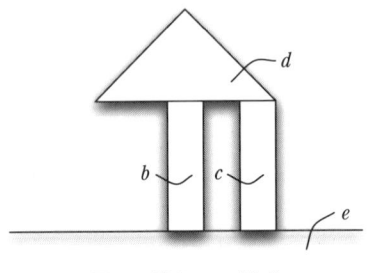

図2　対象 s_1 の構成

てみよう。図2は u の要素 b, c, d を用いて作られる対象である。これを s_1 とする。s_1 は (4) 式のように示される。

$$s_1 = \{b, c, d\} \tag{4}$$

s_0, s_1, u を比較してみよう。対象 a は s_0, u に属するが，s_1 には属さない。また，対象 b, c, d は s_0, s_1, u のいずれにも属する。すなわち，s_1 のすべての要素は集合 u の要素である ((5) 式)。このとき，s_1 は u の**部分集合** (subset) であるといい，$s_1 \subseteq u$ と表記する。同様に，s_0 も u の部分集合である ($s_0 \subseteq u$)。また，要素が空である集合である空集合 ({ } または ϕ によって表す) は任意の集合の部分集合である。集合 u の部分集合のうち u 自身ではない集合を u の**真部分集合** (proper subset) という。s_1 は u の真部分集合である。これを $s_1 \subset u$ と表記する。s_0 は u の部分集合ではあるが真部分集合ではない。

$$\forall x\, (x \in s_1 \Rightarrow x \in u) \tag{5}$$

構成素の集合 u の要素によって特定できるデザインプロダクトは s_0, s_1 の他にもある。u の部分集合はいずれも u に属する構成素

を取捨選択して定められる集合である。すなわち，構成素 a, b, c, d を取捨選択した組み合わせによって定められる対象は u の部分集合によって示される。ある集合の部分集合全体から成る集合を，その集合の**べき集合** (power set) という。(6) 式によって存在するとされる集合 y は集合 x のべき集合であり，$\wp(x)$ と表記される。集合 u に属する構成素を取捨選択して示すことができるデザインプロダクトの記述は u のべき集合 $\wp(x)$ の要素のいずれかである。

$$\forall x \exists y \forall z (z \in y \Leftrightarrow z \subset x) \tag{6}$$

構成素の集合 u のべき集合 $\wp(u)$ は下式である。

$$\begin{aligned}\wp(u) = \{ &\{a,b,c,d\}, \{a,b,c\}, \{b,c,d\}, \{a,c,d\}, \{a,b,d\}, \\ &\{a,d\}, \{b,d\}, \{c,d\}, \{b,c\}, \{a,c\}, \{b,d\}, \\ &\{a\}, \{b\}, \{c\}, \{d\}, \{\ \} \}\end{aligned} \tag{7}$$

$\wp(u)$ は u の要素 a, b, c, d を組み合わせて構成可能なすべての対象の集合を示す。$\wp(u)$ に属する対象のイメージを図3に示す。

集合は集合を構成する要素になり得る。例えば，a が集合であるとき，a は b の要素である ($a \in b$)，あるいは，a は b の要素でない ($a \notin b$) ということができる。この性質を利用してデザインプロダクトの集まりを考えることができる。u に属する構成素を用いて示されるデザインプロダクトのすべての構成の集合を $S=\{s_0, s_1, s_2, s_3, s_4, s_5, s_6, s_7, s_8, s_9, s_{10}, s_{11}, s_{12}, s_{13}, s_{14}, s_{15}\}$ とする。ただし，各対象を $s_0 \sim s_{15}$ とし，$s_0 = \{a,b,c,d\}$, $s_1 = \{b,c,d\}$, $s_2 = \{a,c,d\}$, $s_3 = \{a,b,d\}$, $s_4 = \{a,d\}$, $s_5 = \{b,d\}$, $s_6 = \{c,d\}$, $s_7 = \{d\}$, $s_8 = \{a,b,c\}$, $s_9 = \{b,c\}$, $s_{10} = \{a,c\}$, $s_{11} = \{a,b\}$, $s_{12} = \{a\}$, $s_{13} = \{b\}$, $s_{14} = \{c\}$, $s_{15} = \{\ \}$ とする（図3）。このとき，$s = \wp(u)$ である。

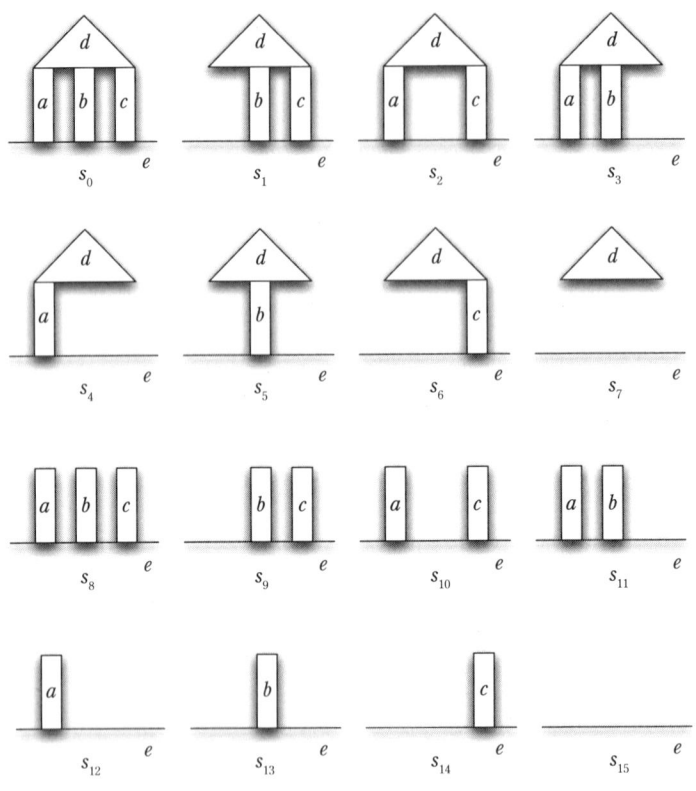

図 3 構成素 a, b, c, d を用いて作られるすべての構成

(3) デザインプロダクトの構成 —— 構成素の関係

建物をそれを構成する建築要素の集合を用いて表すには建築要素どうしの関係も表現する必要がある。しかし，これまで説明してきた構成の表現形式は構成素の間の関係を示していない。ここで，構成素の関係を集合で表現する方法について考えよう。

例えば，「図の手前から見て，柱 a は柱 b の左側にある」ということを表してみよう。集合 { a, b } のように要素 a, b の記述される

位置によってこれを表現することは不適切である。a が b の左側に記されているから良さそうに見えるかもしれないが，$\{a,b\}$ が集合であるならば，$\{a,b\}=\{b,a\}$ であるため，柱 b が柱 a の左側にあるということも同時に表してしまうので都合が悪い。このように，要素を列挙する順序によって建築要素の配置を表現することはできない。

この問題を解決するために**順序対** (ordered pair) を用いる。集合 x, y の順序対とは集合 x, y に対する $\{\{x\},\{x,y\}\}$ なる集合であり，(x,y) と表記される。$x \neq y$ のとき $(x,y) \neq (y,x)$ であるため，要素が記述される位置に意味を持たせることができる。順序対 (x,y) が「x は y の左にある」という関係を示すとき，(y,x) は「y は x の左にある」という関係を示す。

例えば，s_0 において柱の左右の位置関係を考慮すると (8) 式のように表すことができる。

$$s'_0 = (\{a,b,c,d\}, \{(a,b),(b,c),(a,c)\}) \tag{8}$$

ここで，s'_0 は構成素の集合 (s_0) と左右関係を表す順序対の集合との順序対である。s_0 は構成素 a, b, c, d から成り，a は b の左にあり，a は c の左にあり，b は c の左にあるという構成を示している。

順序対は **n 組** (n-tuple) の $n=2$ の場合のものである。n 組とは n 個の対象 x_1, x_2, $\cdots$, x_n の順序づけられた組である。n 組を総称して**タプル** (tuple) と呼び，$(x_1, x_2, \cdots, x_n)$ と表記したり，$\langle x_1, x_2, \cdots, x_n \rangle$ と表記したりする。n 個の対象の関係を表す場合に n 組を用いることができる。例えば，図3の各結構を (v, r_1, r_2) の三つ組 (3-tuple) によって示すことを考えてみよう。ここで，v は構成素の集合，r_1

は左右の位置関係を持つ構成素の順序対の集合，r_2 を上下の位置関係を持つ構成素の順序対の集合とする。ただし，r_1 を構成する順序対 (x, y) は「x は y の左にある」という関係を，r_2 を構成する順序対 (x, y) は「x は y の上にある」という関係を，それぞれ示している。

v は u の部分集合であり $(v \subseteq u)$，r_1 と r_2 は v の直積集合の部分集合である $(r_1, r_2 \subseteq v \times v)$。

s_0（図1）において構成素の左右の位置関係と上下の位置関係を考慮したものを s_0'' とすると (9) 式のような表記によってそのデザインプロダクトの結構を詳述することができる。**結構** (structure) とは，構成素の集合，その特徴の集合，その位置関係の集合，によって示されるデザインプロダクトの構成である。

$$s_0'' = (\{a, b, c, d\}, \{(a, b), (b, c), (a, c)\}, \{(d, a), (d, b), (d, c)\}) \tag{9}$$

この表現形式を用いると，構成素 a, b, c, d の位置を交換して，図3に示しているもの以外の結構も扱えるようになる。例えば，(10) 式の結構 s_{16}'' は図には描かれていない結構（s_0 を左右反転した結構，図4）を示している。

$$s_{16}'' = (\{a, b, c, d\}, \{(c, b), (b, a), (c, a)\}, \{(d, a), (d, b), (d, c)\}) \tag{10}$$

さらに，各構成素の特徴を詳細に扱うことにする。図4の例においては，a, b, c が柱という構成素を，d が屋根という構成素を，それぞれ示している。三つ組 (v, r_1, r_2) を五つ組 (v, p_1, p_2, r_1, r_2) に拡張して，p_1 に属する構成素が柱を，p_2 に属する構成素が屋根を，

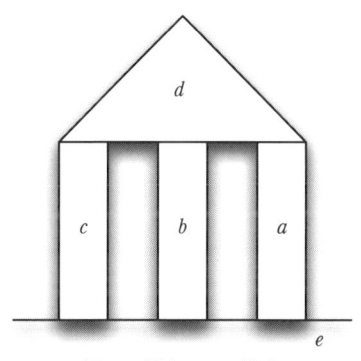

図4　対象 s_{16} の構成

それぞれ示すことにする。ここで, p_1, $p_2 \subseteq u$ である。図3の s_0 は, この五つ組による表現形式では, 下式のように示される。

$$s'''_0 = (\{a, b, c, d\}, \{a, b, c\}, \{d\}, \{(a,b), (b,c), (a,c)\},$$
$$\{(d,a), (d,b), (d,c)\}) \tag{11}$$

構成素が柱であるか屋根であるかを五つ組で明示することにしたため, 構成素のそれぞれ (a, b, c, d) を柱か屋根のいずれかを指定できるようになった。図5の s_{17} と s_{18} は構造の集合表現 s'''_{17} と s'''_{18} において, それぞれ, 下式のように区別して示される。

$$s'''_{17} = (\{a, b, c\}, \{a, b, c\}, \{\ \}, \{(c,a)\}, \{(b,a), (b,c)\}) \tag{12}$$
$$s'''_{18} = (\{a, b, c\}, \{a, c\}, \{b\}, \{(c,a)\}, \{(b,a), (b,c)\}) \tag{13}$$

このように, 表現形式の違いによって, 示されるデザインプロダクトの詳細レベルが異なる。デザインについて論理的に語るとき, 何を語られる対象とするかによって, 用いる表現形式が異なる。

第 4 章 デザインと論理

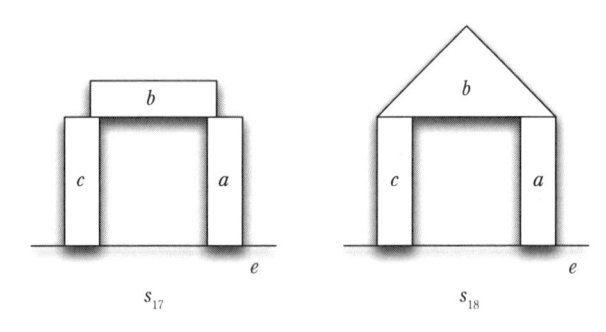

図 5　対象 s_{17} と s_{18} の構成

(4) デザインプロダクトの特徴

　集合を用いることによってデザインプロダクトの結構を構成素の集合と構成素間の関係として形式的に表現する方法について論じてきた．デザインプロダクトの結構の記述とは，いわば，デザインされる物事の実体的な内容の記述である．

　私たちがデザインプロダクトについて語るとき，さまざまな表現媒体を用いる．設計図はデザインプロダクトの実体的内容を描画する代表的な表現手段である．しかし，デザインプロダクトについて語るには，設計図だけでは必ずしも十分であるとは言えない．デザインすることの性質を考えてみよう．クライアントがデザイナーに何かをデザインすることを依頼するときには，デザインプロダクトに持たせたいさまざまな特徴について語るだろう．例えば，「雨露がしのげる住宅である」，「架構が堅牢な建物である」，「快適な住宅である」，「地震に強い建物である」などである．実体的内容にも言及する．「赤い屋根がある」とか「ファサードは左右対称である」などである．デザイナーはこのような特徴を提供するデザインプロダクトの結構を考案するのである．

1 デザインについて論理的に語ること

「架構が堅牢である」という表現は結構が提供する特徴を示すものであり，結構を表現の対象とするが，結構それ自体を示すものではない。すなわち，これまでに説明した集合を用いた表現形式では陽に表現することができない。「ファサードは左右対称である」という表現も同様である。例えば，図3の対象 s_2 は左右対称であるように見えるが，その形式表現 $s'''_3 = (\{a,c,d\}, \{a,c\}\{d\}, \{(a,c)\}, \{(d,a), (d,c)\})$ は s_3 が左右対称であることを陽に表現してはいない。

このような特徴を記述するために命題記号を用いることにしよう。まず，実体的内容について記述する。「構成素 a が用いられている」という言明を記号 δ_a によって示す。このような記号を**命題記号**という。同様に，「構成素 b が用いられている」，「構成素 c が用いられている」，「構成素 d が用いられている」という言明を，記号 δ_b, δ_c, δ_d によって示す。

命題は正しいか誤りであるかを決めることができる形式の言明である。命題は，正しいとき，**真** (true) であるといい，誤りであるとき，**偽** (false) であるという。命題の真偽は何について述べているかに依存する。例えば，対象 s_0 について述べているとき，言明 δ_a, δ_b, δ_c, δ_d はいずれも真である。(2) 式よりこのことは明らかである。一方，対象 s_1 について述べるとき，(4) 式より，言明 δ_a は偽であり，δ_b, δ_c, δ_d は真である。

対象 s について述べるとき言明 δ が真であるということを (14) 式のように記述する，(14) 式の σ を**解釈** (interpretation) と呼ぶ。対象 s は解釈 σ のもとで命題 δ を**充足する** (satisfy) という。

$$s \models_\sigma \delta \tag{14}$$

命題 δ_a が充足するのは,語られているデザインプロダクトが構成素として a を持つ ($a \in \delta$) 場合である。S に属する対象 $s_0 \sim s_{16}$ (図3参照) の中で構成素 a が使われている対象の集合は $S_a = \{s_0, s_2, s_3, s_4, s_8, s_{10}, s_{11}, s_{12}\}$ である。したがって,δ_a は S_a に属するデザインプロダクトを対象とするときに充足する。

デザインプロダクトの構成素に言及すると δ_a の充足条件は (15) 式のように書ける。この式は「S に属する任意の対象 s について構成素 a が s に属するならば対象 s は命題 δ_a を充足する」ということを示している。

$$\forall s \in S(s \models_\sigma \delta_a \Leftrightarrow a \in s) \tag{15}$$

共通する特徴を持つデザインプロダクトの集合が分かっている場合,δ_a の充足条件は (16) 式のように書ける。

$$\forall \sigma \in S(s \models_\sigma \delta_a \Leftrightarrow s \in S_a) \tag{16}$$

充足条件を (16) 式のように書く場合,構成素 b が使われている対象の集合は $S_b = \{s_0, s_1, s_3, s_5, s_8, s_9, s_{11}, s_{13}\}$ であり,構成素 c が使われている対象の集合は $S_c = \{s_0, s_1, s_2, s_6, s_8, s_9, s_{10}, s_{14}\}$ であり,構成素 d が使われている対象の集合は $S_d = \{s_0, s_1, s_2, s_3, s_4, s_5, s_6, s_7\}$ であるということが分かっていることが言明 δ_b, δ_c, δ_d の真偽を定めるための前提となる。

「構成素 a が用いられている,かつ,構成素 b が用いられている」という命題について考えよう。命題論理ではこのような命題を $\delta_a \wedge \delta_b$ と表記することが一般的である。$\wedge$ は論理記号の一種であり,命題 $\delta_a \wedge \delta_b$ が充足するということは命題 a と命題 b の両方が充足するということと等しい。構成素 a と構成素 b の両方が用いら

れている結構の集合は，図3より，$\{s_0, s_3, s_8, s_{11}\}$ である。この集合の要素は集合 S_a と集合 S_b のどちらにも属する要素である。このような集合を $S_a \cap S_b$ と表記する。

これらより，命題 $\delta_a \wedge \delta_b$ の充足条件は次式のように書くことができる。

$$\forall s \in S(s \models_\sigma \delta_a \wedge \delta_b \Leftrightarrow s \in S_a \cap S_b) \tag{17}$$

同様の考え方に基づいて，¬，∨，→などの論理記号を持つ命題の充足条件も示せる。ここで，集合 A^c は集合 A の補集合を表す。

$$\forall \sigma \in S(s \models_\sigma \neg \delta_a \Leftrightarrow s \in S_a^c) \tag{18}$$

$$\forall \sigma \in S(s \models_\sigma \delta_a \vee \delta_b \Leftrightarrow s \in S_a \cup S_b) \tag{19}$$

$$\forall \sigma \in S(s \models_\sigma \delta_a \rightarrow \delta_b \Leftrightarrow s \in S_a^c \cap S_b) \tag{20}$$

記号 ¬，∧，∨，→ は，それぞれ，「〜ではない」,「〜かつ〜」,「〜または〜」,「〜ならば〜」という論理的関係を示す。ただし，これらの論理的関係は同じ語によって示される日本語表現としての意味とは若干異なる。例えば，日本語で「A または B」というとき，A か B かのどちらか一方が成立することを意味することが一般的であるが，論理的関係としての「A または B」は，A か B かのどちらか一方が成立することだけではなく，A と B の両方が成立し得ることも意味している。

次に，対象の抽象的な特徴について記述してみよう。「快適な住宅である」や「美しい建物である」などの抽象的な特徴を，実体的な特徴を記述するように，構成素の有無によって記述することは必ずしも容易ではない。抽象的な特徴に関する言明の充足条件は，(16) 式のように，共通する特徴を持つデザインプロダクトの集合

を用いて示される。「美しい建物である」という特徴を持つデザインプロダクトの集合を S_f とし，「(対象は) 美しい建物である」という言明を命題記号 δ_f によって示すとき，言明 δ_f の充足条件は $\forall \sigma \in S(s \models_\sigma \delta_f \Leftrightarrow s \in S_f)$ のように示される。S_f に属する対象が何であるかは，多くの場合，経験的に定められる。例えば，対象 $s_0 \sim s_{15}$ の一つ一つが「美しい建物である」か否かを，実験や調査の結果，人間の主観などによって定めれば，S_f の要素が定まる。

仮に，$S_f = \{s_0, s_2, s_8, s_{10}\}$ と定めて，対象 $s_0 \sim s_{15}$ の構成を見てみよう。このとき，S_f に属する対象に共通してみられ，S_f に属さない対象にはみられない実体的な特徴は，構成素 a を持ち，かつ，構成素 c を持つという特徴である。すなわち，S_f に属するか否かによって言明 $\delta_a \wedge \delta_c$ の真偽を定めることができる。一方，S_f に属するか否かは言明 δ_f の充足条件を示すために仮定した集合である。これらと (20) 式より，対象 $s_0 \sim s_{15}$ に関しては，$\delta_a \wedge \delta_c \to \delta_f$ が真であることが分かる (ちなみに，$\delta_f \to \delta_a \wedge \delta_c$ も真である)。この言明は「構成素 a を持ち，かつ，構成素 c を持つならば，美しい建物である」という，抽象的な特徴と実体的な特徴の間の法則的関係を示している。このような法則的関係は，抽象的な特徴を提供する建物の実体的な特徴を構想するときに用いられる。

これまでに，デザインプロダクトがどのようなものであるかをそのデザインプロダクトが持つ特徴によって示すことができるということを見てきた。ここからは，デザインプロダクトの特徴を形式的に表現するということを異なる角度から見てみよう。

図6の楕円はデザインプロダクトの集合を示し，●はデザインプロダクトを示す。点線はデザインプロダクト概念の集合を指定された特徴を持つ部分集合と当該特徴を持たない部分集合に分割する。

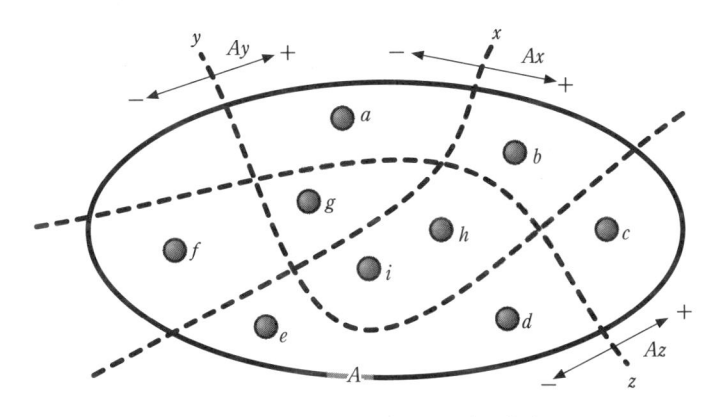

図6 デザインプロダクト概念の集合

　点線の＋側にあるデザインプロダクトは当該特徴を持ち，－側にあるデザインプロダクトは当該特徴を持たないものとする。例えば，デザインプロダクト b は特徴 x，特徴 y，特徴 z を持つ。デザインプロダクト b とデザインプロダクト a は特徴 x を持つか持たないかによって区別される。デザインプロダクト d, e はいずれも特徴 x を持ち，特徴 y を持たず，特徴 z を持たない。特徴 x, y, z だけに注目する限り，これらのデザインプロダクトは区別されない。言い換えれば，デザインプロダクト d, e を区別する特徴 x, y, z 以外の特徴がある。デザインプロダクト h, i についても同じである。

　デザインプロダクトの集合を A とする。デザインプロダクトはそれぞれが持つ特徴の差異によって互いに異なるものとして区別することが可能である。特徴 x を持つすべてのデザインプロダクトから成る集合 A の部分集合を A_x とする。図において特徴 x の有無を示す点線の＋側が A_x である。特徴 x を持たないすべてのデザインプロダクトから成る集合は集合 A_x の集合 A に対する補集合である。

図において特徴 x の有無を示す点線の - 側が A_x^C である。特徴 x と特徴 y の両方を持つすべてのデザインプロダクトの集合は集合 A_x と集合 A_y の積 $A_x \cap A_y$ である。特徴 x と特徴 y のどちらかを持つすべてのデザインプロダクトの集合は集合 A_x と集合 A_y の和 $A_x \cup A_y$ である。図6では，デザインプロダクト b, c, d, e, h, i が特徴 x を持ち，デザインプロダクト a, b, g, h, i が特徴 y を持つ。デザインプロダクト b, h, i は特徴 x と特徴 y の両方を持つ。集合 A_x^C と集合 A_y^C と集合 A_z の積は特徴 x, y のいずれも持たず，かつ，特徴 z を持つデザインプロダクトの集合を示すが，図にはそのようなデザインプロダクトはない。すなわち，この図の上では，そのような特徴を持つデザインプロダクトは存在しない。

1-2　デザインすることの表現

(1) 問題の特徴

　デザインは好ましい状況を実現させる新しい方法を考案する行為である[2]。新しい方法の考案には，新しい仕組みの創造が伴う。すなわち，デザインは好ましい状況を実現させる新しい仕組みを創造する行為である[3]ともいえる。

　住居について考えてみよう。住居は居住者の生活の拠点である。雨露や寒暑などの居住者にとって好ましくない自然環境や外敵から守られた居住空間を，住居は提供する。また，居住者にとっての世界の中心となる象徴的な場所を提供する。このような機能を与えられた居住空間や意味づけられた場所を提供する仕組みが，住居という具体的な実体の築造によって創られる。

　仕組みはデザインプロダクトの構成素の間や実体と現象の間など

にある法則性を連係させることによって構成される。法則性の選択は任意になされるのではなく，好ましい状況を実現させる仕組みを創造できるように，直感的な判断や論理的な熟慮に基づいて，**有目的的**（purposive）になされる。

　目的を直接果たす手段が必ずしもあるわけではない。「居住者が心地良く過ごす」ことや「空間の体験者が感銘を覚える」ことなどの状況を実現することが住居のデザインの目的であるとしよう。これらは，住居という実体そのものではなく，その実体がある環境において居住されることによって生まれる状況である。住居のデザイナーは，それがある環境で居住された場合に目的とする状況が生まれることを期待して住居という実体のありようを定めるのである。

　住居のデザインにおいては住居という実体の築造に用いられる構成素と構成素の位置関係，すなわち，配置が定められる。これらを**結構**（structure）と呼ぶ。結構どおりに構成素を配置することによって，空間を分節化したり統合したりするシステムや局所的な環境を制御する**機構**（mechanism）が創られ，居住空間や**構築環境**（built environment）が現出される。居住空間や構築環境の現出によって，住まうことができるという**機能**（function）が提供される。例えば，雨露や寒暑をしのいだり，外敵から身体や財産を守ったりすることができる居住空間では，雨露，寒暑，外敵に対して絶えず注意を払うことから解放され，快適に，安心して生活することができる。住居のデザインは住居の結構を定めることを通して，結構と機能を機構を介して繋ぎ，安心して生活できる快適な空間や環境を提供するという機能を実現する**仕組み**（system）を創造しているのである。既存の洞穴に住まうことを決めることも，上記と類似する形式の仕組みが創造されるという意味で，住居のデザインである。住居とす

る洞穴は既存のものであり，住宅の結構が新たに創造されているわけではないけれども，洞穴という結構と快適に安心して生活できる空間や環境を提供するという機能を繋ぐ仕組みが，洞穴に住まうことによって創造されている。

デザインにおいて直接的に操作できる物事は結構である。結構を定めると機構が決定される。機構は結構を制御することによって間接的に制御可能である。デザイナーは思い描く機構を持つ結構を構想する（結構を実体化する）。機能は機構がある環境に置かれて稼働することによって発現する出来事や現象の人間にとっての意味を示す概念である。仕組みは結構，機構，機能を関係づける。仕組みを創造することの目的は，ある欲求を充足する好ましい状況を実現する機能を発現させることであり，人間にとって意義のある出来事や現象を生ぜしめることである。

デザインが実現しようとする状況や仕組みは，結構，機構，機能，現象など，さまざまな認知レベルに属する概念を用いて示される。仕組みを創るという行為における身体動作によって直接的に操作可能な結構を示す概念は状況を示す概念とは異なる認知レベルに属する。

ジェロ[4]によって，デザインプロダクトを**結構** (structure)，**振舞** (behavior)，**機能** (function) の3つの概念によって捉えることが提案されている。ここでは，デザインは要求される機能を提供すると期待される人工物の結構を決定することであると捉えられている。仕組みに関わる概念はこれらを発展させたものである。

結構はひとまとまりの物事を構成する要素（構成素）と構成素の関係を示す概念である。構成素は全体を構成する部分して互いに関係づけられ，全体としての物事を構成する。構成素をひとまとまり

の全体として観る場合，全体としての構成素をその部分となる構成素と構成素の関係によって示すことができる。例えば，建物の結構は架構や壁体や開口部などの構成素（建築要素）とそれらの位置関係によって示される。壁体の結構は板材や断熱材や仕上げなどの構成素（部材）とそれらの位置関係によって示される。構成素は，デザインによって決定される仕様（specification）と，仕様から一義的に定まる特性とを持つ。

振舞はひとまとまりの物事の状態や挙動を示す概念である。振舞は結構に依存しており，物事の結構のみによって定まるものと物事と環境との相互作用によって定まるものとがある。振舞はデザインにおいて結構を決定する根拠として用いられる。また，物事の質や性能を定量的もしくは定性的に示す場合に言及される。例えば，壁体の熱貫流率や熱容量はその壁体の結構を定めることによって決まり，壁体内の温度分布は壁体と環境との相互作用によって生じる。また，壁体の断熱性能や蓄熱性能を定量的に示す指標として用いられる。

機能はひとまとまりの物事の質，性能，役割，他の物事におよぼす影響を示す概念である。物事と人や社会やその他の環境との関わり方に依存する。作られる物事が人や社会や環境に対して持つ意義や意味を特定の観点から示す。例えば，壁体の機能の　つは壁の向こう側にある好ましくない物事 ── 例えば，膨大な熱エネルギー ── が壁のこちら側に与える影響を和らげることである。この機能は断熱性能や蓄熱性能などの機能によって定性的に詳述され，そのような機能の提供を期待される壁体のデザインにおいて，熱貫流率や熱容量などの定量的な振舞の指標に関連づけられ，それらの振舞を提供する結構が定められる。

173

(2) 理に適うデザイン

デザインの本質的な特徴の一つはデザインする主体（デザイナー）が自覚的に何かを選択する状況があるということである。デザイナーは，そのような状況において，いくつかの物事の候補の中から1つの物事を選択してデザインを進めていく。選択される物事は状況を原因とする結果のように必然的に定まるとは限らない。ただし，状況によっては選択肢が1つであり，選択の余地がない場合もある。

この選択が「可能な限り」理に適う方法でなされているデザインを合理的デザインと呼ぶ。

理に適うデザインとは，好ましい状況を実現する方法の構築における物事の取捨選択に理由づけがなされており，その理由づけが取捨選択の妥当性を論じる際の根拠となり得るデザインであるといえよう。取捨選択が論理の法則に適っており，科学の知に適合するという意味で合理的であるようなデザインは明らかに理に適うデザインである。また，取捨選択が論理の法則に適わず，また，取捨選択の結果が科学の知に適合しなくとも，取捨選択の根拠としてデザインの理論の法則性や仮説が参照されるデザインも理に適うデザインである。ただし，デザインにはそれをたどれば好ましい状況を実現する方法を必ず考案できるという決定論的な道筋はない。複数の可能性の中から適切と判断されるものを選択するという局面がある。すべての取捨選択が任意になされるのではなく，局面に応じた選択方法が自動的に定まるわけでもない。デザイナーの熟慮や直観的判断による選択の余地がある。定石や規範など，ある程度の枠組みや流れはあるが，すべての取捨選択が予め詳細に定められているわけではない。

デザインと論理の関係を考えることは，理に適う方法による選択

とはどういうことかを考えることである。

(3) デザイン問題のモデル

モデル (model) は研究対象である現象や実体や概念を説明する基底となる原理や基本構造を表す。

ことばは，語られる物事，語る物事 (語るために用いられる物事)，語られる物事と語る対象の関係づけによって成立する。ことば A における語られる物事の集合 (指示領域と呼ぶ) を W_A, ことば A における語る物事の集合 (言語と呼ぶ) を $\mathcal{L}_A$, W_A と $\mathcal{L}_A$ の間の二項関係を $\models_{A,I}$ ($I=1, 2, \cdots$) とする。$w \in W_A$ を世界と呼ぶ。$w \models_{A,I} \varphi$ ($\varphi \subseteq \mathcal{L}_A$) は，世界の見方 (解釈) が I であるもとで，語る物事 φ は世界 w において真であるという関係を示す。

デザインにおいて要請される物事やデザインされる物事 (デザインプロダクト) に対する批評に関することばを C とし，指示領域を W_C, 言語を $\mathcal{L}_C$, 指示領域と言語の間の関係を $\models_{C,I}$ とする。一方，デザインプロダクトそれ自体に関することばを D とし，指示領域を W_D, 言語を $\mathcal{L}_D$, 指示領域と言語の間の関係を $\models_{D,I}$ とする。語られる物事すべての集合を W とし，$W_C, W_D \subset W$ かつ $W_C \cap W_D \neq \emptyset$ とする。$W_C \cap W_D \neq \emptyset$ はことば C とことば D には共通する指示領域があるということを示す。$\mathcal{L}_C$ と $\mathcal{L}_D$ は同一の言語 $\mathcal{L}$ の部分集合であっても良い。$\varphi_{ci} \in \mathcal{L}_C$ ($i=1, 2, \cdots$) と $\delta_{dj} \in \mathcal{L}_D$ ($j=1, 2, \cdots$) は，それぞれ，デザインプロダクトに対する要請や批評の記述とデザインプロダクトの構造の描画である。前者を**批評** (criticism) と呼び，後者を**設計描写** (design description) と呼ぶ。設計描写は，主として，デザインにおいて直接操作したり，操作することによって制御可能な物事を指示対象とする。$\mathcal{L}_D$ はすべての設計描写の集合である。

第4章 デザインと論理

デザインは批評 ($\varphi_{ci}(\in \mathcal{L}_C)$) として記述される要請を満足する設計描写 δ_{dj} を得る行為であると定式化する。

$w\models_{C,I} \varphi_{ci}$ なるすべての世界 $w \in W_C$ の集合を W_{ci} とし，$w\models_{D,I} \delta_{di}$ なるすべての世界 $w \in W_D$ の集合を W_{dj} とするとき，$W_{dj} \subset W_{ci}$ であるときそのときに限り $\delta_{dj} \triangleright \varphi_{ci}$ と表記する。この関係は，δ_{dj} が成立させる世界は φ_{ci} も成立させることを示している。

デザインするということは要請 φ_{ci} に対して $\delta_{dj}\triangleright\varphi_{ci}$ なる設計描写 δ_{di} を得るということとして定式化される。別の言い方をすると，デザインは要請 $\varphi_{ci}(\in \mathcal{L}_C)$ を成立させる ($\delta_{dj} \triangleright \varphi_{ci}$) という特徴をもつ $\mathcal{L}_D$ の部分集合 $\mathcal{L}_{Ds}$ の要素 δ_{di} を得る行為である。

本節1-1で，「(対象は) 美しい建物である」という言明を δ_f という命題記号によって示した。δ_f はデザインプロダクトに対する批評を表している。$\delta_f \in \mathcal{L}_C$ とする。美しい建物をつくることが要請されているとしよう。デザイナーは $\delta_p \triangleright \delta_f$ なる設計描写 δ_p を得るデザインを行う。一方，δ_f を充足する構成の集合は S_f であると設定したので，w が S_f の要素であれば $w\models_{C,I} \delta_f$ である。例えば，$s_{10}\models_{C,I} \delta_f$ である。一方，構成素の有無について直接言及する言明 δ_a, δ_c 等は $\mathcal{L}_D$ の要素であるので，$s_{10}\models_{D,I} \delta_a \wedge \delta_c$ である。構成 s_0, s_2, s_8 についても同様である。設計描写 $\delta_a \wedge \delta_c$ を成立させる構成 (世界) は批評 δ_f を成立させる。このような設計描写を得ることが，定式化された世界での，デザインである。

2 デザインされる物事の構造

前節では，デザインされた物事を集合として捉える方法について説明した。本節では，デザインされる物事を分析したり合成したり

するための理論的な土台として，集合上に数学的な構造を定める方法について述べる。

2-1 数学的構造主義

集合上に構造を定め，その構造によって表現された概念を分析するスタイルは，1930年代後半から**ブルバキ**という数学者の集団が組織的に始めたことにより一般的なものとなった。この運動はその後，数学のみならず言語学，文化人類学，心理学など幅広い分野に影響を与えたことにより，一般に「構造主義」と呼ばれる思想の源流の一つとされるに至った。本章の後半で扱うC.アレグザンダーの諸理論や一般設計学も構造主義の影響下にあり，ともに集合をその理論の基礎に置き，その上に2章で紹介したグラフや位相空間などの構造を定義することによってデザインの理論を構築している。

ブルバキの構造主義の3つの柱は数学の統一性，公理的方法，数学的構造である。この思想をひと言で要約すれば「数学とは集合論に立脚して，抽象的な構造によって公理的に段階づけられた統一のとれた構築物だ」というものであった[5]。

集合論については前節で紹介したので，残りの公理的方法と数学的構造について説明しよう。ブルバキは『数学の建築術(The Architecture of Mathematics)』[6]の中で，公理主義はデカルトの考えに従って「問題をよりよく解決するために困難を分割する」と述べている。すなわち，「ある理論における論証の中に出てくる推論の主要な動機を分解し，次いで，それらの一つ一つを個別に取り上げ抽象的原則によって配列し，そこから固有の結論を展開する。そして最後に，問題の理論に立ち戻り，前に引き出しておいた成分を再

第 4 章 デザインと論理

び結合し，それらが互いにどのように作用し合っているかを調べる」のである。これは，アシモフらが指摘した分析と統合のプロセスと呼ばれるもので，古代ギリシャからの伝統であり，ブルバキ自身が述べているように彼らが発明した新しい考えではない。

数学的構造主義を特徴付けている「構造」の概念について，ブルバキは同じ文献の中で次のように述べている。

> 「数学的構造の語の下に統括される概念は，それぞれ集合の要素の性質が特に指定されていない場合にも適用できるという共通の特徴を持っている。1 つの数学的構造を定義するためには，それらの要素を結び合わせるいくつかの関係を与えれば良い。次に，この与えられた関係が，いくつかの条件を満足させることを仮定する。これが考えている構造の公理である。」

つまり，与えられた集合について，その集合の要素が実際何なのか（数なのか，人なのか，ものなのか，…）ということは無視して，その「要素間の関係」のみに注目し，それらが満たす条件を厳密に定めることができれば，その集合上に「構造」を定めることができるのである。

ブルバキは，主要な数学的構造として代数構造，順序構造，位相構造の 3 つを挙げている。ここからは本章の例に登場する順序構造と位相構造について説明する。

2-2 順序構造

ある集合が与えられたとき，その集合に含まれる 2 つの要素 x と y について「x は y よりも大きい」というようにその大きさが比較

可能な場合がある。例えば，自然数の集合の要素 0, 1, 2, 3, …はその大小について比較することができる。これは自然数の集合が順序という構造を持っているからである。具体的には，順序構造は集合の要素間の順序関係に関する以下のような定義によって定められる。

定義 1 集合 S が以下の 3 つの条件を満たすとき，S を**順序** $\leq$ を持つ**順序集合**という。

1. S のすべての要素 x に対して，$x \leq x$,
2. S のすべての要素 x, y に対して，$x \leq y$ かつ $y \leq x$ ならば $x = y$,
3. S のすべての要素 x, y, z に対して，$x \leq y$ かつ $y \leq z$ ならば $x \leq z$。

ここで S を自然数の集合，x, y, z を 0, 1, 2 のような自然数だと考えれば，S における順序 $\leq$ は上の 3 つの条件を満たしていることが分かるだろう。また，物の物理的な大きさも比較可能であり，一般に順序構造を持っている。例えば，集合 { 部屋，家，地区，都市 } を考えれば，その大きさについて上の 3 つの条件を満たしており，部屋 $\leq$ 家 $\leq$ 地区 $\leq$ 都市という関係を持っていることが分かる。

2-3 位相構造

次は位相構造である。位相構造は順序構造よりも格段に抽象的な構造である。2 章で扱った位相幾何学（トポロジー）は，この位相構造の上に定義されている。この構造は，われわれが持つ「近さ」や「極限」，「連続性」などの空間的な直観から抽出された数学的構造であり，例えば，微分・積分などで連続性を定義する際に用いられ

る。

構造主義の方法に従えば，ある集合に位相構造を与えるには，その集合の要素間の関係についていくつかの条件を示せば良かった。この方法によれば，位相構造についての定義は以下のようなものとなる。

定義2 集合 S において，S の部分集合の族（S の部分集合の集合のこと）O が以下の3つの条件を満たすとき，O を S の**位相**という。

1. $\varnothing \in O$ かつ $S \in O$,
2. $U, V \in O$ ならば $U \cap V \in O$,
3. $U_i \in O \ (i \in I)$ ならば $\cup \{U_i \mid i \in I\} \in O$。

このとき S と位相 O の二つ組 (S, O) を**位相空間**といい，O に属する集合をこの位相空間の**開集合**という。

すなわち，ある集合 S が与えられたとき，その集合の部分集合の集まり O が空集合 $\varnothing$ と S 自身を要素として持ち，かつ，O に属する有限個の集合の共通部分がまた O に属し，さらに，O に属する有限個または無限個の集合の和がまた O に属するときこの O を S の位相と呼ぶのである。

おそらく，この定義は集合や位相の概念に馴染みのない人にとっては極端に抽象的なものであり，どこから手をつけて良いのか見当もつかないかもしれない。ブルバキも『数学の建築術』の中で

> 「このような構造の公理を述べるための抽象化は，たしかに今までの例よりも大変な努力が必要である。この論説の程度からいって，この点について詳しい説明を望まれる読者には，専門の書物をおすすめするほかない。」

と述べている。専門の書物としてブルバキ自身は自著の『数学原

論』の「位相」を勧めているが，邦訳は絶版となっている。ここでは文献 [7] や文献 [8] を挙げておく。ただし，非常に簡単な例を1つ示しておこう。S を2つの要素 s_1, s_2 から成る集合 $S = \{s_1, s_2\}$ とし，$O_0 = \{\emptyset, S\}$ および $O_1 = \{\emptyset, \{s_1\}, S\}$ とすれば (S, O_0) と (S, O_1) はともに位相空間となる。それでは O_0 が上の (1)〜(3) までの条件を満たしているか確かめてみよう。まず，$\emptyset \in O_0$ かつ $S \in O_0$ だから (1) の条件は満たしている。次に，$\emptyset \cap \emptyset = \emptyset \in O$, $\emptyset \cap S = \emptyset \in O$, $S \cap S = S \in O$ より (2) の条件も満たされた。最後に，$\emptyset \cup S = S \in O$ などにより (3) も満たす。よって (S, O_0) は位相空間である。(S, O_1) も同様にして位相空間であることが示される。

3 問題解決としてのデザイン

デザイナーは未来の経験を思い描き，その経験が実現するように，自分たちの環境を統制する方法を構想する。住宅の設計を例にして考えよう。依頼主はそこで営もうとする生活を思い描き，住宅の設計を依頼する。設計者はそのような生活が実現できる空間や構築環境を提供すべく，建物の具体的な構成を決定する。統制と経験とを結びつける思考の筋道がデザインにおける論理である。

3-1 基本モデル

サイモンらは創造的思考 (creative thinking) のプロセスを**問題解決** (problem solving) のプロセスとして定式化している。問題解決と

は問題に対する解を見つけることである．「物事の集合が与えられているとき，ある特徴を持つ部分集合の要素を見つけること[9]」と定義される．デザインのプロセスは問題解決プロセスの一種である．建築デザインが有目的的な活動である場合，目的に適うモノやコトの創出に貢献すると期待される行為が建築デザインのプロセスで意図され，実行される．目的に適う建築デザインを行うということは，機能性，意匠性，安全性，親環境性，経済性など，建築の質の評価に用いられる観点に関して示された特徴を持つモノやコトを提供し得る仕組みを具現化する建物の結構を見つけるということである．

最も単純な問題解決のプロセスは「ある特徴を持つと期待される解候補（candidate）を生成し，解候補が確かに解である（その特徴を持つ）ことが検証されるまで，または，解を見つけることができないと判断されるまで，解候補の生成と検証を繰り返す」プロセスである．このプロセスを**探索**（search）という．基本的な探索は深さ優先探索（depth first search, DFS）と幅優先探索（width first search, WFS）である．深さ優先探索はある解候補（解候補に至る途中の段階を含む）の生成と検証を，それが解であるか否が確認されるまで進め，解であることが確認された場合にその解候補を解として探索を終了し，解ではないことが確認された場合には他の解候補の生成と検証を，同様に，解が見つかるまで，または，すべての解候補が解でないことが確認されるまで，繰り返す探索である．幅優先探索は同時に複数の解候補（解候補に至る途中の段階を含む）を生成して検証し，それらのうち有望な解候補を選択してそこからさらに複数の解候補を生成して検証し，それらの中から解が見つかるまで解候補の生成と検証を進め，見つからない場合にはさらなる解候補の生成のために

図7 デザイン問題のイメージ

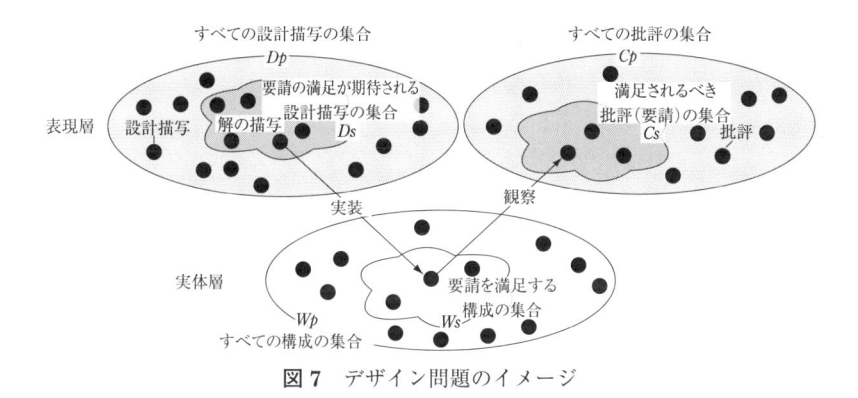

残りの解候補からさらなる複数の解候補の生成と検証を，解が見つかるまで，または，すべての解候補が解でないことが確認されるまで，繰り返す探索である．いずれの探索においても，解候補の生成は任意に，または，機械的な順序でなされる．また，検証や解候補の有望性の判定は解候補が実際に解であるか否か判別する関数，解候補にある評価尺度の値を対応させる関数などを用いてなされる．これらの関数を**評価関数**（evaluation function）という．

図7にデザイン問題のイメージを示す．上部にある2つの楕円はすべての設計描写の集合 D_P（左側の楕円）とすべての批評の集合 C_P（右側の楕円）を示す．下部にある楕円は設計描写や批評が対象とするすべての構成の集合 W_P である．集合 C_P の部分集合 C_S を設計解が満足すべき批評の集合とする．ここで，設計解は集合 C_S の要素である批評のいずれかを満足すればよいものとする．また，集合 W_P の部分集合 W_S を集合 C_S に属する批評のいずれかを充足する構成の集合とする．先に，デザイン問題を要請される批評を成立させる構成の設計描写を得る問題として定式化した（本章1-3）．図7においては，集合 D_P の部分集合 D_S は集合 W_S の要素のいずれかに

よって充足される設計描写の集合である．すなわち，要請される批評を成立させる設計描写の集合を示している．設計描写のみに注目すると，集合 D_S に属する設計描写を見つけることが問題解決としてのデザインということになる．しかし，集合 C_S に属する批評のいずれかを充足する構成は，一般的には，明らかではなく，集合 W_S の要素が陽には分からないため，要請される批評を成立させると期待される設計描写を生成し，その設計描写を充足する構成を実装し，その構成が要請される批評を確かに充足することを観察するというプロセスを繰り返すことによって設計解の探索が行われる．

3-2　設計変数

ジョーンズ[10]はデザインを「変数」の「値」を定めるプロセスとして定式化した．デザインは何かを決定するという行為を伴う．設計対象が有形のものであれば，設計対象の形状を決めたり，寸法を決めたり，素材を決めたりする．これらは，変数の値を決める行為である．形状を決めるということは「形状」という変数の値（例えば，「球形」とか「立方体」とか）を決めるということである．設計主体が直接的に制御することが可能な変数は**設計変数**（decision variables, design parameters）と呼ばれる．変数が制御可能であるとは変数の値を任意に定めることが可能であること，あるいは，特定の範囲内で選択することが可能であることを意味する．デザインによって制御されることになる変数は**目的変数**（objectives, dependent variables）と呼ばれる．設計対象の形状と寸法と素材などを決めると，そのものの体積や重さや価格なども決定される．すなわち，設計主体が設計対象の形状，寸法，素材などを制御することによって，

設計対象の体積や重さや価格などが間接的に制御されることになる。設計主体による制御が不可能な変数は，**文脈変数**（context variables, independent variables）と呼ばれる。例えば，ある特定の敷地に築造する建物をデザインする場合，敷地がある場所の気候，法規制，敷地の形状や面積などが文脈変数となる。このように，設計変数，目的変数，文脈変数は制御可能性の観点から区別される。これらの変数は**設計問題変数**と総称される。

　設計問題変数の概念を用いることによって，デザインは特定の制約条件（文脈変数の値）のもとで適正な目的変数の値が得られるように設計変数の値を決定する問題解決のプロセスとして形式化される。この形式は最適化問題の形式と類似している。目的変数の最適な値（適正な値ではなく）を得ることにすると最適化問題と同じ形式となる。デザイン問題は論理的に解かれるべき問題として，デザインの方法は論理的な必然性を持つ方法として，次のように定式化される。

1. 問題を構成する設計変数，文脈変数，目的変数を明確にする。目的変数を，その相対的な重要性に応じて，重み付けする。
2. 変数間の関係を明確にする。
3. 文脈変数がとり得る値を予測する。
4. デザインの制約条件や境界条件を明確にし，それぞれの変数がとる値の範囲を限定する。
5. 設計変数の値の組を調整して目的変数の値を計算する。この際，設計変数がとれる値を十分に試してみる。
6. 目的変数の値の組み合わせを最適にする設計変数の値の組を選択する。あるいは，少なくとも，それぞれの目的変数の値を許容範囲におさめるような設計変数の値の組を選択する。

185

上記の1~4はデザイン問題を定式化するプロセス，5，6は定式化されたデザイン問題を解くプロセスである。

4 デザインプロセスのモデル

4-1 一般設計におけるデザインプロセスのモデル

1970年代に提案された一般設計学は，C.アレグザンダーの『ノート』と同様にデザインという行為とは何かについて理論的な態度で自覚的に記述しようとしたものである。他のデザイン理論と比較した場合の一般設計学の特徴は，集合を基盤とし，その上に構造を定義する構造主義的な態度と，その構造として位相を採用したことであろう。

(1) 位相構造と一般設計学

吉川弘之は一般設計学においてこのような位相構造をデザインに関連する概念（機能や属性など）を表現するために用いた。

まず，構造を定義する集合を定義しなければならない。一般設計学では，それは実体概念集合とされている。実体とは「存在するもの，存在したもの，存在するであろう」[11, p. 21]あらゆるものであるとされている。そして，この実体に関連して「自然物にせよ人工物にせよ，何でもわれわれが実在すると考えるもの」[12, p. 22]，すなわち実体に関する概念を**実体概念**と呼んでいる。そして，過去・現在・未来にわたって実在すると考えるものすべてを集めた集合を**実体概念集合**と呼んでいる。例えば，個々の実体概念を s_1, s_2, s_3,

10 kg 以上（属性概念 t）

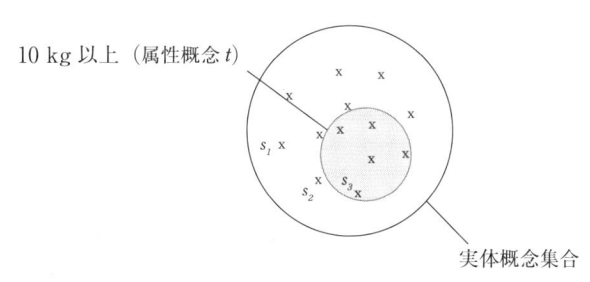

図 8 「10 kg 以上」という属性概念による分類

…と書くと，これらを要素とする実体概念集合 S は $\{s_1, s_2, s_3, \cdots\}$ と表現される。

　次に，機能や属性などをこの集合の上に定義することになる。吉川は，属性とは実体概念集合の部分集合であり，機能は実体が持つ属性の組み合わせによって規定されると考えた。例えば「10 kg 以上である」という属性概念 t を考えれば，この t によって実体概念集合 $\{s_1, s_2, s_3, \cdots\}$ の要素を 10 kg 以上のもの $\{s_3, \cdots\}$ と未満のもの $\{s_1, s_2, \cdots\}$ とに分類することができる。この分類に用いられる概念を一般に**抽象概念**といい，そのうち特に実体概念の属性に関するもの —— つまり，物理的に記述できるような種類のもの —— を**属性概念**と呼ぶ（図 8）。そして，このような属性を組み合わせることによってある機能が発現されると考えた。例えば「その上で原稿を書くことができる」という機能は「硬い材質」，「上面が平ら」，「4 本の脚を持つ」，「70 cm の高さ」というような属性の組み合わせによって発現される（図 9）。なお，抽象概念と属性概念，および機能概念の全体が成す集合をそれぞれ**抽象概念集合**，**属性概念集合**および**機能概念集合**と呼んでいる。

　ここでやっと位相構造の出番である。吉川は一般設計学の 3 番目

第 4 章　デザインと論理

図9中の注釈:
- その上で原稿を書くことができる
- 70 cm の高さ
- 4 本脚を持つ
- 硬い材質
- 上面が平ら
- 実体概念集合

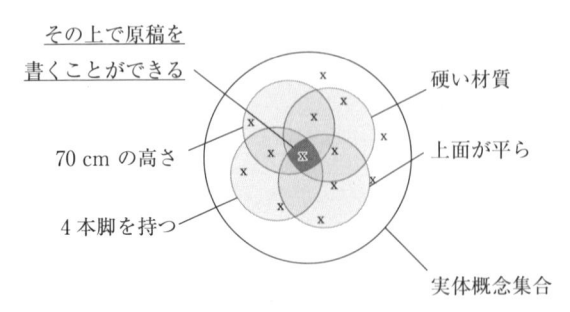

図 9　属性概念の組み合わせとしての機能概念

の公理として「抽象概念集合は実体概念集合の位相である」ことを要請している。それは，実体概念集合 S が与えられたとき，その部分集合として定義された抽象概念全体のなす集合 T が，上に示した位相の性質を持っているということを意味している。すなわち，

1. 空集合∅と実体概念集合 S は抽象概念であり，
2. t_1 と t_2 が抽象概念であれば，その共通部分 $t_1 \cap t_2$ も抽象概念であり，かつ，
3. t_1, t_2, …が抽象概念であれば，その和集合∪{ t_1, t_2, … } も抽象概念

だということである。このことから，抽象概念の一種として定義されていた属性概念はもちろん抽象概念であるし，（有限個の）抽象概念の組み合わせ，すなわちその共通部分として定義される機能概念も抽象概念となる。ただし，実体概念集合 S の任意の部分集合が抽象概念だとは限らないから，抽象概念として認められる部分集合を予め定義しておかなければならない。

　このように公理によって抽象概念集合 T は実体概念集合 S 上の位相であることが仮定され，この位相空間 (S, T) は**抽象概念空間**と名付けられる。また，属性概念集合と機能概念集合をそれぞれ

T_0, T_1 で表すと，これらも S 上の位相となることが仮定され，(S, T_0)，(S, T_1) はそれぞれ**属性概念空間**，**機能概念空間**と呼ばれる。ただし，ここでも，抽象概念のうちどれが属性概念であり，またその属性概念の組み合わせのうちどれが機能概念となるのかは何らかの方法で定義されているとものする。また，T_0, T_1 は S 上の位相となるように選ばれているものとする。

(2) デザインの写像モデル

「形態は機能に従う」という言葉は，建築物や工業製品の形態はそれらに求められている機能によって定まることを意味している。このことを吉川はデザイン行為に当てはめ「設計行為は，人間が概念として想定した機能を，それと等価な機能をもつ実体として存在化する行為である」[13, p. 22] と表現している。この 2 つの言葉に共通することは，「機能」という概念が「形態」や「実体」といったものに先立つと考えられていることである。このことを吉川は「概念の先行性」と呼び[12, p. 331]，設計行為を特徴付けるものだとしている。

このようなデザイン観では，デザインプロセスは機能の集まり（仕様）をインプットすると形態や実体（設計解）がアウトプットされるような変換過程と捉えることができる（図10）。さらには，デザイン終了時に設計解は 1 つに定まっていることが普通だから，この変換過程は写像だと考えられる。

そこで，このようなデザインプロセスの捉え方をここでは**デザインの写像モデル**と呼ぶことにしよう。このデザインの写像モデルは形態は与えられた機能の集まりによって一意に定まることを主張しており，「形態は機能に従う」の内容をうまく表現していることが

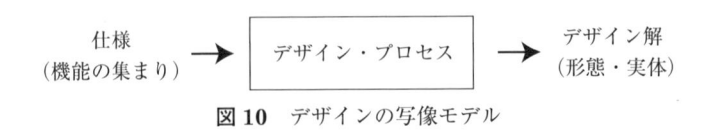

```
        仕様          →  デザイン・プロセス  →   デザイン解
    （機能の集まり）                              （形態・実体）
```
            図 10　デザインの写像モデル

分かる。

(3) 理想的デザイナーのデザインプロセス

　一般設計学は**理想的デザイナー**の存在を仮定して話を進める。この理想的デザイナーには無限の記憶力や認識能力，および演算能力などが備わっていると仮定されている。

　一般設計学には3つの公理があり，そのうち最初の2つはこの理想的デザイナーの認識能力に関するものであり，もう1つは理想的デザイナーが持つ概念の性質に関するものである。まずは，それらの公理を列挙しながらそれぞれの内容について説明しよう。

公理1　（認識公理）実体は属性（あるいは機能，形態などの抽象概念）によって認識あるいは記述することが可能である。

公理2　（存在物と概念との対応公理）実体集合と（理想的な）実体概念集合とは1対1対応する[11, p.22]。

この公理1の内容は，以下の定義が加わることで理想的デザイナーの認識能力，およびその知識の表現能力を定義している。

定義3　理想的知識とは，実体集合のすべての元を知っており，かつ各元を抽象概念で厳密に表現可能な知識をいう[11, p.23]。

すなわち，理想的デザイナーは実体が与えられればその実体に関する属性概念をすべて列挙できるだけでなく，その逆，つまりある抽象概念に関連するすべての実体をも列挙することができると仮定されている。

公理2では，「実体そのもの」というあるかないか分からない存在者ではなく，それについての概念を扱うために必要な仮定である．理想的デザイナーにとってみれば実体概念は実体そのものと完全に対応しているので，実体概念さえ扱うことができれば十分となる．

公理3 （概念に関する位相公理または概念の操作公理）抽象概念集合は実体概念集合の位相である[11, p. 23]．

(4) デザインプロセス

デザインプロセスは機能の集まり（要求仕様）をインプットすると形態や実体（設計解）がアウトプットされるような変換過程（写像）として捉えることができるのであった．以下でこれまでに説明した概念を用いてそのプロセスを1つずつ説明していこう．

i) 要求仕様の表現：

文献 [12, p. 23] では，「仕事のための机」への要求仕様として以下の機能概念が挙げられている．
- A2の図面と本5冊を同時に置きたい
- インクで汚れてもふけばきれいになってほしい
- 小さな機械を載せるので50 kgまでは耐えてほしい

「仕事のための机」はこれらの機能概念をすべて持っていることを求められているから，その要求仕様は機能概念空間 (S, T_1) 上でこれらの機能概念の共通部分として定義される．そこで，これらの3つの機能概念を t_1^1, t_1^2, $t_1^3 (\in T_1)$ で表すと，「仕事のための机」の要求仕様 t_1 はこれらの共通部分（積集合）$t_1^1 \cap t_1^2 \cap t_1^3$ として表現される（図11）．

191

「仕事のための机」の要求仕様

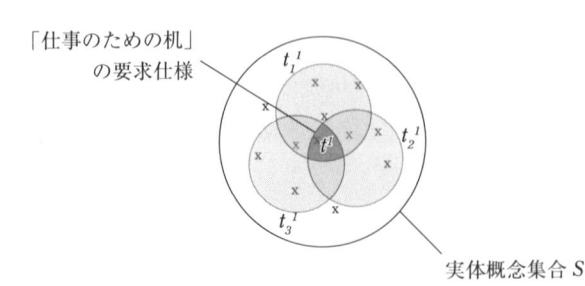

図11 要求仕様

ii) 設計解の探索：

　要求仕様に含まれる機能概念の数が多ければ多いほど一般にその共通部分は小さく，すなわち共通部分に含まれる実体概念の数は少なくなる．そして，要求仕様に含まれる機能概念をすべて書き終えたときにこの小さくなった共通部分に残っている実体概念が設計解となる．可能性としては，相反する機能概念（例えば，「10 kg 以上」と「1 kg 未満」という2つの機能概念）の存在によりその共通部分がなくなってしまうこともある．一般設計学ではこれを矛盾した仕様と呼んでいる．一方，仕様が矛盾していない場合は機能概念の数を際限なく増やしていったとしても，その共通部分に含まれる実体概念がただ1つに定まるとは限らない．しかし，文献 [11] や文献 [12] などでは機能概念の数を増やす操作を続けることによって，設計解がその極限において常に1つの実体概念に収束するとされている．したがって，一般設計学では実体概念集合に収束する点列の存在が仮定され，さらに，その点列の極限点と仕様を構成する機能概念の間に何らかの関係が仮定されていると考えられる．いずれにせよ，この共通部分になにか実体概念が含まれていれば，それらは要求仕様に定められたすべての機能概念を満たしているわけだか

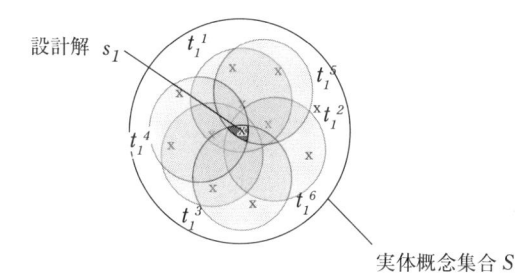

図 12　機能概念空間 (S, T_1) 上の設計解

ら，その中の 1 つを設計解として適当に選ぶこととしよう．すなわち，$t_1^1, t_1^2, t_1^3, t_1^4, \cdots (\in T_1)$ を要求仕様を構成する機能概念とすると，要求仕様 $t_1 = t_1^1 \cap t_1^2 \cap t_1^3 \cap t_1^4 \cap \cdots$ となり，これが空集合でなければこの要求仕様は矛盾しておらず，このとき t_1 に含まれている実体概念を $s_1, s_2, s_3, \cdots$ とすると，その中の任意の実体概念，例えば $s_1 \in t_1$ を設計解として選択するのである（図 12）．

iii) 設計解の属性の列挙：

こうして設計解である実体概念が得られれば，理想的デザイナーはその実体概念が持つ属性概念をすべてを列挙できる（公理 1，定義 3）．すなわち，設計解 s_1 が得られたら，理想的デザイナーはそれを要素として持つ属性概念 $t_0^1, t_0^2, t_0^3, t_0^4, \cdots (\in T_0)$ をすべてを列挙できるのである（図 13）．このとき $s_1 \in t_0^1 \cap t_0^2 \cap t_0^3 \cap t_0^4 \cap \cdots$ となる．

iv) 実体の製造に関する知識の列挙：

設計解 s_1 が持つ属性 $t_0^1, t_0^2, t_0^3, t_0^4, \cdots$ が得られたら，その中からその実体の製造に必要な属性を適宜選べば良い．ここで製造に必

第 4 章 デザインと論理

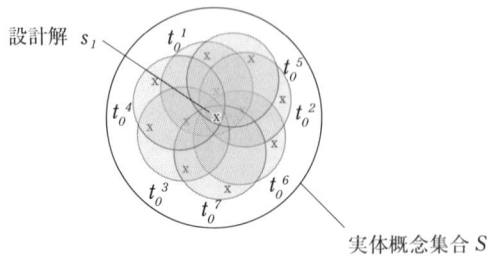

図 13 属性概念空間 (S, T_0) 上の設計解

要な属性とは，例えば建築の実施図面に表れるような属性であると考えれば分かりやすいだろう。

こうして，要求仕様をインプットすると形態や実体（設計解），およびその製造方法がアウトプットされるような変換過程 —— すなわちデザインプロセス —— が，位相の特徴，すなわち集合の積の操作に対して閉じていることを利用して定義することができるのである。

ところで，位相構造はわれわれが持つ「近さ」や「極限」，「連続」の直観から得られた構造だと本章 2-3 項で述べた。一般設計学は，これらの概念を用いてデザインプロセスについて興味深い分析を行っているのであるが，数学的な厳密さに欠ける。このような一般設計学の思想を受け継ぎ，数学的な厳密さを保ちつつ発展させたのが角田・菊池による抽象設計論である。

4-2 デザインの生成アルゴリズム

アレグザンダーが，デザインに関する研究を開始してから現在に至るまで一貫して考えてきたことは，「美しいものを，いかにして

人工的に作り出すことができるのか」ということであった。しかも，彼はそれを「明確に定義された誰でも実行できる step by step のプロセスを定める」[14]ことによって実現しようとした。この "step by step" とは，建築・都市をデザインするためのアルゴリズムのことである。

アレグザンダーは，数理論理学における形式的システムを参照しつつこのアルゴリズムを実装し，それを**生成システム**（generating system）と呼んだ。アレグザンダーは文献 [15] の中で，形式的システムについて，以下のように述べている。

> 「このようなシステムは通常 1 組のパーツ（または，要素）から構成されており，それらを組み合わせるルールによって条件に合ったモノを形成する。数学の形式システムはこの意味におけるシステムである。」

このような形式的システムの考えは構造主義における公理的方法に影響を与えた。アレグザンダーの主な仕事のうち『ノート』では上のパーツの作り方を，『パタン・ランゲージ』ではそのパーツを組み合わせるルールを示すことに重点が置かれた。

本節では，アレグザンダーがいかにしてこのデザインの生成アルゴリズムを作り上げたのかを，数学における形式的システムの構成に基づいて説明する。

(1) 形式的システムの構成

形式的システムは，通常以下のような 3 つの段階に従って構成されている。

1. 形式的表現（パーツ）の作成：
    - 項や論理式のような，ひとまとまりの表現・文の作成

2. 公理の指定：
    - 常に正しいことが仮定される文の指定
3. 推論ルール（文の組み合わせ方）の設定：
    - 自然演繹の推論規則のような，正しい文から正しい文を導き出すルールの設定

つまり，パーツの作り方に従って表現・文を作り，その中の正しいと仮定されている文を基礎として，ルールに従って部品を組み合わせていくことによって正しい命題を作っていく作業が数学における証明であり，このような証明プロセスに従って作られた数学的表現・文が定理と呼ばれるのである。

アレグザンダーはこのような数学の形式システムの構成に従い，パーツの作り方とそのパーツの組み合わせ方（ルール）を設定し，デザインの生成アルゴリズム（パタン・ランゲージ）を実装した。以下では，彼がいかにしてこのアルゴリズムを実装していったのかを段階を追って説明する。なお，パタン・ランゲージは公理を持たないため，公理の指定の段階はない。

(2) デザインの生成アルゴリズム

デザインの目標

デザインを始めるとき，一般に達成すべき目標がある。それは，ちょうど数学において証明すべき命題があることと同様である。アレグザンダーは，その目標を「コンテクストに適合したかたちを求めること」であるとした。このことから，アレグザンダーのいう「美しいかたち」とは「コンテクストに適合したかたち」を意味することが分かる。この「コンテクスト」とは，具体的には与えらえた敷地条件や施主からの要望，人の行為の特性などを含めた要求条件の

集まり（集合）を与える社会的・物理的状況と考えられる。

パーツの作り方

コンテクストが与えられたとき，そのコンテクストに適合するかたちがすぐに求まればデザインはそこで終了となる。しかし，実際にはそれほど簡単にはいかない。だから，コンテクストが与えられたのちに，複雑に絡み合った要求条件を解きほぐし，要求条件間の依存関係が最小となるように各要求条件を切り分けることになる。この方法について，集合やグラフ，情報理論といった数学的な道具を用いて説明したのが『ノート』であった。この方法の詳細はのちにアレグザンダー自身によって「そんなことは重要ではない」と批判されてしまうのであるが，現在でもコンピュータサイエンスの分野では必読の文献となっており，実際この部分は重要な示唆を与えるものであるから簡単に説明しておこう。

i) 不適合の抽出

デザイナーが達成すべき目標は，コンテクストが与える要求事項の集合に適合したかたちを求めることであった。つまり，デザイナーが構成したかたちがすべての要求事項に適合している状態が目指すところである。アレグザンダーはこの状態を達成するために，「適合していない」要求事項に注目し，それをゼロにすることによって求めるかたちを手に入れようとした。アレグザンダーは，このように適合していない要求事項のことを「不適合」と呼んだ。つまり，コンテクストがデザイナーに与えられたとき，その要求事項の集合から不適合を抽出することから，彼のアルゴリズムは始まるのである。例えば，あるコンテクストにおいて30個の要求事項が与えら

表1 要求事項の依存関係

要求事項	1	2	3	4	5	6	7	8	9
1	0	1	0	1	1	0	0	0	0
2	1	0	1	1	0	0	0	0	0
3	0	1	0	0	1	0	1	0	0
4	1	1	0	0	1	0	0	0	0
5	1	0	1	1	0	0	0	0	1
6	0	0	0	0	0	0	1	1	0
7	0	0	1	0	0	1	0	1	1
8	0	0	0	0	0	1	1	0	1
9	0	0	0	0	1	0	1	1	0

えたとしよう。その一つ一つをコンテクストに照らし合わせて，どの要求事項が不適合であるかを判定する。そして，そのうち9つの要求事項が不適合であると判定されたとして話を進める。

ii) 要求事項の依存関係の分析

まず，得られた9つの不適合の間の依存関係を調べ，表1を作成する。ここで，ある2つの要求事項が依存関係にある場合には，それらの項目が交差するセルに1が記され，それぞれが独立である場合には0が記されている。

そして，これと同じことを2章で説明したグラフを用いて表現し直したものが図14である。図の中の頂点がそれぞれの要求事項を表しており，その頂点の間の辺はその頂点が表す要求事項間に依存関係があることを示している。

iii) パーツへの切り分け

ここで，このようなグラフを比較的独立した部分グラフ（パーツ）

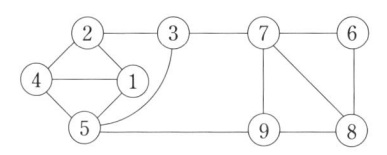

図 14　要求事項の依存関係のグラフ

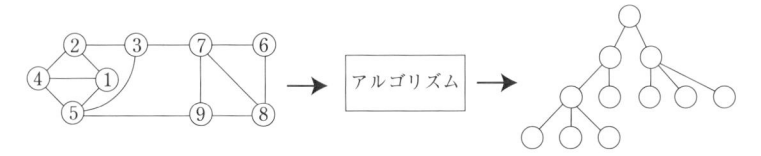

図 15　アルゴリズムの入力と出力

に切り分けるアルゴリズムを説明する。

　まず，このアルゴリズムの入力は図 14 に示された情報であり，出力はこれらを独立したパーツへと分解する過程を示したツリーである（図 15）。ここで，ツリーとは，どの2つの頂点の間にもたどれる道筋があり，しかも，その中にループが存在しないようなグラフのことである。直観的に明らかなのは，結ばれる辺の数が少ない部分は依存関係も希薄だということである。よって，直観的には図 16 の P–P で分割することが望ましいように思われる。しかし，結ばれている辺の数のみを分割の基準とすると Q–Q で分割しても良いことになる。

　そこで，この分割をより厳密に行うため，アレグザンダーは情報理論的相関関係分析（Information-Theoretical Correlation Analysis, ITCA）[16] という手法を用いて分割のアルゴリズムを実装した。具体的には，例えば図 17 にあるようにグラフ全体を G とし，この G を 2 つに分割した場合を考えたとき，分割された G の部分グラフの間（図 17 の場合では，P–P によって分割された M と N の間）で交わされ

第4章　デザインと論理

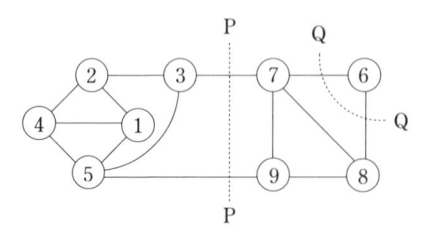

図 16　グラフの切断

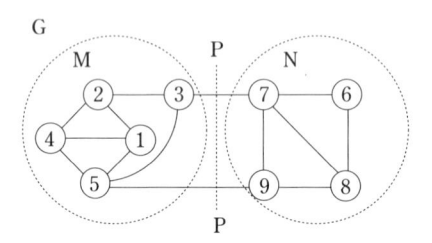

図 17　部分グラフ

る情報が最小となるところで分割を行うアルゴリズムを考案した。

　それでは，実際に図 17 のグラフにおいて P-P がベストな分割であるか確かめてみよう。

　ITCA では，M と N の依存の度合いは，G（グラフの全体）が持つ情報量から部分グラフ M 単独で持つ情報量と部分グラフ N 単独で持つ情報量を引いたものであると考える。つまり，グラフ全体で交わされる情報量から各部分間内で交わされる情報量を引けば，その部分間で交わされる情報量が導き出されると考えるのである。

　アレグザンダーはこの考えに従ってグラフ G が持つ情報量と G の部分グラフである M, N の持つ情報量について計算を行った結果，各部分グラフ間で交わされる情報量は切断される辺の数を n，M, N 内の辺の数をそれぞれ v_m, v_n とすれば，一般に

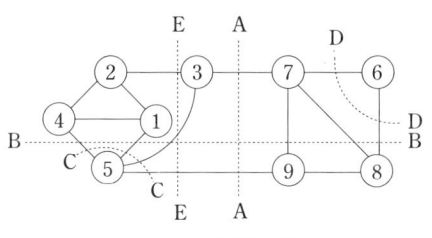

図18 分割位置

$$n(v_m v_n)^2$$

に比例することを明らかにした。そうすると，$v_m v_n$ が小さいほど，すなわちM，Nの辺の数の差が大きいほど情報量は小さくなり，図16では困ったことにP-Pで切るよりもQ-Qで切る方が良いことになってしまう。そこで，アレグザンダーはそういうことが起こらないように「正規化」を行い，(21)式を得た。

$$\frac{RR - \left(\dfrac{TOTAL}{NSQl}\right) MN}{\sqrt{MN \, (MSQl - MN)}} \tag{21}$$

これは分割によって失われる情報量を示しており，RR は切断される辺の数，$TOTAL$ はGに含まれるすべての辺の数，$NSQl$ はGの各頂点から引くことのできる辺の数の合計，MN は $M \times N$ であり，M，N はそれぞれの部分グラフM，Nに含まれる辺の数である。この式に従って図18に示されるA-AからE-Eの分割について計算した結果を表2に示す。この結果，A-Aが最適な分割であることが示される。

この分割によって得られる部分グラフについても，この分割方法と同様の仕方で分割していく。この分割は，部分グラフが図19に

表 2　計算結果

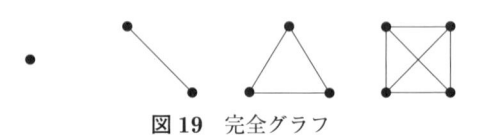

分割位置	RR	M	N	失われる情報量	順位
AA	2	5	4	－0.104	1
BB	6	3	6	－0.003	4
CC	4	1	8	＋0.004	5
DD	2	1	8	－0.006	3
EE	3	4	5	－0.071	2

図 19　完全グラフ

示されるような完全グラフ（任意の 2 頂点間に辺があるグラフのこと）となるまで続けられる。このようなアルゴリズムを実行した結果，比較的独立したパーツ（完全グラフとなった部分グラフ）を得ることができる。このような独立したパーツのことをアレグザンダーは**ダイアグラム**と呼んだ。

iv) パーツの組み合わせ

ダイアグラムが得られたら，それを組み合わせるルールを考えなければならない。

ところで，上で得られたダイアグラムは要求事項のうちコンテクストと不適合を起こしているものによって構成されていた。このダイアグラムを組み合わせるにあたってアレグザンダーが採用した方針は，

　　X：ダイアグラムが示す不適合が起る状況

　　Y：その不適合が解決される状態

を明確に定義し，この2つを組み合わせて

　　　If X, then Y

というルールを作ることであった。

　ここで，一般的にYで示される状態は，モノとモノとの幾何学的な関係が記述されていた。例えば，Xとして「人は最短距離を進むという傾向があるにもかかわらず，それを妨げる障害がありコンテクストとの間に不適合が生じている状況」がある場合，Yはその不適合が解消される状態，すなわち「その障害を取り除き，人が最短距離を進めるような配置」が記述されることとなる。

　そして，アレグザンダーはこのダイアグラムとそのダイアグラムが表現する不適合を解決するルールとの組を「パタン」と呼び，パタン，およびこれらの組み合わせ方から構成されているシステムを「パタン・ランゲージ」と呼んだのである。図20の中のそれぞれの円の内部には，ダイアグラムとそのダイアグラムが表現している不適合を解決するルールが記述されており，そのパタンの組み合わせ方がパタン間の矢印付きのリンクにより示されている。

　以上が，アレグザンダーが考えた「美しいものを，いかにして人工的に作り出すことができる」「明確に定義された誰でも実行できるstep by stepのプロセス」の大枠である。

　このプロセスは，数学者が形式的表現（命題）を構成し，それに対して推論規則をstep by stepに適用し，命題を証明することによって定理を得るプロセスに対応している。つまり，パタン・ランゲージのプロセスを経てデザイナーが手にする「美しいかたち」とは，数学者が証明を経て手にする「美しい定理」に対応するのであ

第 4 章　デザインと論理

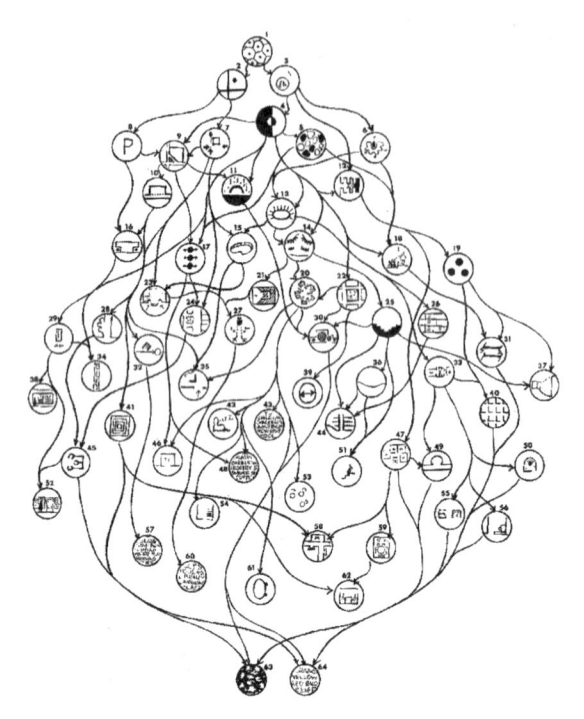

図 20　64 個のパタンの組み合わせ方を示したパタン・
　　　　ランゲージのイメージ図[17]

る。

　そのため，証明を経た定理が常に真であるように，パタン・ランゲージを経たかたちが「コンテクストと適合したかたち」であることが無条件に仮定されている。だから，パタン・ランゲージが生成するかたちの真偽を判定する方法は，パタン・ランゲージ内部には用意されていない。

4-3 デザインの認知プロセス

(1) 情報処理プロセス

エイキン[18]は下に示す仮定をたて，建築デザインを問題解決プロセスとして捉え，建築デザインと理想的な問題解決との相違点を整理している。

仮定 1 デザインは個々の意思決定が目的の充足に向けてなされる問題解決の一形態である。

仮定 2 デザインの成果物は先行する認知的活動の直接的な帰結であり，認知的活動から独立した任意のプロセスの帰結ではない。

仮定 3 デザイナーの知識や行動はさまざまであるにせよ，デザイナーが持つ，記号化 (encoding)，操作 (manipulation)，情報の想起 (recall) など，情報を扱う基本的な能力はデザイン以外の課題にて観察される能力と本質的に同じである。

状態空間による問題解決プロセスの表現

建築設計のプロセスには問題解決のプロセスと共通するいくつかの性質がある[18]。したがって，建築設計プロセスは問題解決プロセスを拡張したものとみなされる。3節では問題解決プロセスとしてのデザインプロセスの基本モデルに触れた。エイキン[18]は設計は個々の決定が目的の遂行に向けてなされる問題解決の一形式であると仮定した。ある住宅の設計における行為と思考についての設計者の説明をプロトコル分析することによって得られたデータはその仮定を裏づけている。D_Pを設計描写の総体，すなわち記号システムにおける有意味表現の総体であるとする。解決案D_Sの集合は，

D_P の要素のうち，デザイン問題によって与えられた要求や制約に関する条件を満たす要素の集合である．デザイン問題における状態は設計操作によって別の状態に変えられる．設計操作によって得られる状態は，予め特定化されてはいないが，目標達成に近づいているとみなせる情報が設計操作を生起する直前よりも多く含まれる状態である．

設計操作には，設計案の生成，設計案の検証という問題解決の操作に加え，情報射影，情報獲得，情報表現，情報確認，制御フロー規則化という5種類の操作があることが明らかにされている[18]．

情報射影（projection of information） すでに獲得している情報から新たな情報を導き出して顕在化させる操作である．新たな情報は既存の情報と設計対象に関する知識に基づく推量，解釈，演繹的推論などによって導出される．

情報獲得（acquisition of information） 問題解決にとって有用な情報を設計対象に関わる領域の外部から取り込む操作である．獲得された情報は他の設計操作を活性化させる．

情報表現（representation of information） 設計対象のかたち，物理的構成，性能や機能に関する潜在的な情報を設計描写として表現するため操作である．表現しようとする情報に関連する情報を付加したり削除したりする．

情報確認（confirmation of information） 情報射影によって導出された情報が既存の情報と整合的（無矛盾）であり，潜在的なコンフリクトがないことを検証するための操作である．

制御フロー規則化（regulation of flow of control） 情報射影，情報獲得，情報表現，情報確認の優先順位やフローを定め，これらの操作を活性化させる操作である．デザインの流れを制御

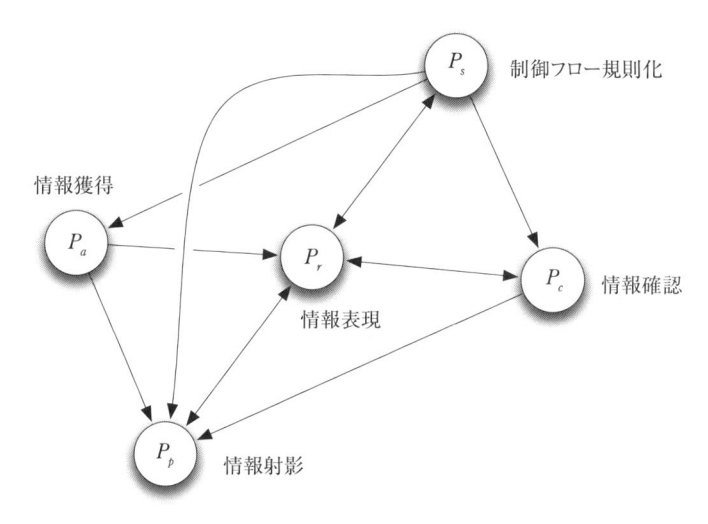

図 21　5 種類の設計操作の関係

するメタ操作である．探索空間を縮小する働きがある。

図 21 は 5 種類の設計操作，すなわち，情報射影 (P_p)，情報獲得 (P_a)，情報表現 (P_r)，情報確認 (P_c)，制御フロー規則化 (P_s) の順序関係を示す。矢先の操作は矢尻の操作に続いてなされる操作である。例えば，情報表現に続いてなされる操作は，情報射影，情報確認，制御フロー規則化のいずれかである。

(2) FNS プロセス

デザインには，構成し，評価し，構想し直すという行為の繰り返しが必須である。デザインの帰結が期待通りになるとは限らない。期待と帰結との差異を縮めるべく，デザインは継続する。

図 22 は FNS ダイアグラムと呼ばれる構成のループ[15]のモデルである。どこを始点としても良い。左上 (s') から始めてみよう。

第4章 デザインと論理

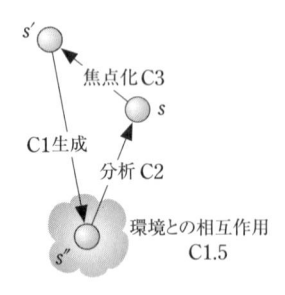

図22 FNSダイアグラム

ありたき未来の実現に関わる要請を実現するために，デザインプロダクトを「**生成**（generation）」する。生成されたデザインプロダクトは動作をする際に環境と相互作用する（s''）が，環境は（少なくともその時点での）デザインに関わるフレームを通して観た部分が考慮の中心となるため，予測外の相互作用が含まれる。動作や環境との相互作用を含めて生成されたデザインプロダクトを「**分析**（analysis）」して認識するのが次のフェーズである。分析結果（s）は生成されたデザインプロダクトの記述（仕様）であるが，これは，多くの場合，初期に想定されたものとは異なる。この差異を検出し，それをなくすようにするのが次のフェーズである。構造とその振舞の間に必ずしも単純な対応が見出せるわけではない。場合によっては問題を提議する枠組みの変更や初期に設定した目標（要求仕様）の変更におよぶこともある。そのため，このフェーズを「**焦点化**（focusing）」と呼んでいる。数ある設計変数の一部に着目し，次のループへと繋いでゆく。

デザインの方法論の一つは要請の記述 φ_{ci} を $\delta_{dj} \triangleright \varphi_{ci}$ なる設計描写 δ_{dj} に変形（transform），比喩的に言えば翻訳（translate）する方法論である。左辺にある記号列を右辺にある記号列に翻訳するという

ことを $\mapsto$ によって示し，デザインするということを $\varphi_{ci} \mapsto \delta_{dj}$ という記号列によって示す。デザインの方法論を作るということは Θ を $\mathcal{L}_C$ を $\mathcal{L}_D$ に対応づける**計算**（computation）$\Theta : \mathcal{L}_C \mapsto \mathcal{L}_D$ を考案することとして定式化することができそうである。

未来の状況において成立させたい物事を批評 $\varphi_{cF}(t)$ として思い描いているとする。

$\delta_{dk}(t) \triangleright \varphi_{cF}(t)$ となることが期待されるデザインプロダクト $\delta_{dk}(t)$ を構想する。ただし，現在の状況（w_0 とする）においてはデザインプロダクト $\delta_{dk}(t)$ は成立していないものとする。

現在認識している物事の表象を現在ノエマと呼ぶ，時刻 t における現在ノエマを $N_E(t)$ によって示す。$N_E(t) = \{\varphi_{cE}(t), \delta_{dE}(t)\}$ とする。未来に実現させたいと思い描いている物事の表象を未来ノエマと呼ぶ。時刻 t に思い描かれている未来ノエマを $N_F(t)$ によって示す。$N_F(t) = \{\varphi_{cF}(t), \delta_{dF}(t)\}$ とする。

生成（Generation / Fabrication）（C1）

構想している物事（$\delta_{dF}(t) \triangleright \varphi_{cF}(t)$ が実現していること）を実体的な物事として外化すべく，身体や環境に働きかける。その結果，世界構造が変化する。このプロセスには，未来ノエマ $N_F(t)$ として思い描いている仕組みを実現させようとする志向性がある。生成後の世界構造を $w(t+1)$ によって示すと，$w(t+1) \models_{D, I(t)} \delta_{dF}(t)$ が成立するように世界構造を変化させる。その帰結として $w(t+1) \models_{C, I(t)} \varphi_{cF}(t)$ が実現することが期待されている。ここで，$I(t)$ は時刻 t における解釈である。

インタラクション (Interaction) (C1.5)

　生成 (C1) によって実体的な物事として外化された構想が環境と相互作用する。世界構造は $w(t)$ から $w(t+1)$ に変化する。

　この変化は生成を契機とする物事の変化と生成とは独立した，完全には予測できない，もしくは，デザイナーには制御できない，物事の変化から成る。そのため，デザイナーが予期していない物事が生じる場合がある。

分析 (Analysis / Narration) (C2)

　生成 (C1) およびインタラクション (C1.5) の帰結として生じた物事について語る。語る対象の主たる物事は構想において注目した物事である。しかし，インタラクションにおいて予期しない物事が構想に大きい影響を与える場合には，その物事も語るべき対象として注目される。実体的なレベルの物事は語られることによって表象され，デザイナーに内化される。このプロセスには現在の世界構造を語る対象とする物事を通して理解しようとする志向性がある。理解する際の観点に依存して世界構造の認識のされかたが異なる。

　生成後の世界 $w(t+1)$ において成り立つ特徴 $\varphi_{cE}(t+1)$ が認識され，言語化される ($w(t+1) \models_{C,I(t)} \varphi_{cE}(t+1)$)。同様に $w(t+1)$ において成り立つデザインプロダクトの構成 $\delta_{dE}(t+1)$ が認識される ($w(t+1) \models_{D,I(t)} \delta_{dE}(t+1)$)。デザインが目論見どおりならば $\delta_{dE}(t+1) \triangleright \varphi_{cE}(t+1)$ であることが確かめられる。

焦点化 (Focusing / Signification) (C3)

　C2 において認識された現在ノエマ $\varphi_{cE}(t+1)$ と予め思い描かれていた未来ノエマ $\varphi_{cF}(t)$ とがどの程度整合的であるのかを確認す

4 デザインプロセスのモデル

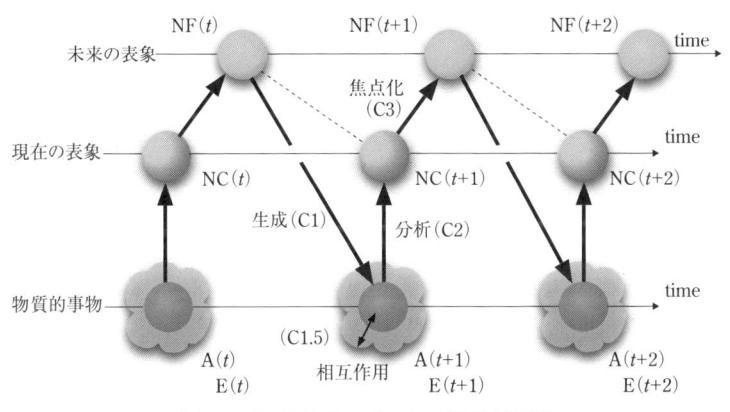

図 23 FNS ダイアグラムの時系列展開

る。次の場合にデザインは完了する。前時点の未来ノエマが現時点で成り立つ $(w(t+1) \models_{C,I(t)} \varphi_{cE}(t))$。前時点の未来ノエマが現時点の現在ノエマを含意する $(w(t+1) \models_{C,I(t)} (\varphi_{cE}(t) = \varphi_{cE}(t+1)))$，または，$w(t+1) \models_{C,I(t+1)} (\varphi_{cE}(t) = \varphi_{cE}(t+1)))$。思い描いた状況と異なる場合，新たな状況である未来ノエマ $\varphi_{cF}(t+1)$ を思い描き，次の行為の有望な方向性を定める。前時点と見方が変わらなければ $I(t+1) = I(t)$ である。

構成的方法論が生成，評価，方向づけのプロセスに加えて重要視するのは，生成された物事と環境とのインタラクション (C1.5) である。生成において生み出される物事は必ずしも完全に予測されるわけではない。生成によって外化された物事が構想する者が予期していない物事を引き起こし，その物事をデザイナーが経験，理解することによって画期的なアイディアが生じる可能性がある。

構成のループは再帰的な構造を持つ。生成，分析，焦点化を微視

的に見れば，それぞれが，生成，分析，焦点化のすべてあるいは一部のループである。好ましい状況の実現に貢献するために人工物がいかに存在すべきであるかを考え，そのような人工物が存在する状況を実現する方法を考案する行為はデザインである。この方法の実行を担保，促進，支援する人工物を実現する方法を考案する行為もデザインである。また，建物内の構築環境を好ましくしようというデザインは，構築環境と建物周辺の局所的な環境の好ましい関係を実現しようというデザインの部分になり，構築環境と局所的周辺環境の関係に注目するデザインが，さらに，構築環境と局所的環境と広域的環境の関係を好ましくしようというデザインの部分になる。

参考文献

[1] 廣松渉ほか編（1998）『岩波哲学・思想事典』岩波書店．
[2] H. A. Simon (1969, 1986) *The Science of Artifical, 3rd Edition*, MIT Press.
[3] 藤井晴行，中島秀之（2010）「デザインという行為のデザイン」『認知科学』17: 403-416, 9.
[4] J. S. Gero (1990) "Design Prototypes: A Knowledge Representation Schewa for Design" *AI Magazine*, 11 (4): 26-36.
[5] モーリス・マシャル（高橋礼司訳）（2002）『ブルバキ —— 数学者達の秘密結社』シュプリンガー・ジャパン．
[6] ニコラ・ブルバキ（村田全監訳）（1974）『数学の建築術』31-48，東京図書．
[7] 松坂和夫（1968）『集合・位相入門』岩波書店．
[8] 森田紀一（1981）『位相空間論』岩波書店．
[9] A. Newell, J. C. Shaw and H. A. Simon (1959) *The Process of Creative Thinking*, RAND.
[10] J. C. Jones (1970, 1992) *Design Methods, 2nd edition*, WILEY.
[11] 吉川弘之（1979）「一般設計学序説」『精密機械』45: 20-26.
[12] 吉川弘之（1981）「設計とは何か」『日本機械学会誌』84: 328-335.
[13] 吉川弘之（1977）「設計学研究」『精密機械』43: 21-26.
[14] C. Alexander (1971) "The state of the art in design methods" *DMG*

newsletter, 5: 1-7.
[15] C. Alexander (1968) "Systems Generating Systems" *ARCHITECTURAL DESIGN*: 605-608.
[16] S. Watanabe (1960) "Information theoretical analysis of multivariate correlation" *IBM Journal of research and development*, 4: 66-82.
[17] C. Alexander, S. Ishikawa and M. Silverstein (1968) *A Pattern Language Which Generates Multi-service Centers*, Center for environmental structure.
[18] O. Akin (1986) *Psychology of Architectural Design*, Pion.

Column 3

パタン・ランゲージにより生成されたLinz Café

　1980年にC. アレグザンダーは，オーストリアのリンツで開催されるデザインフォーラムでの休憩所として"Linz Café"をドナウ川河岸に建設するように依頼された。オーストリアは，彼の母国である。このカフェは，アレグザンダーにとって『パタン・ランゲージ』や『時を超えた建設の道』の中で展開したデザイン理論を，実際の建物にそのまま適用し実現できた最初の例の1つであった。

　1980年代のアレグザンダーは，『ノート』で展開したような数学的で複雑な方法論をもはや用いていない。ただし，まず最初に「パーツ」を規定し，それを組み合わせていく手法自体はここでも踏襲されている。このカフェのデザインや建設過程を説明した著作"The Linz Café"の中でアレグザンダーは以下のように述べている。

　そもそも，この建物は何よりもまずシンプルで当たり前で心地良いものを作りたいという思いに基づいている。このシンプルな心地良さは明確で具体的なパタンに依っている。それらの多くは『パタン・ランゲージ』に記されたものであり，その相互関係や使い方については『時を超えた建設の道』で説明されている。例えば，大きな窓は夏の太陽の方向に向けること，バルコニーと窓は見晴しの良い方向に向けること，窓辺の席や部屋の並べ方，玄関の空間形成の方法，人目にふれないためのアルコーブの設置…。そして，より大きな空間についてのパタンも用いている。例えば座席スペースの並べ方，回廊領域や多様な天井高のパタン，さらには回廊と階段の位置や外部と内部の中間領域を使うことなど…。

Column 3

Linz Caféでは，これらのパタンが53個用いられている。これらの一つ一つを列挙した後，彼はこう述べる。

> ここから始めなければ，理に適った建物を建てることは全く不可能だと私は信じている。

そして，パタン・ランゲージという「証明」過程を経て，アレグザンダーのいうコンテクストに適合した「心地良い空間」が実現されたのである。

Linz Café 外観　　　Linz Café 内観

第5章 デザイン科学の修習

1 教育におけるデザイン科学の役割

　建築設計を学ぶ者にとって，最も悩ましく，その学び方をあれこれと模索する関心事は，どのようにすれば優れた空間構成のアイディアを着想できるのかということ，また，どのようにすれば想起されたアイディアをより具体的で説得力のある空間イメージ（図面，模型，CAD/CGによる各種の設計記録とプレゼンテーション）として表現（伝達）できるようになるかということの2点になるであろう。建築設計のみならず，情報デザインや造形を学ぶためのカリキュラムは，以下の3つに分類されるデザイン活動フィールドに基づいている（図1）。

　デザイン対象論とは，オーソドックスな建築設計や計画分野の研究領域であり，我が国では，作り出す対象に応じてさらに領域が細分化され，独自の専門教育が実施されている。例えば，計画分野では，対象となるアーキタイプ毎に学校，オフィスビル，工場，インテリア，住宅，集合住居，公共施設，都市計画といった研究フィールドを形成している。この分野では，「どんな建築空間をつくる

```
┌─ デザイン対象論 ─────────────┐
│・どんな建築をつくるか？　What should we produce？│
│・対象分野に分かれた設計と計画の研究・教育│
│・日々変化する技術革新に対応したアーキタイプの考察│
└──────────────────────┘

┌─ デザイン技術論 ─────────────┐
│・いかに実現するか？　How can we realize it？│
│・エンジニアリングと情報技術に対応した設計技術の研│
│　究・教育│
│・デジタル化や高度な解析・検証による設計技術の考察│
└──────────────────────┘

┌─ デザイン方法論 ─────────────┐
│・どのような思考で創り出すか？　How can we create it？│
│・技術革新や社会変化に対応する創造的な設計方法の研│
│　究・教育│
│・情報化時代のコラボレーションやワークスタイルの考察│
└──────────────────────┘
```

図1　デザイン活動の3つのフィールドと役割

か？」が主要な目的になる。

　デザイン技術論は，エンジニアリングを中心とした工学技術教育を担っている。具体的には，経済性や耐久性・安全性の高い建築構造およびそれを実現するための解析技術，給排水・電気・空調などの設備を含む環境設計技術，土木技術を含む現場での生産設計技術に関する研究教育が行われており，建築物の耐久性や信頼性向上に加えて，省資源，リサイクル，省エネルギーというエコロジーやサスティナブル建築を可能にする技術開発に貢献している。また近年では，建築設計の情報化とCAD/CG技術をキーワードにした設計支援システムやBIM (Building Information Management) に代表されるデジタルメディア上で構築される仮想建築等がこの研究領域に含まれる。この分野では「建築空間をいかにして実現するか？」が主要な目的になる。

最後のデザイン方法論は，建築の発想や企画に関する創造性とその思考プロセスに関する研究領域である．社会の複雑化と高度化に伴い，建築物の備えるべき機能や社会的な役割もより精妙で機知に富むものが求められている．この分野では新しい建築空間を「どのような思考で創り出すか？」が目的となる．

　また，日々新しい技術や製品サービスが登場する中で，応用工学としての建築研究は，異分野・他分野から提示された新技術や製品サービスのコンセプトを適宜取り込み，建築学の体系に統合していかなければならない．例えば，アップル社が発売し，大きな話題になったiPadのようなデジタルデバイスは，紙媒体が当たり前だった雑誌や書籍の世界に電子化とデジタル流通の革命を起こすと期待されている．その際に，図書館や印刷・製本の工場，書店等の小売り施設は，従来のままのアーキタイプとして生き残ることはできないと予測される．情報化時代のアーキテクト（建築技術者）が直面している新しい領域を図２に示す．

　デザイン対象，デザイン技術，デザイン方法の３つのフィールドは，本来，どれか１つに重きが置かれるのではなく，相互補完的に作用し，工学と芸術の境界領域である建築デザインの学びの中で機能すべきである．しかし，残念ながらデザイン対象，技術分野に比べて，デザイン方法は明確な教育カリキュラムとして実践されているとは言いがたい．デザインの発想や企画とその思考プロセスは，明示的な手順や定型化された技法として形式化できない知的なブラックボックスであり，学ぶ側だけでなく教える側も，具体的に建築設計のための企画や思考を鍛錬し教授するためのメソッドを確立できていないためである．

　本章では，デザイン方法を習得するためのアプローチとして，発

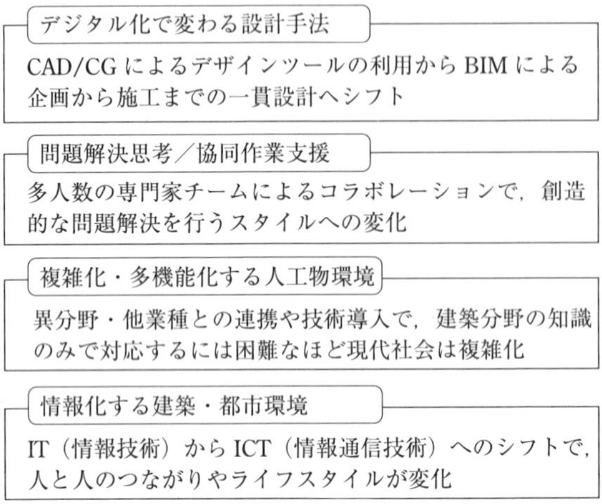

```
┌─ デジタル化で変わる設計手法 ─────────────┐
│ CAD/CG によるデザインツールの利用から BIM による │
│ 企画から施工までの一貫設計へシフト              │
└──────────────────────────────┘
┌─ 問題解決思考／協同作業支援 ─────────────┐
│ 多人数の専門家チームによるコラボレーションで，創造 │
│ 的な問題解決を行うスタイルへの変化              │
└──────────────────────────────┘
┌─ 複雑化・多機能化する人工物環境 ──────────┐
│ 異分野・他業種との連携や技術導入で，建築分野の知識 │
│ のみで対応するには困難なほど現代社会は複雑化      │
└──────────────────────────────┘
┌─ 情報化する建築・都市環境 ──────────────┐
│ IT（情報技術）から ICT（情報通信技術）へのシフトで， │
│ 人と人のつながりやライフスタイルが変化          │
└──────────────────────────────┘
```

図 2 情報化時代におけるアーキテクトの活動フィールド

想的デザイン思考，統合的デザイン思考，論理的デザイン思考を学ぶことに主眼をおいた取り組みを紹介する．

2 発想的デザイン思考を学ぶ

本節では，デザイン科学の立場にたった建築系および情報デザイン系の境界領域での設計教育の実践について，領域全体を俯瞰した上で，論理的思考の向上を目指したデザイン工学教育の取り組みを中心に紹介する[1]．

2-1 発想／企画技法の必要性

著名な建築家やデザイナーが生み出す建築空間の持つ魅力は，複雑で緻密に計算された構造やディテールの美しさ，エンジニアリン

グによって達成される工学的な完成度の高さだけでなく，その空間構造を生み出すもとになった建築家・デザイナーの秀逸なコンセプト（デザイン構想）と企画の先見性，革新性によるところが大きい。建築家（デザイナー）の使命とは，職人的な造形活動を行い，エンジニアのように技術中心での問題解決を行うことだけではなく，時代の織りなす流れの中で，潜在的に人々や社会が志向するニーズや要求を汲み取って具体的な建築空間へと昇華させる「コンセプトメーキング」を行うことであると考えられる。

　かねてより現代は情報化社会の時代であるといわれているが，情報化社会とは情報「消費」社会でもある。社会や生活が高度化・複雑化し，多くの人工物（建築空間，製品，ソフト，サービスなど）が生み出されては消費される情報消費社会においては，建築のプロトタイプも同様に時代とともに変化し，消費される存在になり得る。これらの変化に伴い，デザイン科学の視点に立脚したアイディア発想教育を拡充することで，既存のアーキタイプの見直しや役割の変化に加えて，情報化時代特有の新しいアーキタイプの登場や新技術による社会変化を多面的に予測・検証することが重要になる。

　一般的に建築設計プロセスは，①建築空間や機能の構想（基本アイディアの抽出とコンセプト立案），②要求や仕様を満たす形態の構築（基本設計），③技術的な制約や経済性を考慮した計画実現のための形状作成（詳細設計），④生産段階の手順や工程管理のための仕様決定（生産設計）の4段階で構成されるが，学部レベルでは①および②の習得を主目的とした演習が課されている。建築設計プロセスにおける企画設計（アイディア発想）の位置づけを図3に示す。

　特に企画設計段階では，設計条件や要求が曖昧で流動的であることが多く，扱う設計資料も多彩であるため，設計者は図4に示すよ

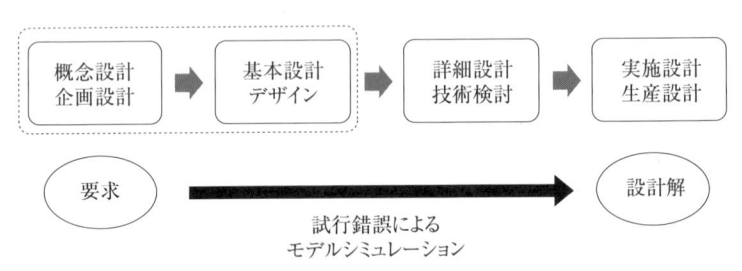

```
概念設計    →  基本設計    →  詳細設計    →  実施設計
企画設計       デザイン       技術検討       生産設計
```

要求 ────────試行錯誤による──────→ 設計解
         モデルシミュレーション

図3 建築設計プロセスにおける企画設計の位置づけ

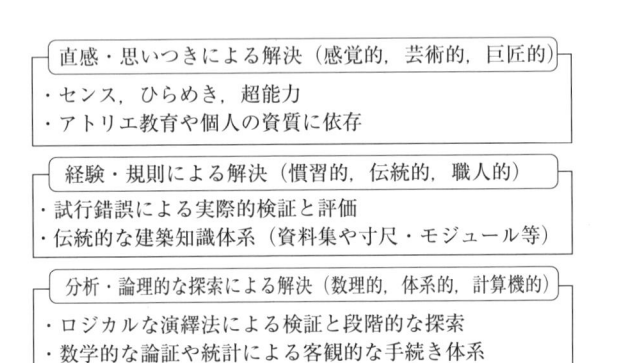

直感・思いつきによる解決（感覚的，芸術的，巨匠的）
・センス，ひらめき，超能力
・アトリエ教育や個人の資質に依存

経験・規則による解決（慣習的，伝統的，職人的）
・試行錯誤による実際的検証と評価
・伝統的な建築知識体系（資料集や寸尺・モジュール等）

分析・論理的な探索による解決（数理的，体系的，計算機的）
・ロジカルな演繹法による検証と段階的な探索
・数学的な論証や統計による客観的な手続き体系

図4 デザイン発想における問題解決思考

うなアイディア発想のための問題解決思考を要求される。

　従来の設計教育では，図4で示した3つの問題解決思考のうち，設計者のセンスや才能に起因する直感と，熟練した設計者が身につける経験が重要視され，多くのデザイン系教育機関ではアトリエ方式やスタジオ方式でのプロフェッサーアーキテクトによる設計教育スタイルが主流となってきた。大手組織設計事務所，建設会社設計部等では，論理的・分析的な設計企画手法がとられているが，建築系の教育機関では，実習制作を中心とした実践教育が主流である。しかし，プロダクトデザインや他の工学系デザイン分野では，必ず

しも徒弟制度的なスタジオ教育だけでなく，数理的分析手法によるデザイン理論や分析思考を取り上げたデザイン教育が行われており，建築系教育カリキュラムとの違いをみせている。

デザインの対象を道具や建築といった工学的な取り組みだけでなく社会計画や環境にまで広げた総合的なデザイン科学の体系を確立し，自然科学（natural science）に対して人工物の科学（artificial science）として考察したH. A. サイモンは，このような分析的な手続きによるデザインプロセスをアナリシスとシンセシスの2つの循環的プロセスとして次のように述べている[2]。

■アナリシス（デザインの評価）
　①評価理論（デザイン決定に関する論理）：効用理論，統計的決定理論
　②計算方法（評価と吟味）：
　（ア）リニアプログラミング，制御理論，ダイナミックプログラミング等の最適代替案選択のアルゴリズム
　（イ）満足代替案選択のためのアルゴリズムとその発見方法（ヒューリスティックス）
　③デザインの形式論理（記述）：命令論理と叙述論理
■シンセシス（代替案の探索）
　④発見的探索：要素分解と目的 —— 手段分析
　⑤探索のための資源配分：効率的探索
　⑥構造の理論およびデザイン組織化の理論：階層システム
　⑦デザイン問題の表現

（文献［2］より引用）

すなわちデザインプロセスは，分析・解析的な思考であるアナリシスの段階と思索・総合的な思考であるシンセシスの段階がサイクリックに実行され，効率的なデザイン解の探索と吟味，評価と統合が繰り返されるというモデルとして提示されている。デザインの実践には，これらのプロセスに対応した個人あるいはグループでの発想思考の導入と多くの解決案の中から満足解を抽出できるデザイン技法の導入が不可欠である。そのプロセスは，①デザイン情報の収集，②デザイン案の発想と発散，③デザイン案の構造化と探索，④デザイン案の収束と評価，⑤デザイン案の表現，の5段階に分けられる（図5）。つまり，デザイン企画のプロセスは，一般的に表1に示すような手順を踏みながら，デザインに関連する諸条件の把握，技術的制約の克服，社会的な意義や貢献の達成，総合芸術としての魅力を満たす造形と情報の体系の構築を行うことであると考えられる。

　そこで，次項からはデザイン分野と情報処理の学際領域を志向している和歌山大学システム工学部デザイン情報学科での空間デザイン実習で行われた，グループディスカッションとアイディア発想技法，ファシリテーショングラフィックによる「見える化」を取り入れたデザイン教育実践について紹介する。

2-2　デザイン企画からデジタルプレゼンテーションまで

　和歌山大学システム工学部デザイン情報学科は，ITを積極的に活用したデザインエンジニアリングに重点をおいた情報デザイン教育を実践しており，プログラミングやWebサービス開発といった情報／システムリテラシー教育とプロダクトデザイン，インテリア

```
┌─────────────────────────────────┐
│ ①デザイン情報の収集段階          │
│ (関連する情報・条件の整理と主題設定) │
└─────────────────────────────────┘
              ↓
┌─────────────────────────────────┐
│ ②デザイン案の発想と発散段階       │
│ (全体的・俯瞰的な視点でアイディアリソースを抽出) │
└─────────────────────────────────┘
              ↓
┌─────────────────────────────────┐
│ ③デザイン案の構造化と探索段階     │
│ (「見える化」による個々のアイディアの関係づけ) │
└─────────────────────────────────┘
              ↓
┌─────────────────────────────────┐
│ ④デザイン案の収束と評価段階       │
│ (デザイン案の吟味と評価)          │
└─────────────────────────────────┘
              ↓
┌─────────────────────────────────┐
│ ⑤デザイン案の表現段階            │
│ (設計図書・データの作成と保存と伝達) │
└─────────────────────────────────┘
```

図 5 デザイン企画実習のワークフロー

設計等のデザイン制作を伴うデザイン企画・提案のデザインリテラシー教育の両方にまたがったカリキュラムを有している。ただし，学科自体は一般的な建築系のカテゴリに属さないため，他大学・教育機関のような設計製図や建築エンジニアリングを志向した建築技術教育よりも，企画開発やコンセプトデザインに近い教育を志向している。

デザイン実習では，統計解析による数理的なデザイン分析技法やKJ法等の**ファシリテーショングラフィック技法**，グループディスカッション形式でのチーム発想技法の導入に積極的に取り組んでいる[3]。これらの技法は，プロダクトデザインの分野では比較的よく

表1　デザイン企画と作業プロセスのワークフロー

達成すべき目標,目的の構想	設計者個人あるいはチームが達成する目標を明確化し,他の協力者やチーム内での共同作業(コラボレーション)によるデザイン実践の目的を共有する。
デザインチームの形成	プロジェクト実現のために要求される個人の技能や経験をもとにメンバーの役割や分担を明らかにする。
実施スケジュールの検討	課題やプロジェクトの提出期限と行うべきタスク分析リストから,調査段階を含めた作業プロセスをカレンダー等のタイムシートに変換する。
プロジェクトに関連したデザイン情報の収集,条件の理解	想定される利用者などのユーザー調査,類似の施設などのアーキタイプの検討,社会的な要求やトレンドなどのマーケティング調査,提供するサービスや社会的貢献に関するビジネスモデル調査,デザイン案実現に必要な技術,製品,素材の選定を行う。 調査結果はグラフィカルなイメージボードや利用者のペルソナ(仮想人格)イメージなどとして表現され,共有される。
コンセプトの模索とデザイン解決候補案の抽出(アイディア発散段階)	デザイン解決の方向性が未定の初期段階では,質よりも量を重視し,設計可能性を網羅的に俯瞰する発散的思考技法とファシリテーショングラフィックによる討論技法に従って解決策に繋がるアイディアリソース(発想のタネ)の抽出と蓄積が行われる。 デザイン案の全体的枠組みやメッセージはコンセプトとして,簡潔な文章やスケッチ,ダイアグラムなどでグラフィカルに提示される。
デザイン解決案の組み合わせ探索と「見える化」(アイディア構造化段階)	個々のアイディアリソースは,思いつきや矛盾を含み,特定の条件に対応した部分的解決案にとどまる雑多なアイディアリソース群となることが多い。この段階では,複数のアイディアリソースを組み合わせて関係づけ,ばらばらのアイディアを体系的な構造へと変換する作業が行われる。 この作業プロセスは,チームメンバーによる同時並行的な共同作業を円滑に進めるために,構造化マップ技法がよく利用される。

2 発想的デザイン思考を学ぶ

デザイン解決案の絞り込みと評価 （アイディア収束段階）	前段階で抽出された複数のデザイン解決案は，経験的，論理的，主観的な3つの視点から検討され，吟味される。経験的評価では，チームメンバーの過去の体験や持っている知識から得られた類似の事例や問題から，設計案の実現可能性が検討される。論理的評価では，設計案の長所・短所のリストアップ，統計解析的な分析，技術的な妥当性，コスト評価，作業スケジュールの時間的な余裕の有無が評価基準となる。主観的評価とは，メンバーの好みや嗜好による評価で，人気投票によるポイント評価やステークホルダーによるデザイン案の選択等が行われる。 これらの評価段階では，構造化マップによるアイディア群の俯瞰マップ以外にスタディ模型，スケッチ，ラフドローイング，CAD/CG ツールによるビジュアルシミュレーション等が用いられる。
デザイン提案の表現 （プレゼンテーションと記録）	アイディア群から収束したデザイン解決案は，技術的検討や審美的評価を繰り返しながら，デザイン提案として具体的な造形，機能，サービスモデルとして固定され，デザインチーム以外へ伝達可能なメディア表現（模型，テクニカルドローイング，CAD 図面データ，3次元モデルを含む BIM モデル）に置換される。 またデザイン提案について，デザインチーム内だけでなく，利害のある関係者や協力者に対してより広範囲なコンセンサスを得ることを目的としたプレゼンテーション資料の作成が行われる。

用いられている手法であるが，建築の企画や設計演習で積極的に活用されている事例は少ない。伝統的な建築設計教育はスタジオ形式のアトリエ教育を主として展開してきたためといえるだろう。ここからは，まず，ファシリテーショングラフィック技法および**構造化マップ**によるコンセプトプランニングの概要について俯瞰した上で，教育実例について紹介する。

図6 Google Picasa で作成したコラージュ表現

(1) コンセプトプランニングに関する技法

コンセプト構築と企画立案に関する技法については，ビジネス分野で多くの技法やスタイルが提唱されている。演習では，以下のコンセプトプランニング技法を採用している。

①コンセプトのグラフィカルな表現：イメージボードの作成

言葉やキーワードによるコンセプトの表現・伝達は，誰でも手軽に実践できる点や文字記号による自由な言い回しと豊富なヴォキャブラリーを活用できるという点で，設計初期のデザインのフレームワーク作りに有効である。しかし，多義的な文章や言葉のニュアンスは，人によりその解釈が異なり，デザインコンセプトが創り出そうとしている世界観を共有するためには不十分といえる。そこで，デザイン演習では，雑誌からの切り抜きや写真，素材等を貼り付けたデザイン企画のイメージボードの作成を行っている。最近では，

豊富な画像データはインターネット上の画像共有サービスから参照でき，また一部の画像アルバムソフト（Google Picasa）は，電子的に蓄積された画像データをもとにコラージュ画像を生成する機能を有しており，演習で活用している。

イメージボードは単なる画像のみのコラージュではなく，五感体験によるブランドデザイニングの手法に従って五感要素（色，形，味，香，音）にカテゴリを分けることで，視覚イメージだけに偏らない演出も取り入れることができる。

②分析的な検討技法：SWOT 分析とクロス SWOT 戦略

SWOT 分析は，経営分析等の事業戦略を検討する際によく使われる分析方法で，強み（strength），弱み（weakness），機会（opportunity），脅威（threat）の 4 軸で評価するマトリクス分析手法である。地域分析や施設のサービス検討を行う際に，思いついたことやデザイン検討項目を五月雨式に挙げていくだけでは，発想の偏りや抜けが生じる可能性が高い。特に演習においては，学生が設計課題の主旨や解決すべきテーマを一面的に捉え，近視眼的な見方に陥ることを避けなければならない。

SWOT 分析では，まず「強み（strength）」，「弱み（weakness）」，「機会（opportunity）」，「脅威（threat）」の 4 軸を，それぞれ内部要因と外部環境，長所であるプラス面と短所であるマイナス面のマトリクスとして検討を開始する。「強み」は検討対象の持つ内部要因に起因する長所（利点）として，「弱み」は同じく内部要因のうち，短所（解決すべき弱点）として考察する。「機会」と「脅威」は外部環境からもたらされる外的要素としてそれぞれプラス面とマイナス面に分類する。以上の 4 軸の視点から企画対象の持つ要因や状況を分

析的に評価する。演習では図7に示すような分析シートを作成して活用している。

抽出された4軸の要因群は，2×2のクロスマトリクスによって，戦略的なデザイン企画を行えるクロスSWOT分析に利用することもできる。クロスSWOT分析は，2×2＝4通りの基本指針として提示される。

わずか4つの要因から出される4軸の方向性にすぎないが，建築企画に関連する多角的な検討や要因分析を可能にする点と比較的簡単に実践できる点が有利である。ただし，慣れないうちは「強み」と「機会」，「弱み」と「脅威」の判別が難しいことやマイナス要因ばかりを抽出しがちになること，適切な要因（キーワード）を思いつかないことがよくある。そこで，演習では，後述のカード式ブレインライティング等の手法と組み合わせることで，多数の要因抽出をグループで行っている。

③仮想人格によるターゲットユーザーの検討：ペルソナ手法

従来のWebデザインや商品企画の分野では，そのターゲットを「20代の若者」や「都会に住む家族世帯」等といった漠然とした人物像やイメージで検討することが多かったが，近年では綿密なユーザー調査や観察調査に基づき，より具体的で典型的な仮想のターゲットユーザー（＝**ペルソナ**）を構築するエクスペリエンスデザインが主流になりつつある[4]。建築分野でも，住宅メーカーがアンケートと顧客へのデプスインタビューをもとにターゲットユーザーの持つライフスタイルや価値観を具体的に設定し，住宅設計・販売に活用している。

仮想ターゲットであるペルソナには，基本情報として氏名，年齢，

Space Design Lab./ WU　　2011/11/16

CAD/CG 演習 2011
クロス SWOT 分析シート

計画地および提案する施設について、強みと弱み、機会（チャンス）と脅威（競合相手）を自由に記入してください。質より量です。

	プラス面	マイナス面
内部環境	Strength 強み	Weakness 弱み
外部環境	Opportunity 機会	Threat 脅威

Space Design Lab./ WU　　2011/11/16

CAD/CG 演習 2011
クロス SWOT 分析シート

抽出シートで SWOT 項目としてあげられた要因をもとにクロス SWOT マトリクスを埋めてください。

現状のまとめ			外部要因	
			機会	脅威
内部要因	強み			
	弱み			

図 7　SWOT 分析の記入シート

表2　クロス SWOT から導出できる4つのデザイン戦略

要因の組み合わせ	基本指針	概要
「強み」×「機会」	積極的な展開と攻勢	強みを武器にした長所を最大限に活用したトップ志向の戦略スタイル
「強み」×「脅威」	差別化と独自性の追求	強みを活かしつつも類似した企画や組織に対する差別化を目指したオンリーワン志向の戦略
「弱み」×「機会」	弱点強化と補完	弱みや欠点を修正し，外部からもたらされる機会を失わないように対策をとる成長戦略
「弱み」×「脅威」	防御的体制の維持	当面の弱点と脅威が重なる最悪の状況を回避する守備的な戦略

　性別，出身地，家族構成，職業，趣味，容姿や身体的な特徴等の個人情報が設定される他，思想やこだわり，目指しているライフスタイル，将来の姿までを細かく検討する。演習では，図8のようなクライアント（ペルソナ）シートを用意して先に述べた討論作業の結果を記入していく。

　ペルソナの導入は，設計グループやチーム作業においてユーザー像の把握やイメージ共有に役立つほか，円滑なデザイン案の創出やコラボレーションの実現，ユーザー中心設計（User Centered Design）の考え方に基づいたデザイン提案の実践に繋がる。

④**時系列/生活シーンのイメージ：五感体験のシナリオライティング**
　シナリオライティングとは，商品やサービスを利用する状況や場面を時系列のストーリー（シナリオ）として記述し，デザイン検討やアイディア発想を行う手法である[5,6]。特に時間・月日・季節等の時間軸の変化に沿ったシチュエーションを検討する時系列のシナ

Space Design Lab./ WU			2010/12/01
CAD/CG 演習 2010			
クライアントシート			

ターゲットとなるペルソナの人物像を，写真・スケッチなどを用いて具体的かつ詳細に設定してください。

Visual Portrait ターゲットの写真など	Personality & Character 性格と特徴	Life Style 生活習慣やスタイル	Business Profile 仕事
Looks & Style ファッションや容姿	Hobby 趣味やこだわり	Etc その他，特記事項	

図 8　クライアント（ペルソナ）による仮想人格の設定シート

リオと，色・音・香・触・味（＝視覚，聴覚，臭覚，触覚，味覚）に起因する身体感覚に訴えかける演出や体験を想定する五感体験シナリオの 2 つを対象に，シナリオ記入シートを用意している（図 9）。

シナリオライティング技法は，先に述べたペルソナが，提案した空間をどのように行動・体験するかを具体的にイメージし，施設計画においてシークエンスによる空間体験の変化を検討したりするのに有効である。

⑤ **グループによる発想技法：カード式ブレインライティング**

ブレインライティングは，もともとドイツで考案されたグループ発想技法で，別名「沈黙のブレインライティング」とも呼ばれる。同様のグループ作業により多数のアイディアや意見を抽出する技法

第5章 デザイン科学の修習

Space Design Lab./ WU					2010/12/01
CAD/CG 演習 2010					1/1
五感体験シナリオの検討					

SWOT分析と五感デザインで規定したコンセプトをもとにシナリオ（時系列と場所の体験）による空間演出を検討

	五感体験（感覚要素別）				
施設・場所・時間	色と光 （視覚）	音 （聴覚）	触 （触感）	香 （嗅覚）	味 （味覚）
空間体験のシナリオ					

Space Design Lab./ WU					2010/12/01
CAD/CG 演習 2010					
五感体験／エクスペリエンスデザインの検討項目					

飲食店等の商業施設は，五感で空間を体験することで印象が強化されます。商空間デザインとしてどのような五感体験を演出するのかを具体的に記入してください。

	五感要素				
場所 時間	Sight & Color 色（視覚）	Hearing 音（聴覚）	Touch & Texture 触（触覚）	Aroma 香（嗅覚）	Taste 味（味覚）

図9 五感体験検討シート（上）と五感体験シナリオシート（下）

では，発話中心のブレインストーミングが有名で，そのスタイルとルールは米国のデザインファーム IDEO では次のように規定されている[7]。

IDEO でのブレインストーミング実践のルール

1. Defer Judgment（批判せず，否定しない）
2. Encourage Wild Ideas（突飛な考えに努める）
3. Build on the Ideas of Others（他人の案を活用する）
4. Stay Focused on Topic（トピックに集中する）
5. One Conversation at a Time（一時に一文で示す）
6. Be Visual（視覚的に示そう）
7. Go for Quantity（質よりも量）

発散的発想技法であるブレインストーミングで出されたアイディアや意見は，ホワイトボードや付箋に記入され，KJ 法等の構造化技法によりグルーピングされて収束されるのが一般的なやり方である。しかし，発話（会話）中心のブレインストーミングでは，討論の参加人数が増えても発言者は1人またはごく少数に限定されるため，意見提示が活発になると自分は意見を出さなくてもよいと考える「社会的手抜き」，発言内容や食い違いに対する「感情的対立」，グループ内のステークホルダーへの「同調行動」，積極的な発言者に影響される「集団的圧力」，段階的な手順や時間管理が不十分な場合には無難な意見や会議終了時刻に合わせてしまう安易な「集団愚行」等の弊害が生じやすい。**ブレインライティング**では，これらの欠点をおぎなって，カードに書くことで，討論作業へ全員が参加し貢献できること，発話によって思考が中断されることがないため

図 10 CBW によるグループ討論の様子

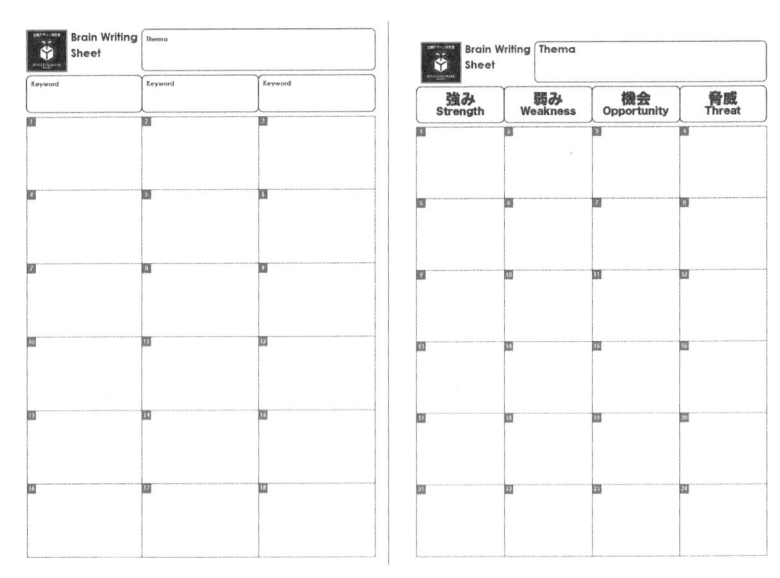

図 11 CBW 記入シートと SWOT 分析用の CBW 記入シート

発想に集中できること，カードやシートへの記入により後のアイディア収束段階でのグルーピングや評価作業が容易になること，などの利点がある。

　カード式ブレインライティング手法は，6/3/5法と呼ばれるスタイルで行われる。6/3/5法とは6名の参加者が3つのアイディアや意見を5分間で発想するプロセスを6回繰り返す方法で，5分間×6回＝30分間の作業で合計108個のアイディア抽出が可能であるため，多人数で短時間に実施できなければならないデザイン企画実習で有効である。また先に述べたSWOT分析手法では，思うようにアイディアや要因抽出ができないこともあり，キーワードとしてSWOT分析の4要因（強み，弱み，機会，脅威）を記入したSWOT分析作業に対応した4×6マトリクスのブレインライティングシートも活用されている。

⑥ファシリテーショングラフィックと構造化マップによる討論の「見える化」

　ファシリテーショングラフィックとは，グループ討論作業においてホワイトボードや模造紙，マーカーペン，付箋等を使って，出された意見や討論のポイント，アイディアのスケッチをビジュアルで共有し，その関係や繋がりをグラフィック（図解）化した表現を取り入れることで，グループ討論の質的向上をはかる討論技法全体を指す。ここでは，討論内容を「書く」のではなく，色やかたち，大きさを変えて「描く」ことで全体イメージを共有できることが利点である。

　一方，構造化マップとは，個々のアイディアや諸条件を系統的に整理し，視覚的にわかりやすいマップとして表現するもので，メモ

カードの並び替えやグルーピングで発想を行う KJ 法やキーワードをツリー状のブランチで展開するマインドマップなどの発散思考ツールがよく知られている。構造化マップによる「見える化」とは，企画設計に関わる多くの情報リソース群が持つ関係を並列，順列，分岐，因果として理解し，相互関係を保ちながら分類化（カテゴリー分け），階層化（ヒエラルキー分け），序列化（ランキング分け）をビジュアルに行うこと，と定義できる。このような発想技法は，複雑な依存関係にある設計条件や目標，個別に生み出されるアイディア群を整理し，グループ作業による論点や建築企画のコンセプトを組み立てるフレームワークを提供することができる。

　デザイン実習などのグループ作業にファシリテーショングラフィックや構造化マップによる発想技法を取り入れることは，デザイン会議の効率化と時間短縮に役立つだけではなく，個人作業での検討項目の見落としを防ぎ，またデザイン検討作業の質的な向上を促すと期待できる。通常のファシリテーショングラフィック形式のディスカッションでは，討論全体をコーディネートするファシリテーターが図解やカード作成を行うグラフィッカーを担当するが，学生によるデザイン実習では，このような専門的スキルを担うのがやや困難である。そこで，発想技法を兼ねた構造化マップ手法として，「**マインドマップ**」，「**マンダラート**」，「**アヤトゥスカルタ**（フィンランド式マインドマップ）」の活用が有効である。

マインドマップ

　マインドマップとは，英のトニー・ブザンが考案した自由連想思考とグラフィカルマップ表示を組み合わせた思考技法で，ビジネスツールや教育ツールとして日本でも多くの企業や教育機関で利用さ

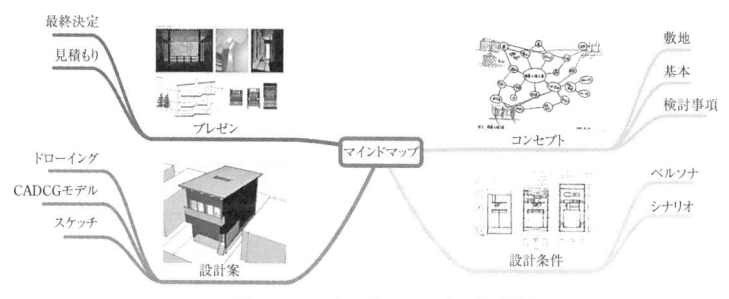

図 12 マインドマップの参考例

れている[8]。その特徴は，主題となるテーマを用紙中央に書き，その後放射状にブランチ（枝）を広げながら単語を中心に関連するイメージを展開していく（図12）。その際にブランチの色や大きさを変えたり，スケッチや写真アイコンなどを多用したりして，できるだけ記号的な図解を避けた全体俯瞰のできるイメージ表現とすることで，思考の定着や新しい発想を促すことができる。また，参考例に挙げたようにマインドマップ作成に対応した多くのソフトウェアが提供されており，手描きマップでのグループ討論だけでなく，CAD/CGツールなどのデザイン系ソフトウェアや，プロジェクターや電子ホワイトボードなどを組み合わせたデジタルデザイン実習で活用しやすいのも強みである。

マンダラートマップ（MY法）

松村寧雄によって考案されたグリッド方式の充填型発想法で，3×3のグリッドマスを1ユニットとし，さらに3×3ユニット，合計81グリッドを用意して，中心のグリッドから順にキーワードで埋めていく発想技法である（図13）。主目的となる重要キーワードほど中央に近く，派生的に連想されるキーワードはその周辺に記入

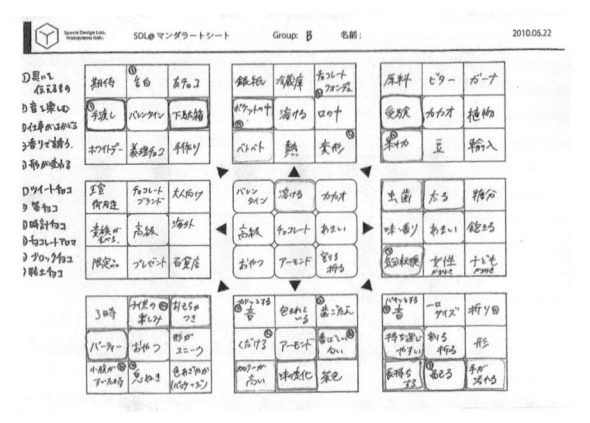

図13 マンダラート（MY法）による記入事例

されることで，アイディアや語句のヒエラルキーを階層的な繋がりで「見える化」できるという特徴がある。また1つのキーワードから8つの関連キーワードを連想することで特定の語句やキーワードのみに偏らない全体網羅的な発散思考を可能にする。

デザイン実習では，自由度が高く描き込みや表現の工夫が必要なマインドマップに対して，空きマスを埋めていけばよいマンダラート（MY法）の方が直感的にわかりやすく，また埋めなければならないマス目があることで作業時間を取りやすい，という利点がある。

アヤトゥスカルタ（フィンランド式マインドマップ）

一般にカルタ（kartta）と呼ばれるマインドマップ技法で，フィンランドの学校で考案された構造化マップによる思考法である[9]。簡易なマインドマップと位置づけられるカルタは，用紙中央に主題となるテーマを描くことは同じだが，連想方式は階層的ではなく，語句やキーワードを5W1Hの原則に従った「これは何？」，「何のた

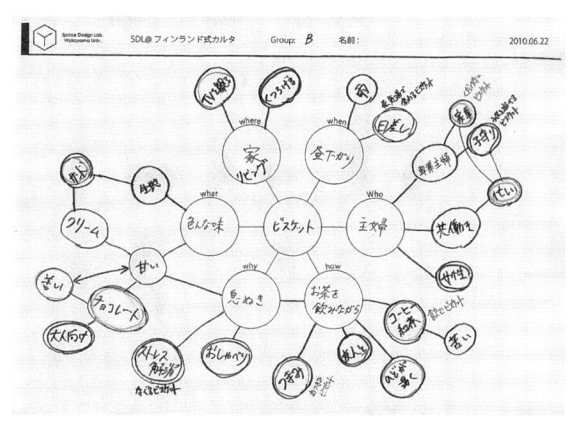

図14　アヤトゥスカルタによる構造化マップ事例

めに？」,「何をする？」,「どうやって？」といったフレーズにしたがって連想・関係付けしていく点が特徴である（図14）。つまり，単なる思いつきや言葉の連想ゲームにならないよう，主題やキーワードを論理的に検証・定義しながら連想していくことで，意味のある構造化マップを創りだしていくのである。デザイン実習での運用では，主題と5W1Hを記入する発想シートを作成している。この方法は，マインドマップのように自由にマップを展開することができ，関連するキーワードを線（リンク）で繋ぐだけで簡単に構造化（関係付け）ができる点，グループでの討論内容をビジュアルに概観できる点，またマンダラートのように発想の枠組みが5W1Hとして提示されているので，建築デザイン企画に不慣れな学生でもあまり迷わずにキーワードやコンセプトの抽出が行える点などが有効である。

　最後に，ここまでに紹介した構造化マップ技法の手法と特徴を表3にまとめる。

表3　構造化マップによる発想技法の特徴と比較

技法名称	分類	手法	特徴
マインドマップ	発散型 階層構造ツリー	図と文字、色彩とスケッチによるグラフィカルな拡散発散型図解技法。	ビジュアルでわかりやすい。作画にスキルが必要。
マンダラート (MY法)	発散・充填型 フラクタル構造	3×3グリッド上の升目をキーワードで埋めていき、1つの主題から複数のキーワードを抽出する半構造化図解技法。	キーワード主体で、実践しやすい。半強制的に記入位置を指定するシートで抜けや発想の偏りを防ぐ。
フィンランド式カルタ	発散・連結型 自由連想マップ構造	キーワードから5W1Hの視点に従い、論理的に分析・細分化していく連想マップ図解技法。	初心者でも簡単に導入でき、キーワード中心の連想思考をサポートする。

(2) 学生設計演習での実践事例

　前項までに述べてきたコンセプトプランニングとグループディスカッション技法を使い、和歌山大学では3回生を対象としたCAD/CGによる複合商業施設の企画デザイン提案演習が行われている。ここからは、その事例について紹介する。

　この事例は、指定した地域を対象に、地域の現況や問題を把握し、地域に欠けている施設や補完的なサービスを提供する商業施設の企画提案を行うもので、建築系学科でよく行われている敷地とアーキタイプが指定された設計実習課題ではなく、むしろ地域デベロッパーの視点で地域分析や開発戦略の立案を行うことを意図している。演習の流れは以下のようになっており、CAD/CGによるプレゼンテーション実習と比べると、地域分析・コンセプト立案・ペルソナとシナリオによるデザイン提案により力点が置かれている。

- 計画敷地分析と地域の把握（グループ討論）：CBW による検討
- 問題点とキーワードの"見える化"：CBW および構造化マップ
- デザイン戦略分析とコンセプト：SWOT 分析
- ターゲット（ペルソナ）の構築と五感体験（エクスペリエンス）の演出
- シナリオ（時間軸，場所毎の行動・体験）検討
- デザイン提案イメージのビジュアル化：CAD/CG ツール
- 企画提案とプレゼンテーション：PowerPoint による発表

　ここで紹介する演習作品2例は，情報系の学部3回生による建築企画と CAD/CG によるデザインプレゼンテーションの提案作品である。2, 3名の少人数でのグループ討論を通じて課題として提示された地域の特徴や問題を整理し，分析を行ったのちに3次元 CAD/CG ソフトによるイメージモデルの作成，施設企画書の提案までを協同作業で進める空間デザイン制作である。情報系の教育カリキュラムを受けている学生のみであるから，建築教育カリキュラムを受けた学生に比べて設計表現に拙いところもあるが，デジタルメディアの特性を活かし，短期間でデザイン意図や企画を論理的なフレームワークに従って組み上げることに重点を置いた実習である。

○大阪市南堀江に建つ複合商業施設の企画デザイン演習

　課題テーマとして，大阪市で人気の高い商業地区である南堀江に，地域交流のコミュニティの拠点となり，魅力的な施設サービスを提供する複合商業施設の企画とデザイン提案を行っている。

　作品例として紹介したのは，ライフスタイルにこだわりを持つ若者世代をターゲットにしたセレクトショップの提案であり，上品なインテリア・家具の街として知られる南堀江のアクセントになる外観を持ったインテリアショップと南堀江に暮らす人たちの交流や来訪者への癒しの場を提供するカフェスペースのCGデザインである。

第5章 デザイン科学の修習

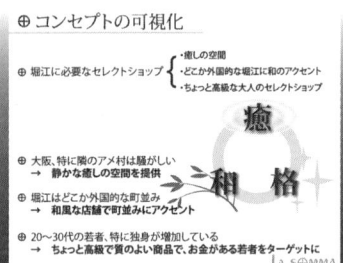

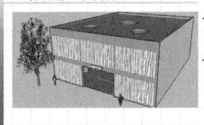

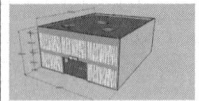

○和歌山市内に建つ複合商業施設の企画デザイン演習

　前例と同じく和歌山市内に建つ複合商業施設の企画提案実習で，若者が集う都心の人気スポット南堀江地区と違い，地域商業施設が衰退している和歌山市に地域の魅力を再発見し，活性化につながる施設の提案を行うことを意図している。この作品例では，ターゲットとして"プチセレブ"をキーワードにした都市居住者のためのコミュニティ施設を構想し，「とまり木」として誰もが立ち寄れるカフェレストランの企画である。

第5章　デザイン科学の修習

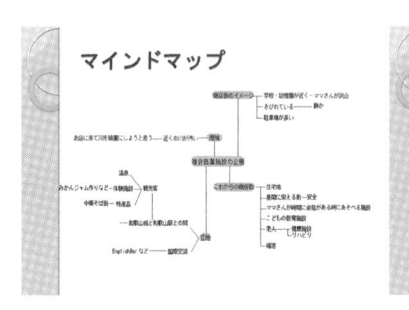

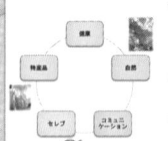

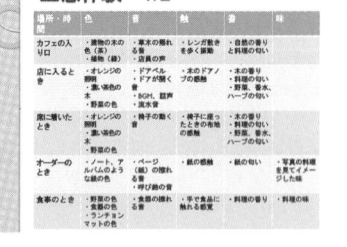

2 発想的デザイン思考を学ぶ

五感要素

自然・優

色	音	触	香	味
Sight & Color (色彩)	Hearing (聴覚)	Touch & Texture (触覚)	Aroma (嗅覚)	Taste (味覚)
自然の色	自然の音	自然の触感	自然の香り	自然の味

図面 1/2

①1階上面図
②2階上面図

図面 2/2

①上面図
②正面図

プラン

①中心に円柱状のガラスを設置、その中に木を植えることで、自然色を押し出す。
②客席からも中を見ることのできるキッチンスペース。お客様の間だけではなく、店員ともコミュニケーションを。
③1階の野菜売場で近所の方とコミュニケーションを。

外観CGイメージ

外観CGイメージ　エントランス

インテリアCGイメージ

インテリアCGイメージ

247

3 統合的デザイン思考を学ぶ

デザインプロセスに予測の手法を取り入れて，代替案の比較検討による最適化を行うためのツールとして各種解析手法を導入することは，デザイン教育を考える上で有効であろう。また，既存の著名建築をデジタルモデル化し，そのモデルを対象として各種解析を実施する，いわばバーチャルなリバースエンジニアリングによるデザイン教育は，統合的デザイン思考を身につけるための新しい教育手法のひとつであるといえよう。本節では，熊本大学において実施された，構法・環境・構造の分析を取り上げた学部生対象の演習授業，および建築の自然光導入に関する検討を取り上げた大学院生対象の演習授業の2事例を紹介する。なお，この授業には計画学，構造学，環境学の教員が共同で参画している。

3-1 事例1：構法，環境，構造の分析による建築の工学的特徴の統合理解

ここで紹介する「演習授業A」(3年前期)は，構法(建物の成り立ち)，環境(室内の光・熱環境)，構造の3つの工学的観点から建物を理解することを企図した授業である。この授業では熊本草葉町教会(設計：木島安史)を対象として2つの課題が用意されており(表4)，その作業過程で3次元設計に対応したCAD(以下，3DCAD)，環境・構造解析ソフトの操作法とその実践的利用を段階的に学ぶことになる。

第1課題では，実在する建物の図面と実物をもとに，3DCADに建物モデルを入力する。ここでは，Autodesk Revit Architectureを

表4 「演習授業A」の課題

	課 題	内 容
1.	第1課題 (個人課題)	3DCADを使った教会の空間的・構造的成り立ちの理解・表現
2.	第2課題 (チーム課題)	空間アレンジグループ 　デジタルモデルの編集による教会の増改築の提案 　光・熱環境の解析による増改築案の評価 構造アレンジグループ 　教会原案の構造解析 　構造改善案の提案と構造解析による評価

使用している。なお，ここで使用した3DCADの主な特徴として，①建物を構成する各部材の立体形状にさまざまな部材属性を持たせることができるオブジェクト指向である，②部材形状や部材相互の位置関係が幾何学的ルールで定義されておりパラメトリックな編集が可能である，③建築部材の図面表記と立体形状が連動しているため各種図面と透視図が常に整合している，ということが挙げられる。このため，パース作成に用いられる立体形状を主に扱う従来のCADとは区別して3DCADという言葉を用いる。演習では，3DCADへのモデルデータの入力プロセスは建物を構成する部材の役割を意識することを強いることを利用し，3DCADへの入力過程で建物を構成する部材の相互関係（構法）を学ぶ。さらに，このモデルを対象に室内の天空光解析や日射量の解析および構造解析（Autodesk Ecotect AnalysisおよびMIDAS/Genを使用）を実施し，環境・構造の側面から建物を理解する（図15）。

第1課題終了後（図15），2～3人から成るチームを構成し，第1課題で作成したモデルを用いて，空間アレンジグループ，構造アレンジグループの2つのグループに分かれて第2課題に取り組む。

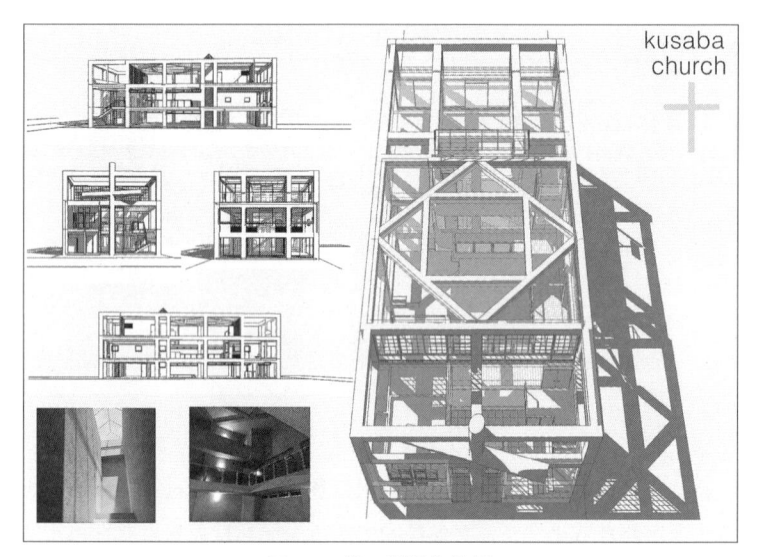

図15　第1課題作品例

(1) 空間アレンジグループ

このグループに与えられる課題は，統合型環境解析ソフトに各自が考案した増改築案のモデルを読み込み，修正し，解析に必要な素材の物性情報を設定し，窓からの天空光による照度の解析と日射量の解析を行うというものである。解析結果を踏まえて増改築案を評価し，結果を増改築案にフィードバックする（図16）。なお，参考のため現状の教会の環境解析結果データ（天空光による照度分布，夏期・冬期における日射による累積熱量，1年を通した各室の温度変化，特定日時の主な部屋の天空光及び直射光による輝度分布）を教員が用意し，事前に配付した（図17）。

この課題の目的は，①実在する建物の室内の光・温熱環境に関する解析結果を読み解くことで，講義で学んだ環境工学の理解を深め

図16 増改築案の天空光照度解析の様子

る，②設計・デザインと室内環境との関係を光や熱から理解する，③各種環境解析を体験する，という3つである（図18）。具体的な演習の流れとそのねらいについて，詳しく紹介する。

原案の環境解析結果データの分析

現状の教会の環境解析結果データ（図17）から，例えば，以下のことを読み取ることができる。3層吹抜の礼拝堂は北側壁上部に設けられた大開口のステンドグラスを介してのみ光が直接室内に入り，その他の光は，礼拝堂東西壁の各層に設けられた横長の窓からの光がコンクリートの垂壁に反射して礼拝堂に入る間接光のみである。フロアレベルは比較的暗い。ステンドグラスを除き壁面における輝度分布に大きな差が出ないように工夫されている。礼拝堂は鉄筋コンクリート造のため開口が少ない上，南北は部屋に隣接し，東

251

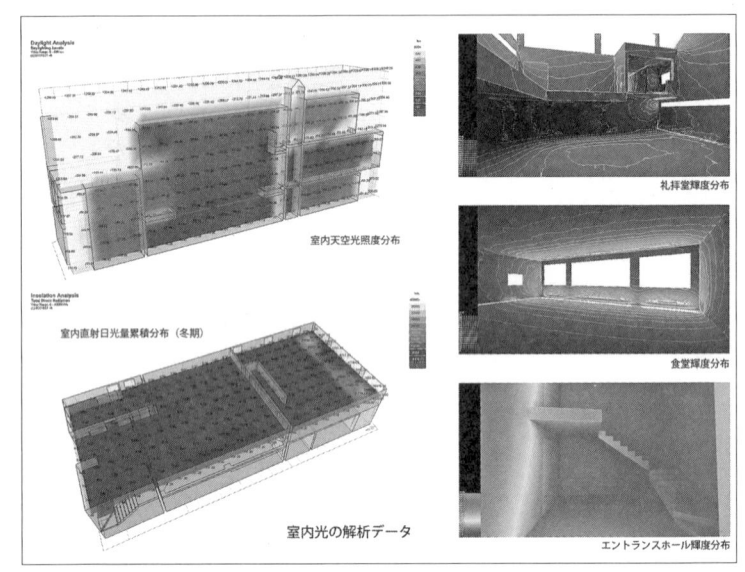

図17 配付した環境解析データ（一部）

西は隣地に中層マンションが建っているため，一年を通じて比較的温度変化が緩慢で，他の部屋に比べると室温が低い。

このように，室内の光や熱の環境を仮想的に体験することで，原案を環境的側面から評価し，学生にとって図面だけでは到達することが困難な設計意図の理解にたどり着くことができる。その一方で，解析結果が示す照度などの数値と実体験を対応させることは，解析結果の理解には重要である。コンピュータ演習室に照度計，輝度計を持ち込み，その場で実測することで，少しでも数値と実体験を結びつけるような工夫をしている。

増改築案の評価ツールとして統合型環境解析ソフトを利用

増改築案を対象に光や熱の解析を実施し，各自が設定した各スペースの使われ方に対して解析結果が適切かどうかを評価する。適

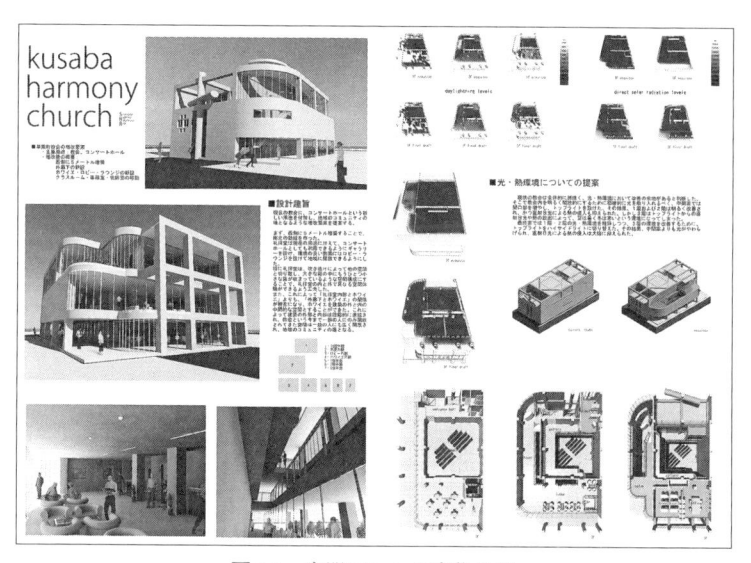

図18　空間アレンジ案作品例

切とは，展示・読書・デスクワーク・休憩・礼拝などのスペースの用途に対して，「明るすぎないか，暗すぎないか」という各自の判断である。明るすぎる場合は，窓から入り込む直達日射による熱で夏期に室温が上昇する問題が発生することが予想される。この場合，どの程度熱が発生するかを解析結果から確認する。暗すぎる場合，人工照明による照度確保が必要となるだけでなく，自然光が少ないことにより心理的側面における快適性が損なわれる可能性がある。「明るさが均質化しているか（偏在化していないか）」という判断も同様である。光と熱では目的とする環境に調整するためのエネルギー量が大きく異なるが，いずれも設備機器によるエネルギー消費を増大させる。

　続いて，解析結果を参考に，増改築案を変更する。具体的には，

窓やカーテンウォール，庇，ルーバーなど，光の室内への導入に影響がある建築要素の配置位置，面積，形状の変更を行う。解析と案の変更を繰り返すことで，工学的根拠に基づく案の評価が可能となるだけでなく，建築デザインと室内の光・熱環境の関係を感覚として理解することができる。例えば，「窓の設置高さを変えると部屋の照度分布はどう変化するのか」，「トップライトにすると照度分布はどう変わるのか，室内に侵入する熱はどう変わるのか」などである。

　なお，この授業では解析結果の数値そのものは重視しておらず，「案の室内環境の比較において，違いの程度を測る指標として解析結果を利用する」ことを学ばせる指導方針をとっている。あくまで，意匠設計者が設計初期段階で自身の設計案を粗く評価するツールとして解析ソフトの使用を指導している。

(2) 構造アレンジグループ

　このグループの課題は，構造解析ソフトを用いて，断面形状やコンクリートと鉄筋の材料強度，境界条件および自重などの外力の計算に必要な条件を設定し，計算結果から応力や変形の状態を把握することである（図19）。解析結果が部材の設計条件を満足しているかどうかの判定をした後に，問題がある箇所の改善案を提案し，それを解析することで応力や変形が構造的条件変更前と比較して各自の予想通り改善したかを確認する。そしてその結果を再び構造改善案の提案に反映させる（図20）。

　この課題の目的は，①実在する建物の構造を解析することで，講義で学んだ力学や構造あるいは材料に関する理解を深める，②空間の見え方とそれを成立させている構造の関係を力学的観点から理解

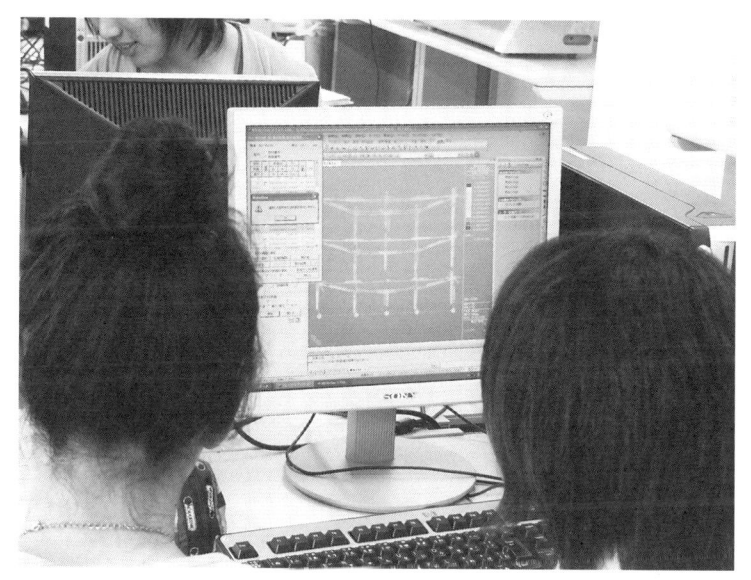

図 19 構造解析の様子

する，③構造解析を体験する，という3つである。具体的な演習の流れとそのねらいについて，詳しく紹介する。

原案の構造解析の実施

現状の教会の構造解析を実施することで，どんな応力状態にあるのかを知り，構造力学の観点から評価する。具体的には，建物の柱および梁に生じる応力（軸方向力，せん断力，曲げモーメント）および変形を解析し，建物全体の中で応力が集中し変形が過大になっている構造要素，すなわち弱点を見つけ出す。また，どのような形状の建築要素が構造力学的に有効な要素として算定対象となっているかを探ることで，構造設計の意図を理解することができる。あるいは，材料特性を生かした要素の配置方法や断面の形状を学ぶことができる。例えば，「梁下に配置された細い壁を構造計算上耐力がな

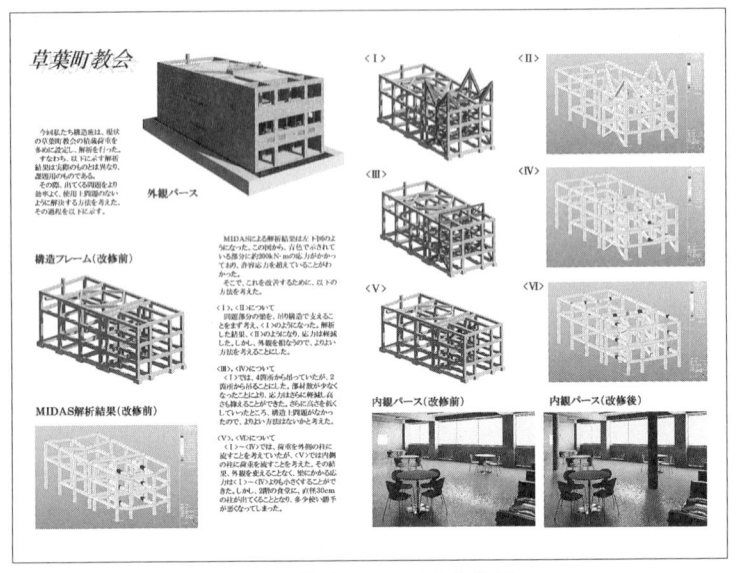

図20 構造アレンジ案作品例

い雑壁とみなす場合と鉛直力のみを負担する柱とみなす場合では，応力の発生状況が異なり鉄筋の配置が異なる」など，さまざまな組み合わせを計算する。

構造改善案の評価ツールとして構造解析ソフトを利用

構造改善案を対象に構造解析を実施し，「原案で集中していた力を他の構造要素に伝達し，大きく変形していた特定の構造要素の変形が小さくなっているか」，すなわち「特定の構造要素だけでなく，建物全体の構造要素で抵抗しているか」を基準に構造改善案を評価した。具体的には，構造要素としての柱，梁，ブレースなどを追加し，さらには追加する要素に用いる材料を変え，既設の構造要素の応力を緩和させる。解析と案の変更を繰り返すことで，環境解析のグループと同様，構造設計と応力や変形の関係，材料の特性を感覚

として理解することができる。例えば，「ブレースを設置すると，周囲の柱・梁に発生する応力や変形はどう変化するのか」，「それによって建物全体の応力分布や変形はどのように変化するのか」，「ブレースにはどのような断面のどのような特性の鋼材を用いると有効か」などである。さらに，構造力学的観点からの評価だけではなく，構造補強によって，使い勝手が損なわれないかという建築計画的観点や，内外観が意匠的にどう変化するかという建築デザイン的視点からも構造改善案を評価する。そのために，構造解析ソフトで新たに追加・変更した構造要素を3DCADへ読み込み，図面や透視図で構造補強案を評価する。

3-2 事例2：著名建築の室内自然光解析による建築デザインの理解

ここで紹介する「演習授業B」は大学院1年生の選択演習科目である。この演習授業は，自然光建築（自然光を積極的に室内に取り入れそれを制御し，視覚的に優れた効果を生み出している著名建築）の平面・断面計画やディテールと屋内自然光環境との関係を，3DCADおよび解析ツールを用い分析・考察するものである。建築設計者としての実務経験がない学生たちにとって，図面に描かれた設計案が実体化したときに出現する室内自然光環境を想像することは容易ではない。自然光建築の室内の光環境を解析することで，建築家の過去の実践に学ぶことができる。

授業では次に示す4つの課題が段階的に進められる。

（1）課題の概要と実施経過

第1課題：各自，自然光建築を選定する。また，選定した建築に関する図面・写真・評論などの資料を収集し，「何がすばらしいのか」，「それを建築的にどう実現しているのか」について分析・考察する。

第2課題：収集した資料に基づき，3DCADへ建物モデルを入力する。入力の際には，当該建築がどのような部材要素から，どのような位置的相互関係で構成されているのかを把握しながら進める必要がある。これには図面や写真をより深く読み込むことが強いられるため，建築の空間構成や構造システム，ディテールの理解に繋がると期待される。

第3課題：第4課題での分析・考察のテーマを各自想定し，それに基づいて各自で解析方針（解析の対象範囲とその方法）を決定する。解析方法としては，太陽からの直射光に左右されない室内における定常的な光を捉えたい場合は，統合型環境解析ソフトを使い，窓からの天空光の照度分布（仮想的に設定した面が受ける光の量）を解析する。また，人が感じる視界の中の光の分布を確認したい場合は，光環境解析ソフトを使い，特定日時における窓からの天空光と直射光による輝度分布（物体の表面が発する光の量）を解析する。なお，前課題で作成したモデルデータを変換し，解析モデルとする。

第4課題：第2課題で理解した空間構成や構造システム，ディテールと第3課題で実施した屋内自然光解析の結果を統合的に分析し，各自が設定したテーマに基づき，自然光の分布と平面・断面計画やディテールとの関係について分析・考察する。

(2) 提出作品から検証する授業の成果

どの提出作品も，屋内自然光環境という視点から建築デザインを理解することによって，より深い設計者の意図やそれを可能にする設計上の工夫を発見していた。それは，トレースや模型作成では達成できないと考えられる。提出作品の中からいくつか印象的なものを紹介する（図21）。

バラガン邸：建築家ルイス・バラガンの自邸である。バラガンにとって最適な自然光環境であるように自邸は設計されているとの前提のもと，バラガンのライフスタイルに関する記述から，彼が使用する部屋と時間帯を解析条件として室内における自然光（天空光および直射光）の輝度分布を解析し，バラガンが使用しているときの

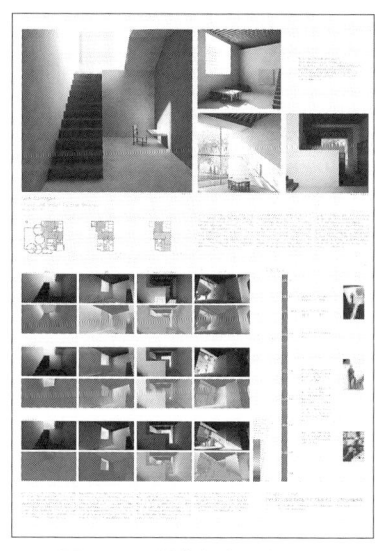

図 21 A　最終提出パネル例
バラガン邸（ルイス・バラガン）

当該部屋の自然光環境を確認した。例えば，バラガンは読書室にて朝仕事を始め，夕方読書を楽しむことが記述されていた。読書室には，比較的高い位置に東向きの大きな窓（乳白色ガラス）がある。解析により，朝方は強い光が空間を満たし，夕方には薄暗い均一な光環境となることを確認した。また，これらのことを可能にする室配置や窓のデザイン，壁面色について分析した。

　キンベル美術館：展示室に自然光が導入された美術館である。トップライトから入った自然光は直下に配された反射板で受け止められた後，ヴォールト屋根に反射して間接的に展示室を照らす。これを取り上げた学生は，反射板の反射率が変わると自然光（天空光および直射光）による展示室内の輝度分布がどう変化するかを季節や時間で比較し，反射率の違いが展示空間の明るさの知覚にどんな

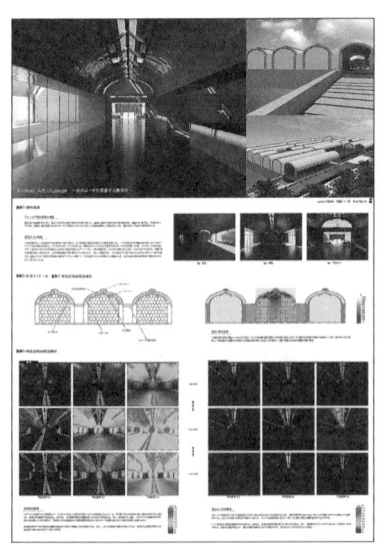

図 21 B　最終提出パネル例
キンベル美術館（ルイス・カーン）

影響を及ぼすかを考察した。

　ロンシャンの礼拝堂：複雑な建築形態や多様な窓を持つ教会である。図面から内部空間の光の分布を想像することは困難である。これを取り上げた学生は，複雑な内部空間であることから，明るい場所，暗い場所が発生しているということを図面や写真から予測した。具体的にどこがどの程度明るいか，そして暗いかを確認するため，机上面レベルにおける天空光の照度分布およびいくつかの日時の自然光（天空光および直射光）の輝度分布を調べた。また，複数日時の解析結果の比較によって，どの日時に訪れるのが礼拝に最適かを，演習を通して自身が理解を深めた本建築の内部空間の光環境の特徴に基づき提案した。

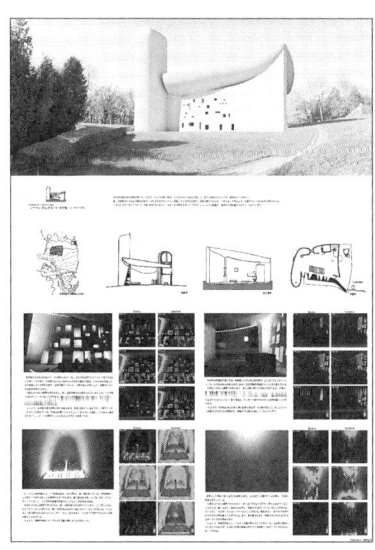

図 21 C　最終提出パネル例
ロンシャンの礼拝堂（ル・コルビュジェ）

3-3 新しい設計ツールによって変化する設計教育

室内の光や熱の環境や構造要素に発生する応力や変形は，いずれも設計案の図面や透視図から即座に確認できるものではない。しかし，それらは設計案が実体化すれば生じるものであり，設計案を評価するための重要な項目の一つである。実体化する前に各種解析で見えないものを予測し，その観点から評価することは重要である。視覚化された室内環境や力学的状態を設計案に重ね合わせることで，多視点的に設計案を評価することの重要性を学ぶことができる。

4 論理的デザイン思考を学ぶ

本節では，論理的なデザイン思考を養うことを目的とした授業の試みについて紹介する。その具体的な内容は，自ら選択した事物現象（人工物）について，デザインの分析，デザインの構成，デザインの生成という3つの段階の課題を通じて，自らのデザインプロセスを自覚的に認識することである。

4-1 デザインプロセスの自覚

かつて C. アレグザンダーは『形の合成に関するノート』において，伝統的なデザインとは無自覚なプロセス (The Unselfconscious Process) であり，近代的なデザインは自覚されたプロセス (The Selfconscious Process) であると主張した[10]。ここで言及されるデザインプロセスとは，形（形態）とコンテクスト（脈絡・機能）の間の

不適合を解消し，アンサンブルの秩序を創造することである。アレグザンダーは，無自覚なプロセスでは，伝統により秩序が維持されるため，形式化された規則が必要とされなかったが，自覚されたプロセスは，明白な法則に基づく必要があり，分析的段階から導かれるプログラムを出発点とする必要があると論じた。ここで示された問題解決の手法は極めて数理的であり，その後の情報技術の進展の中でさまざまに模索されてきた。

　しかし，皮肉にも情報技術の進展とりわけユビキタス化の進展により，"形態は機能に従う"という近代的なデザインのテーゼが揺らいできている[11]。建築計画学におけるビルディングタイプあるいは都市計画学における用途地域などが仮定してきた，我々のさまざまな行為（アクティビティ）と空間・時間との個別的・固定的な関係は，急速に希薄になりつつあり，多様化・流動化しつつある。原広司は，空間は「機能」から「様相」へ向かうと主張した[12]。建築プログラムの限界が叫ばれるようになり，純粋に形態自体を追求する動きが盛んになりつつある。

　ここで注意しなければならないのは，近代的なプログラムが否定されるからといって，デザインプロセス自体が無自覚で良いことにはならないことである（論理的にいえば，逆は必ずしも真ではない）。先鋭達は，むしろプログラムを否定することで，それ以上に複雑な問題解決と対峙している。

　一方で，情報技術の飛躍的な進展により，CAD/CGを用いることで，誰でも手軽にデザイン（形態）を操作できるようになり，誰でもそれなりの表現力を獲得できるようになった。アナログメディアの時代には，推敲の深さとその表現（描画）にはある程度の相関を仮定することができた。よく考えられた設計案は，その表現にお

いても一日の長が認められた。しかし，デジタルメディアでは，推敲の深さとその表現（描画）との間には必ずしも関係がない。その結果，手軽な表現力の獲得が先行する一方で，デザインプロセスは無自覚化し，巧みな表現の背後に認められた深い推敲を置き去りにしてはいないだろうか。

　対象の理解を深めるためには，それを明示的に記述する必要がある。対象を記述する方法として，我々は記号を利用する。そして記号を形式的に操作する体系に基づき，深い推敲を進めている。ここで用いられる体系は，これまでの章で論じてきたように，文字（論理式），数式，図式に分類できよう。

　専門的立場の違いにより，主として用いる体系に違いはあるものの，何れかの体系がメタな位置にあるわけではない。文字（論理式）は定性的な側面の記述に優れ，数式は定量的な側面の記述に優れ，図式は空間的な側面の記述に優れている。しかし，いずれの記述も互いに相補的であり，その体系のみで対象のすべてを記述することはできない。我々の対象認識は，知性，理性，感性の総体の上に成立しているのである。

　エンジニアリング（工学）の立場では，数式による記述を用いる場合が多い。これは，記述を操作する手続きが厳密に規定されているからである。一方，デザインの文脈では図式による記述を好んで用いる。エスキースとは，まさに図式により推敲を深めていくプロセスであろう。また，社会一般には文字を用いた自然言語による記述がほとんどである。しかし，図式や文字は，操作する手続きが主観的であったり曖昧である場合も多い。そこで，より厳密に記述するためには論理式が必要となる。

　デザイン科学の領域では対象の理解を深めることを目指し，4章

で論じたように，論理式を用いたデザインの記述がさまざまに試みられてきた。これらの記述で参照される論理記号（¬（否定），∧（論理積），∨（論理和），⇒（含意），⇔（同値），∀（全称記号），∃（存在記号）など）は一般には馴染みが薄く，何が書かれているのか即座に理解できないために敬遠されるかもしれない。しかし，論理的な思考に求められることは，論理式の操作に卓越することではない。求められているのは，さまざまな記述を通じて，ともすれば起こりうるデザインプロセスの無自覚化を排除することであり，対象を正しく理解し深い推敲へと導くことこそが重要なのである。

4-2 デザインプロセスを踏まえた課題の事例

ここで紹介する授業は，筑波大学大学院の修士課程の学生を対象として実施しているもので，履修者は必ずしも"建築"デザインを志向する学生だけではない。授業は，それぞれの段階に関する解説と学生らの課題発表を交互に行う形式で実施されている。なお，講義においては，本書で用いられるような数理・論理に関する専門用語の使用は出来る限り避け，視覚的な図式を用いて説明するように心がけられている。

(1) 課題の概要と実施経過

第1段階は，概念の理解を明示的に行うことである。すなわち，まず対象とする事物現象概念の集合を考えることで外延的（extension）に定義する。次に，それらを分析的に説明することで内包的（intension）に定義する。そして，それぞれが持つ特徴（feature）や属性（attribute）の差異により互いに異なるものを区別すること

第5章　デザイン科学の修習

図 22　これ何ですか？
(画像提供：株式会社カッシーナ・イクスシー，ハーマンミラージャパン，フリッツ・ハンセン，ヤマギワ株式会社，株式会社天童木工，丸正家具)

で，類似性や従属性を確認する。もし対象についての理解が不十分な場合には，構成要素(component)に分解し，それぞれについてさらに分析を加える[13]。

このような還元主義に基づく方法論は，近代科学の常道でもある。実際，建築デザインにおいても，これまでに述べてきたように，還元的方法論を拠り所に近代的デザインを実現してきたことは，明らかであろう。

授業は，図22に示すような数々の事物を示し，これらがなぜ「椅子」と認識されるかについて，一緒に考えることから始まる。対象は建築である必要はない。むしろ建築のような複雑な事例では，そもそも理解が薄いために対象として不適当である。実際，自らの課題の対象として複雑な人工物を選んだ履修者は，多くが途中で挫折している。

第2段階は，概念の構造を明示的に記述してみることである。すなわち，まずデザインの分析において対象から導き出された構成要

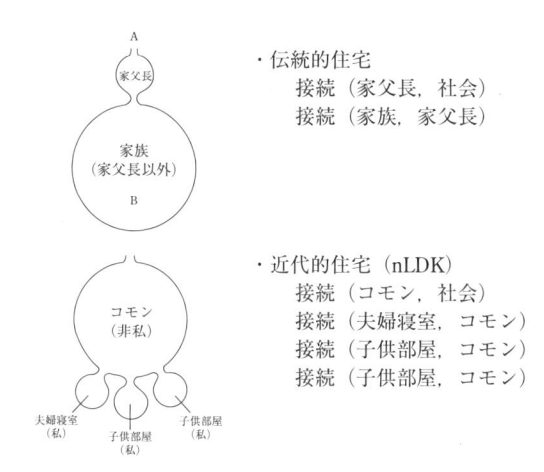

```
         A
       家父長

      家族
   (家父長以外)
        B
```
・伝統的住宅
　　接続（家父長，社会）
　　接続（家族，家父長）

```
      コモン
      (非私)


  夫婦寝室       子供部屋
   (私)  子供部屋  (私)
          (私)
```
・近代的住宅（nLDK）
　　接続（コモン，社会）
　　接続（夫婦寝室，コモン）
　　接続（子供部屋，コモン）
　　接続（子供部屋，コモン）

図 23　ダイアグラムによる構成の記述（文献［14］より引用）

素について，それらの関係モデル（relational model）を定義する．関係には，特徴や属性，構成要素どうしの関係，部分と全体の関係など，さまざまな関係が認められよう．次に，それらの関係を記述する方法について考える．

　理工学的な志向では，このような目的のためにダイアグラムを用いる場合が多い．先の C. アレグザンダーも，計画的な都市デザインと伝統的な都市デザインの違いを，ツリーとセミラチスというダイアグラムを用いて示している．山本埋顕は，伝統的住宅と近代住宅（nLDK）の空間構成の違いについて独自のダイアグラムを用いて見事に説明した（図 23）[14]．

　ダイアグラムの利点は，上に示したさまざまな関係を視覚的に一望できることである．ダイアグラムの欠点は，記述が宣言的であるため，記述を操作する手続きが書式として形式化されていないことである．しかし，ダイアグラムを一階述語論理（first-order predicate logic)の原子論理式 P (t_1, …, t_n) に変換することで，数式のように形式的に操作することが可能になる．形式的に操作可能となれば，デザインプロセスをよりメタなレベルで議論することもできる．

いずれにしても，授業においては，対象とする事物現象概念の構成に関するダイアグラムを描かせ，それを読み解いて即席の一階述語論理により記述させるまでとしている．このような作業を通じて，対象とする事物現象概念の構成原理を明らかにし，基本となる型（プロトタイプ）が何であるかを改めて確認していく．

第3段階では，プロトタイプの調整，プロトタイプの改作，プロトタイプの創造というデザイン生成プロセスについて考える[15]．

プロトタイプの調整（prototype refinement）とは，構成原理に従ったデザインの生成である．伝統的・科学的・技術的に確立した規則（ルール）に従うことで，アンサンブルの秩序が保たれる一方で，作り出されるものは概ね同型となる．

プロトタイプの改作（prototype adaptation）とは，構成原理の変更を通じたデザインの生成である．ここで注意すべきは，構成原理の変更による影響は局所的に留まらない可能性があることである．記述の一部を変更することで，それまで保たれていたアンサンブルの秩序のどこが乱されるのかを見定め，改めてそれを解決しなければならない．

プロトタイプの創造（prototype creation）には，根本的な構成原理の解消や，全く新しい構成原理の創出が求められる．しかし，新しい事物現象概念は無から生まれるのではない．今日崇められている創造的なデザインと思われているものの多くが，実は小さなプロトタイプの改作を積み重ねた結果であったということを認識する必要があるであろう．

図 24　構成原理の変更・解消
（画像提供：株式会社アドスタッフ，ソニー株式会社，ロイター／アフロ）

　授業においては，特定の事物現象のデザインの変遷を追う中で，それらが実現されるためには，どのような構成原理の変更や解消が求められたのかを考える。例えば，図 24 に示すような音楽再生装置の変遷で言えば，卓上型から持ち運び型への移行には記録媒体という構成要素の変更が必要であり，携帯型（"ウォークマン"）の実現には本体とスピーカーを分離するという構成原理の変更が必要であり，iPod は音楽記録の非物質化という根本的な構成原理の解消により実現された，というような分析を加えていく。

(2) 履修者の提出作品からみる授業の成果

　以上の段階を踏まえて，履修者が課題として発表したデザイン思考の事例を表 5 に示す。これらの対象は，履修者が自ら選択したものである。

　第 1 番目の事例は「チェック柄」についてである。この学生は，

デザインの分析（第1段階）として，まずギンガムチェック，タータンチェック，グレンチェック，アーガイルチェックなど一般に生地として普及しているさまざまなチェック柄を外延的に一覧する中から，デザインの構成（第2段階）として縞に求められる規則を導き出し，デザインの生成（第3段階）においてバーコードを利用することを発想することで，これまでにはなかった新しい付加価値のあるチェック柄の創出に成功している。

第2番目の事例は「靴」についてである。この学生は，靴を構成する要素が必ずしも多くないことを逆手に，デザインの構成（第2段階）においてその可能な組み合わせ（場合の数）とすでに一般に普及している靴の構成を見比べることから，デザイン的な試みの少ない組み合わせがあるところに着目した。そして，デザインの生成（第3段階）において，自ら設定した組み合わせ制約の中でミルククラウンを発想し，履いた時に靴底から立ち上がり足を包み込むという新しい靴のデザインを提案している。

第3番目の事例は「パスタ」についてである。この学生は，デザインの分析（第1段階）として，ペペロンチーノ，ボンゴレ，ペスカトーレ，カルボナーラなどのパスタ料理を外延的に一覧し，その構成要素としての材料で分類する中から，すでにあらゆる組み合わせが試みられていることを認識するに至った。そこで，新しいパスタ料理を思考するに当たり，素材だけではなく料理法に着目し，実際に試行錯誤を繰り返す中で，これまでとは違う調理法によるネオパスタを考案した。なお，発表の最後には，創作されたネオパスタが履修者全員に振舞われるというオマケも付いた。

いずれの事例でも，自ら選択したデザイン対象について，分析的視点を持ちながら段階を追って推敲を重ねることで，自らのデザイ

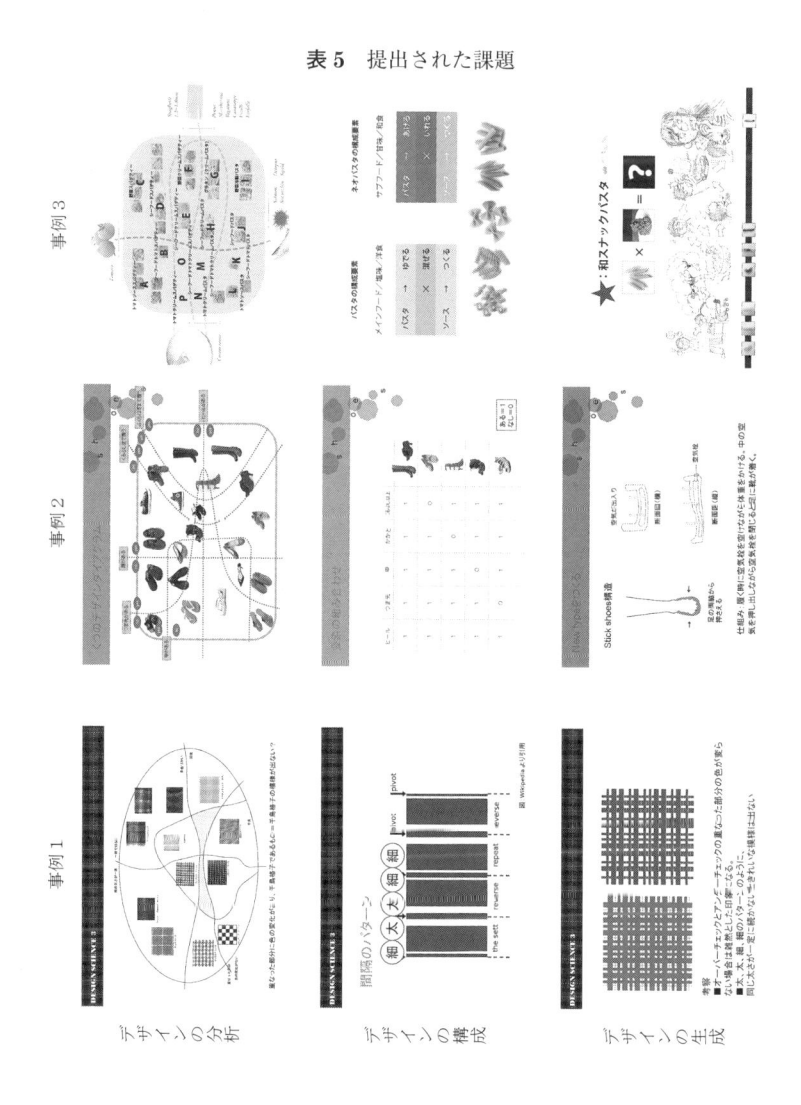

4 論理的デザイン思考を学ぶ

表5 提出された課題

ンに到達できていることが確認できる。一方，履修生の中で，各課題の意図するところを概ね理解できたと思われる学生は半数にとどまった。特に，事例のような作品を仕上げられた履修者は，学部時代に多少なりともデザイン修養を受けた学生である。経験のない学生にとっては，デザインという行為事体が自覚する以前の問題であるのかもしれない。

今日，ソフトウェアのような大規模なシステムのデザインにおいて設計方法論は不可欠であり，OMT（オブジェクトモデル化技法/Object Modeling Technique），UML（統一モデリング言語/Unified Modeling Language）などさまざまなアプローチが考案されている。一方で，さらに複雑であるはずの建築・都市デザインの文脈では，設計方法論が真剣に語られる機会は少なくなったように思われる。このような実情が，デザインプロセスの無自覚化を助長しているのである。

勿論，本授業における段階的なデザイン思考は，これまでも"分析・合成・評価"[15]あるいは，"か・かた・かたち"[16]などとして実践されており，決して新しいものではない。また，このような記号主義的・還元主義的な方法論については，否定的な意見もあるであろう。設計とは個々人の内的思考に深く依存するもので，方法論として定式化すること自体，意味がないかもしれない。しかし，教育の現場において，まず大切なことは，デザインプロセスを自覚へと導くことである。それを通じてはじめて，各人が拠り所とするデザインの方法に迫れるのではなかろうか。

参考文献

[1] 川角典弘 (2008)「デザイン科学と教育」『建築のデザイン科学』研究会資料.
[2] ハーバート・A・サイモン (稲葉元吉, 吉原英樹訳) (1999)『システムの科学 第3版』パーソナルメディア.
[3] 高橋誠 (2007)『ブレインライティング ── 短時間で大量のアイデアを叩き出す』東洋経済新報社.
[4] 情報デザインフォーラム編 (2010)『情報デザインの教室 ── 仕事を変える, 社会を変える, これからのデザインアプローチと手法』丸善.
[5] 博報堂ブランドデザイン (2006)『ブランドらしさのつくり方 ── 五感ブランディングの実践』ダイヤモンド社.
[6] 博報堂エクスペリエンスデザイン (2008)『リアルヂカラ』弘文堂.
[7] トム・ケリー, ジョナサン・リットマン (鈴木主税, 秀岡尚子訳) (2002)『発想する会社！── 世界最高のデザイン・ファーム IDEO に学ぶイノベーションの技法』早川書房.
[8] トニー・ブザン, バリー・ブザン (神田昌典訳) (2005)『ザ・マインドマップ ── 脳の力を強化する思考技術』ダイヤモンド社.
[9] 北川達夫, フィンランド・メソッド普及会 (2005)『図解フィンランド・メソッド入門』経済界.
[10] クリストファー・アレクザンダー (稲葉武司訳) (1978)『形の合成に関するノート』鹿島出版. (C. Alexander (1964) *Notes on the Synthesis of Form*, Harvard University Press.)
[11] ウィリアム・ミッチェル (渡辺俊訳) (2006)『サイボーグ化する私とネットワーク化する世界』NTT出版. (W. J. Mitchell (2003) *Me++: The Cyborg Self and the Networked City*, The MIT Press.)
[12] 原広司 (1987)『空間 ── 機能から様相へ』岩波書店.
[13] 藤井晴行 (2008)「デザインと論理」『建築のデザイン科学』研究会資料.
[14] 山本理顕編 (2006)『私たちが住みたい都市 ── 身体・プライバシー・住宅 国家』平凡社.
[15] R. コーイン, M. ローゼンマン, A. ラドフォード, M. バラチャンドラン, J. ジェロ (渡辺俊, 横澤正人訳) (1994)『デザインの知識工学』オーム社. (R. Coyne, M. Rosenman, A. Radford, M. Balachandran and J. Gero (1990) *Knowledge-Based Design System*, Addison-Wesley.)
[16] 菊竹清訓 (1969)『代謝建築論 ── か・かた・かたち』彰国社.

索　引

[A-Z]
FNSダイアグラム　207
L-system　84
n組　161
SWOT分析　229

[ア行]
集まり　156　→集合
アヤトゥスカルタ　238, 240
アルゴリズミックアーキテクチャ　85
アルゴリズム　33
アレグザンダー　43, 56, 194–204, 214, 262
位相　180
　——空間　180
　——構造　179
一階述語論理　21
オブジェクト指向　39

[カ行]
外延的記法　156
解釈　165
開集合　180　→集合
階層構造　71
『形の合成に関するノート』　28, 262
還元論　72
関数（サブルーチン）　36
偽　165

機械語　33
機構　171
記号体系　154
記述　3
機能　171, 172
　——概念空間　189
　——概念集合　187
逆探索法　117　→探索
組合せ最適化問題　102　→最適化
グラフマイニング　139
形式言語　154　→言語
形式表現　154
結構　162, 171, 172
決定木　137
元　→要素
言語　154
　形式——　154
　自然——　32
　プログラミング——　32
合意形成　11
構成素　157
構造化マップ　227
構造最適化問題　98　→最適化
構造設計　91
構築環境　171
公理的方法　177

[サ行]
再帰呼び出し　38

275

索引

最適化　9, 96
　　——問題　96, 185
　　　組合せ——　102
　　　構造——　98
　　　多目的——　104
サブルーチン　→関数
シェイプグラマー　24, 78
仕組み　171
システム　92
　　——工学　94
　　——論　6
自然言語　32　→言語
実体概念　186
　　——集合　186　→集合
集合　156
　　開——　180
　　実体概念——　186
　　——論　156
　　真部分——　158
　　属性概念——　187
　　属する　156
　　抽象概念——　187
　　等しい　156
　　部分——　158
　　べき——　159
　　要素（元）　156
収束　30
充足する　165
順序構造　178
順序対　161
真　165
人工言語　→プログラミング言語
真部分集合　158　→集合
数学的構造主義　177
生成システム　195
設計描写　175

設計変数　184
設計問題　→デザイン問題
　　——変数　185
線形計画法　14, 97
全体論　73
双曲幾何学　80
総合　27
操作　4, 60
属する　156　→集合
属性概念　187
　　——空間　189
　　——集合　187　→集合

[タ行]
ダイアグラム　202
タイリング　→平面充填
タプル　161
多目的最適化問題　104　→最適化
探索　113, 182
　　深さ優先——　115, 182
　　逆——法　117
抽象概念　187
　　——空間　188
　　——集合　187　→集合
定式化　154
データマイニング　15, 127
デザイン言語　42
デザインの写像モデル　189
デザインプロセス　153
デザインプロダクト　153
デザイン問題（設計問題）　153
手に負えない問題　26
トップダウン　28, 78
トレードオフ　31

[ナ行]
ネットワーク型　67
『ノート』　195, 197　→『形の合成に関するノート』

[ハ行]
パタン・ランゲージ　195, 203, 214
バックトラック法　117
発見的手法　124　→ヒューリスティック
発散　30
パラメトリックデザイン　80
パレート最適解　105
パレート解集合　31
等しい　156　→集合
批評　175
ヒューリスティック　9, 15
評価　27, 29
　——関数　9, 183
ファジィ集合　15, 108
ファジィ理論　108
ファシリテーショングラフィック技法　225
深さ優先探索　115, 182　→探索
部分集合　158　→集合
フラクタル　83
ブルバキ　177
振舞　172
ブレインライティング　233
プログラミング言語（人工言語）　32　→言語
プロトコル　40
分析　26
文脈変数　185
平面充填（タイリング）　80
べき集合　159　→集合

ベクトル型　68
ペルソナ手法　230
ボトムアップ　28, 76
ポリオミノ　76

[マ行]
マインドマップ　238
マンダラート　238
　——マップ　239
命題　165
　——記号　165
メンバーシップ関数　109
目的変数　184
モデル　19, 175
問題解決　181

[ヤ行]
有目的的　171
要素（元）　156　→集合

[ラ行]
ラスター型　66
輪郭が明確な問題　26
輪郭の不明瞭な問題　26

本書作成関係委員

情報システム技術委員会
 委員長 加賀有津子
 幹事   位寄　和久
      猪里　孝司
      仲　　隆介
      三井　和男
 委員   （略）

デザイン科学応用研究小委員会
 主査   渡辺　　俊
 幹事   大崎　　純
      藤井　晴行
 委員   位寄　和久
      岩田伸一郎
      加藤　直樹
      金子　弘幸
      川角　典弘
      杉浦　徳利
      長坂　一郎
      松島　史朗

執筆者（五十音順）

位寄　和久（いき　かずひさ）　第1章1節
熊本大学大学院自然科学研究科教授。工学博士。専攻：建築計画，都市計画，ファシリティ・マネジメント。
早稲田大学理工学部卒業，早稲田大学大学院理工学研究科博士後期課程修了，建設省建築研究所研究員，主任研究員，熊本大学工学部建築学科助教授，教授を経て現職。主な著作に，『建築・都市計画のためのモデル分析の手法』（共著，井上書院，1992年），『建築・都市計画のための空間学事典』（共著，井上書院，1996年），『計画・設計のための建築情報用語事典』（共著，鹿島出版会，2003年）。

岩田　伸一郎（いわた　しんいちろう）　第1章2節，第2章1節
日本大学生産工学部准教授。博士（工学）。専攻：建築設計，建築計画。
京都大学工学部卒業，京都大学大学院工学研究科修士課程修了，鹿島建築設計部，京都大学大学院助手・同キャンパス計画助手を経て現職。主な著作に，『テキスト建築計画』（共著，学芸出版社，2010）。

大崎　純（おおさき　まこと）　第3章1節〜4節
広島大学大学院工学研究院社会環境空間部門教授。博士（工学）。専攻：建築構造学，計算力学，構造最適化。
京都大学工学部卒業，京都大学大学院工学研究科修士課程修了，同大学院工学研究科建築学専攻助手，助教授を経て現職。主な著作に，*Optimization of Finite Dimensional Structures*（CRC Press，2010年），*Optimization and Anti-Optimization of Structures under Uncertainty*（共著，Imperial College Press，2010年），*Stability and Optimization of Structures*（共著，Springer，2007年）。前田工学賞（年間優秀博士論文賞），日本建築学会奨励賞，The State-of-the-Art in Civil Engineering Award, ASCE，日本建築学会賞（論文部門）などを受賞。

大西　康伸（おおにし　やすのぶ）　第5章3節
熊本大学大学院自然科学研究科助教。博士（学術）。専攻：設計方法，デザイン・コンピューティング，ファシリティ・マネジメント。

京都工芸繊維大学工芸学部卒業,京都工芸繊維大学大学院工芸科学研究科博士後期課程修了。

加藤　直樹（かとう　なおき）　第3章5節

京都大学大学院工学研究科教授。工学博士。専攻：建築情報システム学,計算機科学,システム最適化。
京都大学工学部卒業,京都大学大学院工学研究科博士課程中退,大阪成人病センター勤務,神戸商科大学商経学部管理科学科講師,助教授,教授を経て現職。主な著作に,「建築システム論」（共著,共立出版,2002年）,「新橋に立地するオフィスビルの感性評価を考慮した賃料分析」『日本建築学会計画系論文集』73(27): 1053-1059（共著,2008年）。"A Proof of the Molecular Conjecture", *Discrete and Computational Geometry*, 45(4): 645-700（共著,2011年）。

川角　典弘（かわすみ　のりひろ）　第5章1節～2節

和歌山大学システム工学部デザイン情報学科講師。修士（造形工学）。専攻：建築情報学,デジタルデザイン。
京都工芸繊維大学工芸学部卒業,京都工芸繊維大学大学院工芸科学研究科博士前期課程修了,同大学助手を経て現職。主な著作・論文に,『建築を拓く —— 建築・都市・環境を学ぶ次世代オリエンテーション』（編著,鹿島出版会,2004年）,"The APEX/VPB & MAP: Graphical Design Interface and Archive for Distributed Collaboration", *Proceedings of eCAADe*, 26: 341-347（共著,2008年）,"Developing Design Archive and Visual Navigation Interface for Digital Environment", *CAADRIA2006 Proceedings of the Eleventh Conference on Computer Aided Architectural Design Research in Asia,* 125-132（2006年）など。

長坂　一郎（ながさか　いちろう）　第4章2節,4節（4-1,4-2）

神戸大学大学院人文学研究科准教授。博士（工学）。専攻：デザイン理論。
早稲田大学理工学部卒業,東京大学大学院工学系研究科博士課程修了。主な著作に,「クリストファー・アレグザンダーの初期理論における思想的背景（その2）：パタン・ランゲージの理論的基盤：数学的構造主義とヒルベルトの形式主義」『日本建築学会計画系論文集』75(658): 2989-2997（2010年）,「クリストファー・アレグザンダーの初期理論における思想的背景（その1）：クリストファー・アレグザンダーの認知心理学論文の検討」『日本建築学会計画系論文集』75(647): 235-243（2010年）,"Constructive Mathematics and Its Implication

to Theory of Designing", *Design Principles and Practices: An International Journal*, 3(5): 303-314 (2009年).

藤井　晴行（ふじい　はるゆき）　第4章1節，3節，4節（4-3）
東京工業大学大学院理工学研究科准教授。博士（工学）。専攻：建築学，建築計画学・建築環境学。デザイン学。
早稲田大学理工学部卒業，早稲田大学大学院理工学研究科博士前期課程修了，カーネギーメロン大学大学院人文社会科学研究科修士課程修了。主な著作に，『建築の営みを問う18章』（共著，井上書院，2010年），「デザインという行為のデザイン」『認知科学』17(3): 403-416（共著，2010年），「構成的方法論から見たイノベーションの諸相 —— 建築を題材として」『情報処理学会誌』49(4): 1508-1514（共著，2008年），「建築デザインの論理的観点と非論理的観点を結合する二層モデル」『日本建築学会計画系論文集』592: 79-84（2005年）。

渡辺　俊（わたなべ　しゅん）　第1章3節，第2章2節～3節，第5章4節
筑波大学システム情報系准教授。博士（工学）。専攻：都市計画・建築計画，空間情報科学，デザイン科学。
早稲田大学理工学部卒業，早稲田大学大学院理工学研究科博士後期課程単位取得退学，同大学理工学部助手，筑波大学講師などを経て現職。主な著作に，*Knowledge-Based Computer-Aided Architectural Design*（共著, Elsevier, 1994年），訳書に，『デザインの知識工学』（オーム社，1994年），『e-トピア —— 新しい都市創造の原理』（丸善，2003年），『サイボーグ化する私とネットワーク化する世界』（NTT出版，2006年）など。

建築のデザイン科学　　　　　　　　　　©Architectural Institute of Japan 2012

平成 24（2012）年 5 月 25 日　初版第一刷発行

<table>
<tr><td>編　者</td><td>日本建築学会</td></tr>
<tr><td>発行人</td><td>檜山爲次郎</td></tr>
<tr><td>発行所</td><td>京都大学学術出版会</td></tr>
</table>

京都市左京区吉田近衛町69番地
京都大学吉田南構内（〒606-8315）
電話（075）761-6182
FAX（075）761-6190
URL http://www.kyoto-up.or.jp
振替 01000-8-64677

ISBN978-4-87698-598-2　　　印刷・製本　㈱クイックス
Printed in Japan　　　　　　　装幀　鷺草デザイン事務所
　　　　　　　　　　　　　　　定価はカバーに表示してあります

本書のコピー，スキャン，デジタル化等の無断複製は著作権法上での例外を除き禁じられています。本書を代行業者等の第三者に依頼してスキャンやデジタル化することは，たとえ個人や家庭内での利用でも著作権法違反です。